社会政策丛书
SOCIAL POLICY SERIES

积极老龄化
与城乡医疗服务改革

ACTIVE AGING AND THE REFORM OF
MEDICAL SERVICES IN CHINA

王　峥／著

社会科学文献出版社
SOCIAL SCIENCES ACADEMIC PRESS (CHINA)

前　言

在相当长时间里，老龄人口被视作单纯的弱势群体或社会负担，老年人的价值没有得到充分重视，老年人的作用没有得到有效发挥。随着老年人口比例的增加和社会价值观念的转变，人们对老年群体有了新的认知，应对人口老龄化现象的态度也逐渐从消极转向积极。积极的老龄思想影响了越来越多的老年人，也影响了老年人社会生活的各个方面。在医疗领域，老年患者的需求变得多样化，他们的权利意识逐渐被唤醒，开始追求就医过程中的自主和自立，这对我国的医疗环境和医疗服务改革提出了新的要求。我们需要在积极老龄化视域下重新审视医疗服务现状，客观描述城乡老龄患者在就医过程中所面临的困难和困境，在积极老龄思想的指导下为老年人提供更好的医疗保障，为老年群体创造能够独立、自主、有序就医的良好环境。

本书的主要内容如下。第一，通过阐述研究背景和梳理国内外研究现状，论证了研究主题的科学性和研究思路的合理性。第二，通过梳理成功老龄化、健康老龄化、积极老龄化思想的理论体系和社会影响，明确了我国医疗服务适老化改革的方向。第三，通过分析我国人口老龄化现状和我国老年人的健康、收入、户居现状，从卫生资源配置和医疗机构运转两个角度观察了我国老龄化背景下的医疗服务供给情况，并证明了我国医疗服务适老化改革的必要性。第四，在积极老龄化视域下分析了各省份"健康规划纲要"中老龄政策的要点和盲区，对城乡老龄患者的就医现状进行了实证研究，明确了老年人存在的实际就医困难。第五，以积极的老龄思想为导向,从医疗资源配置、医疗服务内容调整、医疗环境改善、费用分担机制优化、低龄健康老人角色转换五个方面对我国的医疗服务适老化改革提出了意见和建议。第六,总结了重度老龄化国家——日本在应对老龄化过程中的医疗体制改革经验,力求为我国的医疗服务适老化改革寻求借鉴。

本书在一定程度上实现了研究视角、研究内容、主要观点的创新。在研究视角方面,本书正视国内外适老化改革方面的差距,将研究重心从公共环境、居家环境、养老服务产品等向医疗服务延伸,力求补齐国内适老化改革研究在医疗领域的短板。在研究内容方面,本研究既延续已有文献的惯有视角,对影响老年人医疗服务需求和满意度的个人健康状况、受教育程度、收入情况、医保政策、就医行为等因素展开调研,也积极汲取国内外文献的创新经验,尝试将观察视域拓展至户居类型、居住环境、医患关系、社会支持情况、负向情绪特征等。在主要观点方面,本书依然重视老年人的衰退过程及其在健康方面的弱势地位,但也主张扭转当前将老年人口视为负担和弱势群体的局面,在医疗服务方面充分尊重老年人的独立性和自主性,鼓励低龄健康老人的自我成长、自我实现和社会参与;依然对科学技术的健康促进作用给予肯定,但同时将重点关注数字时代背景下老年人在日常保健或就医过程中遇到的应用障碍和数字壁垒。

目　录

导　论

一　研究设计

（一）研究背景

人口老龄化是指因人口生育率降低、人均寿命延长，总人口中年轻人口数量减少、年长人口数量增加，从而造成的老年人口比例相应增长的现象。人口老龄化不仅是单纯的人口数字和比例的变化，其同时具有一定的社会意义。老年人口比例和规模的变化给社会生活带来的影响需要得到分析和重视，人口老龄化带来的社会问题也必须在社会发展过程中得到解决。

目前，老龄化问题已经影响了社会生活的各个方面，其中之一便是老年人医疗需求的增加和多样化。世界各国积极关注老龄健康和老年人医疗问题，欧盟和日本先后提出了"积极老龄化""健康老龄化""健康寿命"等概念。我国在 20 世纪 90 年代就将健康老龄化纳入国家整体战略布局，随着人口老龄化程度的加深，老年群体日益庞大，老年人的医疗需求不断增加且变得更为复杂，更为积极的老龄思想逐渐融入国家战略。党的十九届五中全会提出要"全面推进健康中国建设，实施积极应对人口老龄化国家战略"[1]，这是践行党的初心使命、坚持以人民为中心的发展思想的

---

[1] 中国政府网：《中国共产党第十九届中央委员会第五次全体会议公报》，ht-tps：//www.gov.cn/xinwen/2020-10/29/content_5555877.htm，最后访问日期：2024 年 8 月 7 日。

重要体现。国务院印发的《国家人口发展规划（2016—2030 年）》也呼吁在政策层面将个人积极老龄化与国家积极老龄化相结合。这是积极老龄化思想的理论创新和中国化过程，标志着我国正努力探索适合本国国情的老龄人口发展之路。我国需要在积极老龄化视域下重新审视医疗服务现状，为老年人提供更好的医疗保障，鼓励老年人的社会参与行为，为老年人口创造能够独立、自主、有序就医的良好环境。

本研究选择江西省作为调研地点是具有一定科学性的。首先，江西省的面积、人口数量、地区生产总值等多项省情指标均处于全国中等水平，具有一定的代表性。江西省的总面积为 16.69 万平方公里，排名处于全国第 17 位（不含港澳台）；《2020 中国统计年鉴》数据显示，江西省人口总数为 4666 万人，全国排名第 13 位；2019 年末，江西省地区生产总值为 24757.50 亿元，全国排名第 16 位。① 其次，江西省省会南昌的经济发展速度、人均收入水平、老年人口比例等在全国各省会城市中也处于中等水平，以南昌市医疗机构和门诊老年患者作为调研对象也具有一定的代表性。截至 2019 年底，南昌市 65 岁以上的老年人数量为 62.42 万人，占南昌市总人口的 11.15%② ，该比例与全国水平相近，且同样呈现逐年上升的趋势。最后，江西省农村人口占全省总人口的比例较高，农村年轻劳动力不断向外输出，农村老龄人口的比例持续上升，以该省农村老人作为访谈调研对象具有一定的典型性。《2020 江西省统计年鉴》数据显示，截至 2019 年末，江西省的农村人口为 1987 万人，占全省总人口的比重为 42.58%，相较全国该比重高出 3.18%。③ 2020 年第七次全国人口普查数据显示，江西的跨省流出

---

① 国家统计局：《2020 中国统计年鉴》，https://www.stats.gov.cn/sj/ndsj/2020/indexch.htm，最后访问日期：2024 年 8 月 7 日。
② 江西省统计局：《2020 江西省统计年鉴》，https://tjj.jiangxi.gov.cn/resource/nj/2020CD/zk/indexch.htm，最后访问日期：2024 年 8 月 7 日。
③ 江西省统计局：《2020 江西省统计年鉴》，http://tjj.jiangxi.gov.cn/resource/nj/2020CD/indexch.htm，最后访问日期：2024 年 8 月 7 日。

人口数量为 633.97 万人，位居全国第七。[①] 年轻劳动人口大量外流，农村老年人口比例日益增加，江西省的农村医疗卫生事业面临着巨大的压力。

（二）研究思路

本研究紧跟党的治国战略、呼应国际研究热点，以加强积极老龄化建设和推进《"健康中国 2030"规划纲要》实施为目标，关注了老年人的医疗服务优化问题，将按照理论分析、数据观察、实地调研、经验借鉴的顺序分析问题、解决问题。

一是基于对成功老龄化、健康老龄化、积极老龄化等积极老龄思想的梳理，为我国的医疗服务适老化改革探明方向。梳理工作将从概念提出、理论发展、研究视角、对医疗服务改革的促进作用等方面展开。

二是在老龄化背景下，分析我国医疗服务适老化改革的紧迫性和必要性。本研究通过对我国老龄化现状、老年人口的健康和收入等状况、医疗卫生资源的配置情况以及医疗机构的运转情况进行宏观层面的数据收集与分析，论证老龄化背景下我国医疗服务适老化改革的紧迫性和必要性。

三是对我国的老龄政策以及老年人的医疗服务需求与困境进行实证研究。本研究以各省份"健康规划纲要"为分析对象，明确目前我国老龄政策的要点和盲区。此外，以各项基本指标均处于全国中等水平的江西省为例，对城市门诊老年患者和农村空巢老年患者展开问卷和访谈调查，收集老年人的健康状况、就诊情况、医疗满意度、医疗困境等资料，为医疗服务适老化改革提供实证依据和现实参考。

四是以积极的老龄思想为导向对我国的城乡医疗服务改革提出建议。本研究针对宏观数据分析和实证分析中发现的问题，以

[①]　前六位分别是河南、安徽、四川、贵州、广西和湖南，参见 https://www.stats.gov.cn/sj/pcsj/rkpc/7rp/zk/indexch.htm，最后访问日期：2024 年 8 月 7 日。

成功老龄化、健康老龄化、积极老龄化等思想为指导，尝试从医疗资源、服务内容、医疗环境、费用机制、老人角色五个方面对我国城乡医疗服务改革提出意见和建议。

五是以日本的医疗体制建设及改革过程为例进行经验借鉴。本研究选择老龄化进程较快、医疗卫生事业较发达的日本作为参照案例，追溯其医疗服务体系改革过程和医疗保障机制变迁路径，总结其特征及经验教训，为我国的医疗服务适老化改革寻求借鉴。

（三）研究方法

1. 资料收集方法

通过分析已有文献，包括医疗服务相关研究、积极老龄化相关研究、适老化改革相关研究等，总结国内外研究现状。宏观统计数据来自年鉴和人口普查，包括各年度《中国卫生健康统计年鉴》《江西统计年鉴》以及第七次人口普查数据等。政策文本为各地省委、省人民政府颁布的正式文件，政策原文从中央政府、各省（自治区、直辖市）政府、卫健委、人社厅等部门的官网查阅下载。城市门诊老年患者的研究资料通过观察法、访谈法和问卷法得到，观察地点包括南昌市的3家医疗卫生机构，访谈对象为3家医院的就诊老年患者和医务人员，问卷发放对象为在3家医院就诊的老年患者，随机发放问卷375份，回收有效问卷350份。农村老年就医困难群体的质性研究资料从访谈中得到，访谈对象为江西省南昌市3个县区典型村落的典型老人。乡镇干部依照"60岁以上、空巢老人、患有疾病"的标准对访谈对象进行初步筛选，课题组参考性别、年龄、受教育程度、居住类型的分布情况对访谈对象进行二次筛选。

2. 资料分析方法

在收集前期文献、年鉴数据、观察报告、调查问卷、访谈记录的基础上，课题组运用描述性统计的方法对人口普查和年鉴数据进行了可视化处理和观察分析，用扎根理论方法对访谈记录进行了质性研究，并用问卷结果对观察和访谈的结论进行了检验和补充。质性研究工作主要通过 NVivo 12 软件的词频分析、编码分析、聚类分析、交互分析等功能完成，问卷结果的处理通过 SPSS、Excel 软件完成。

另外，在收集了成功老龄化、健康老龄化、积极老龄化等老龄思想相关文献和日本医疗体制相关文献后，本研究还运用了归纳演绎法分析积极老龄思想对医疗服务改革的指导作用和日本医疗体制建设改革经验对我国的借鉴作用。

（四）研究意义

1. 理论意义

其一，政府如何采取有效的方式提供医疗服务、解决老年人的医疗困难问题，一直是现代社会医学与卫生事业管理学的研究难点，本研究有关城乡医疗服务适老化改革的探讨可以为以上学科提供新的经验证据和理论支撑。其二，本研究基于代际公平视角分析成功老龄化、健康老龄化、积极老龄化等思想对医疗领域的社会影响和提出的改革要求，是对医学社会学理论体系的一次补充和完善。其三，本研究在医疗领域进一步讨论适老化改革及其与社会公平、医疗权利、积极老龄思想之间的关系，能够拓展适老化改革的概念内涵，丰富适老化改革相关的理论框架。

2. 实践意义

世界各国积极关注老龄健康和老年人医疗问题，老年患者也逐渐开始追求就医过程中的自主和自立。党的十九届五中全会提出要"全面推进健康中国建设，实施积极应对人口老龄化国家战略"[①]，如何将积极老龄思想用于指导实践成为亟须解决的重要课题，医疗服务的适老化研究也具有了紧迫性和必要性。本研究直面老年人就医过程中遇到的现实困难，追求医学与老龄化社会的协调发展，这是对当前医疗服务机制的进一步完善。同时，本研

---

① 中国政府网：《中国共产党第十九届中央委员会第五次全体会议公报》，https://www.gov.cn/xinwen/2020-10/29/content_5555877.htm，最后访问日期：2024年8月7日。

究积极回应老年人的医疗服务需求，从医疗方面为老年友好型社会建设做出贡献，对健康中国战略的目标实现也有着重要的实践意义。

二 国内外研究现状

关于医疗服务、积极老龄化和适老化改革，诸多学者贡献了丰富的文献。有关医疗服务的研究主要集中在医疗服务满意度、医疗服务需求和医疗服务供给等方面。学界已开始对积极老龄化这一全球老龄行动展开探索和研究，老年人对积极老龄化的接纳程度得到了验证，积极老龄化的本土化改革和优化得到了讨论，积极老龄化的科学指标制定受到了应有的关注。老龄化进程较快的国家较早关注到了医疗服务领域适老化改革的必要性，科学技术在增进老龄健康方面的作用也成为许多学者的关注焦点。近 20 年的典型研究成果如下。

（一）国外研究现状

1. 有关医疗服务满意度的典型研究

早期有关医疗服务满意度的研究证实了费用补贴的重要作用。艾德里安·萨金特（Adrian Sargeant）和于尔根·凯勒（Juergen Kaehler）在对英国地区 182 名患者进行访谈后发现，影响医疗服务满意度的主要因素不是性别、年龄等，而是费用补贴，在费用负责制覆盖下就诊的病人明显满意度更高。但针对部分地区的实证研究也强调了年龄和受教育程度对医疗服务满意度的影响，并且开始注意到医护人员这一因素。[①] 安东·布达克（Antun Budak）等在针对克罗地亚 2252 名患者的调查中发现，年纪更大或受教育程度更低的患者的医疗服务满意度更低；护士的服务态度是影响

---

① Adrian Sargeant and Juergen Kaehler. "Factors of Patient Satisfaction with Medical Services." *Health Marketing Quarterly* 16（1999）：55~77.

医疗服务满意度的重要因素，护理服务在克罗地亚医疗体系改革中应发挥重要作用。[1] 随着时间的推移，医患关系成为部分学者重点关注的影响因素。伊雷娜·戈伦娜克（Irena Gorenak）和安妮塔·戈里坎（Anita Goričan）的研究指出，影响医疗服务满意度的是医患关系和医患沟通，建议将人际沟通、移情等软技能培训纳入医务人员的教育方针，并在此后的职业生涯中不断推进该类教育和培训。[2] 张清生（Chang Ching Sheng）等也明确了医患关系对医疗服务满意度的重要影响，认为在医疗服务满意度的积极影响因素中，良好的医疗人际关系是直接因素，医疗服务质量和患者信任度是间接因素。[3] 近几年，又有一些学者对医院门诊的服务过程展开思考，发现了其中各项因素对患者医疗服务满意度的影响。德斯塔·哈夫托姆（Desta Haftom）等在对埃塞俄比亚北部梅克尔镇公立医院的门诊患者展开调查后发现，药物的可及性和可用性、等待时间以及专业人员的数量都会影响患者的医疗服务满意度。[4]

2. 有关医疗服务需求的代表性研究

首先，医生和患者对医疗服务需求的衡量标准是不同的。秋下雅弘（Akishita Masahiro）等研究了医患双方的医疗服务需求优先顺序，发现医务人员将提升生活质量作为最优先考虑，患者则会优先考虑高效治疗、改善身体机能和减轻照护负担等，医患双

[1] Antun Budak et al. "Analysis of the Health Care System Transition: What the Health Care Users Think." *Lijecnicki Vjesnik* 125 (2003): 32-35.

[2] Irena Gorenak and Anita Goričan. "Patient Satisfaction in Primary Health Care: A Case Study of the Health Centre Šmarje pri Jelšah." *Slovenian Journal of Public Health* 50 (2011): 175-184.

[3] Chang C. S., Chen S. Y., and Lan Y. T. "Service Quality, Trust, and Patient Satisfaction in Interpersonal-based Medical Service Encounters." *BMC Health Services Research* 13 (2013): 1-11.

[4] Desta Haftom, Berhe Tesfay, and Hintsa Solomon. "Assessment of Patients' Satisfaction and Associated Factors Among Outpatients Received Mental Health Services at Public Hospitals of Mekelle Town, Northern Ethiopia." *International Journal of Mental Health Systems* 12 (2018): 143-150.

方都把降低死亡率和避免机构护理放到最后去考虑，并且这些排序与性别、护理水平、亲属的护理需求无关。[1] 其次，医疗服务需求的满足是受到多重因素影响的。伊丽莎白·穆特朗（Elizabeth Mutran）和肯尼斯·费拉罗（Kenneth Ferraro）对男性和女性的医疗保障系统利用情况进行了分析，发现性别、种族、受教育程度、居住类型、患病情况、收入等均会对医疗服务需求产生一定影响。[2] 李恩海（Yi En Hae）等在对中国的医疗服务需求进行分析时发现，地区、收入变化、个人负担水平以及教育水平会对医疗服务需求产生显著影响。[3] 除上述学者从居民属性特征出发对医疗服务需求进行的分析之外，还有部分学者分析了外部系统对居民医疗服务需求的影响。马瓦戈尔扎塔·帕比希（Małgorzata Pabiś）和达留什·昆采维奇（Dariusz Kuncewicz）对波兰 65 岁以上的老人进行了调查，发现影响医疗服务需求的不仅是人口和发病率，还有社会和文化因素。[4] 许俊智（Hui Jun Chih）和梁文斌（Liang Wenbin）关注了公共政策对医疗服务需求的影响，认为公共卫生保健系统资金的减少会使患者承担的医疗费用相对增加，患者医疗服务需求不被满足的概率会因此提升。[5] 最后，未被满足的医疗服务需求会对患者产生不利影响。金泰京（Kim Tae Kyung）等提出，当医疗服务需求得不到满足时，除了会对患者的健康恢复造成影

---

① Akishita Masahiro et al. "Priorities of Health Care Outcomes for the Elderly." *American Medical Directors Association* 14 (2013): 484-497.

② Elizabeth Mutran and Kenneth Ferraro. "Medical Need and Use of Services Among Older Men and Women." *Journal of Gerontology* 43 (1988): S162-S171.

③ Yi En Hae et al. "Analysis on the Determinants of Medical Demand in China: Focusing on the Different Effects of Supplier-induced Demand." *Journal of Management and Economics* 42 (2020): 61-80.

④ Małgorzata Pabiś and Dariusz Kuncewicz. "The Needs of the Elderly in Health Carecontexts." *Pielegniarstwo XXI wieku/Nursing in the 21st Century* 15 (2016): 53-59.

⑤ Hui Jun Chih and Liang Wenbin. "Effect of Unaffordable Medical Need on Distress Level of Family Member: Analyses of 1997-2013 United States National Health Interview Surveys." *BMC Psychiatry* 17 (2017): 323.

响，还会使患者产生负面的心理，进一步损害其健康。[①]

3. 有关医疗服务供给的研究

一部分学者围绕各类医疗服务供给主体展开了观察，并提出了医疗服务优化建议。郑豆豆（Zheng D. D.）等分析了中国农村医疗服务体系的效率，认为各地农村的医疗服务体系发展并不均衡，村级医疗服务和乡镇级医疗服务的效率受到不同因素的影响，因此应因地制宜地完善中国的农村医疗服务体系、提升医疗服务效率。[②] 全淑京（Chun Soo Kyung）和南庆淑（Nam Kyung Sook）认为，现有研究只讨论了综合医院的医疗服务供给特征，缺少对护理院等服务老年患者的专科医院的特征总结，因此他针对老年长期护理医院的服务优化提出了一个综合性的参考框架。[③] 凯莉·麦卡洛（Kylie McCullough）等强调了初级医疗机构对澳大利亚偏远地区居民健康状况的影响，提出要通过加强护士教育、调配资源和提升资助等来保障偏远地区居民获得安全、优质医疗服务的机会。[④]

另一部分学者则进一步从不同的服务内容、服务方式、服务或管理环节、公共卫生事件背景等出发对医疗服务供给提出了意见或建议。凯瑟琳·L. 贝内特（Catherine L. Bennett）等提出要将遗传学纳入主流医疗服务，将遗传学的进步转化为对

---

① Kim Tae Kyung et al. "The Association Between Perceived Unmet Medical Need and Mental Health Among the Republic of Korea Armed Forces." *Journal of the Royal Army Medical Corps* 163 (2017): 184–192.

② Zheng D. D., Gong J., and Zhang C. "Efficiency of Medical Service Systems in the Rural Areas of Mainland China: A Comparative Study from 2013 to 2017." *Public Health* 171 (2019): 139–147.

③ Chun Soo Kyung and Nam Kyung Sook. "A Public Healthscape Framework for Assessing Geriatric Long-term Care Public Hospitals in South Korea by a Delphi Expert Consultation." *Building and Environment* 165 (2019): 106291.

④ Kylie McCullough et al. "The Delivery of Primary Health Care in Remote Communities: A Grounded Theory Study of the Perspective of Nurses." *International Journal of Nursing Studies* 102 (2020): 103474.

患者的益处，为医疗服务的新发展提供参考。① 达沃德·什谢伯里（Davood Shishebori）和穆罕默德·赛义德·贾巴莱梅利（Mohammad Saeed Jabalameli）提出了一种多目标混合的规划模型，来对医疗服务进行优化定位和需求合理分配，以此提高医疗服务系统的性能和响应能力。② 徐国超（Xu Guo Chao）等关注了医院效率的评估方法，对三种中国医院常用评估方法的实际应用效果进行了比较和分析，为中国公立医院的效率提升和问题发现提供了经验参考。③ 克里斯托弗·丹顿（Christopher Dainton）等对美国的初级医疗服务实践指南展开了反思，从基于最佳可得证据、当地知识和公平考虑的角度提出要求，对初级医疗服务实践指南提出了完善建议。④ 安娜·沃尔克特（Anna Volkert）等基于组织的健康责任和区域的利润导向，建议医疗服务机构在其服务范围内增设医疗服务中心，以此确保医疗服务的高质量和全面服务。⑤ 梅农·贾纳基（Menon Janaki）和坎南库兰加拉·阿努格拉哈（Kannankulangara Anugraha）提出在新型冠状病毒流行期间，可以通过线上服务的形式为慢性肾病儿童提供在线医疗服务以满足他们的医疗需求。⑥

---

① Catherine L. Bennett et al. "A Toolkit for Incorporating Genetics into Mainstream Medical Services: Learning from Service Development Pilots in England." *BMC Health Services Research* 10 (2010): 1-12.

② Davood Shishebori and Mohammad Saeed Jabalameli. "Improving the Efficiency of Medical Services Systems: A New Integrated Mathematical Modeling Approach." *Mathematical Problems in Engineering* 2 (2013): 1-13.

③ Xu G. C. et al. "Comparative Study of Three Commonly Used Methods for Hospital Efficiency Analysis in Beijing Tertiary Public Hospitals, China." *Chinese Medical Journal* 128 (2015): 3185-3190.

④ Christopher Dainton et al. "A Protocol to Develop Practice Guidelines for Primary Care Medical Service Trips." *Annals of Global Health* 82 (2016): 678-685.

⑤ Anna Volkert, Holger Pfaff and Nadine Scholten. "What Really Matters? Organizational Versus Regional Determinants of Hospitals Providing Medical Service Centres." *Health Policy* 124 (2020): 1354-1362.

⑥ Menon Janaki and Kannankulangara Anugraha. "Providing Medical Services Online to Children With Chronic Kidney Disease During the COVID-19 Pandemic." *Indian Pediatrics* 58 (2021): 291.

4. 有关积极老龄思想的研究

继成功老龄化和健康老龄化之后，世界卫生组织提出了积极老龄化概念。《积极老龄化：政策框架》对积极老龄化做出了如下定义：积极老龄化是老年时为了提高生活质量，使健康、参与和保障的机会尽可能获得最佳的过程。[①] 世界卫生组织认为，"积极"并不单纯指参与劳动的能力，也包括不断参与社会政治、经济、文化等事务的能力，那些患病的老年人或离开工作岗位的老年人等也可以继续为家庭、社区、社会、国家做出积极的贡献。

积极老龄化一经提出，世界各国便开始对这项全球老龄行动展开了探索，学界也对其展开了相关研究。一部分学者分析了所在地区老年人对积极老龄化的接纳程度，证实了积极老龄化是符合全球趋势的老龄行动。佩特森·皮埃尔（Pettersson Pierre）和扬·迪尔克·施莫克（JanDirk Schmöcker）将菲律宾大马尼拉地区与发达国家城市老年人口的旅行需求进行了比较，认为发展中国家出现了与发达国家类似的积极老龄化趋势。[②] 奥利维亚·加尔万·卢塞纳·费雷拉（Olívia Galvão Lucena Ferreira）等对巴西帕拉伊巴州若昂佩索阿市的100名老年人进行了半结构式访谈，发现老年人对积极老龄化的接纳程度较高，认为维持老年人功能上的独立是实现积极老龄化进而提高老年人生活质量的第一步。[③]

另一部分学者记录了所在地区的积极老龄化探索实践，并总结了这些实践的成效。比尔维什·安特耶（Bierwisch Antje）等对德国的"国家"创新和技术系统进行了介绍，认为其运用能够为

[①] 世界卫生组织编《积极老龄化：政策框架》，中国老龄协会译，华龄出版社，2003。

[②] Pettersson Pierre and JanDirk Schmöcker. "Active Ageing in Developing Countries-trip Generation and Tour Complexity of Older People Metro Manila." *Journal of Transport Geography* 18（2010）：613-623.

[③] Olívia Galvão Lucena Ferreira et al. "O Envelhecimento Ativo Sob O Olhar de Idosos Funcionalmente Independentes." *Revista da Escola de Enfermagem da USP* 44（2010）：1065-1069.

实现积极老龄化提供综合途径。[①] 凯瑟琳·E. 赛克斯（Kathleen E. Sykes）和克里斯汀·N. 罗宾逊（Kristen N. Robinson）对美国环境保护署赞助的一项奖励计划进行了介绍，认为该奖励计划通过表彰在积极老龄化上取得卓越成就的社区，改善了老年人的健康和福祉。[②] 门多萨·鲁瓦尔卡巴·内达·马（Mendoza-Ruvalcaba Neyda Ma）和埃尔娃·多洛雷斯·阿里亚斯-梅里诺（Elva Dolores Arias-Merino）设计了一个促进积极老龄化的计划并对 64 名健康老年人进行了干预，结果表明该计划对老年人的自我效能和生活质量有积极作用。[③] 门多萨·鲁瓦尔卡巴·内达·马和罗西奥·费尔南德斯-巴列斯特罗斯（Rocio Fernández-Ballesteros）以积极老龄化为指导，在墨西哥伊达尔戈州展开了社区老年慢性病防治实践，结果证明积极老龄化能够实现老年人的增能，为老年慢性病防治提供有效支持。[④] 米里亚姆·卡布里塔（Miriam Cabrita）等探索了说服性技术在支持健康行为中的作用，认为说服性技术的运用能够为日常生活中的积极老龄化提供支持。[⑤]

还有部分学者基于当地的经济、政治、文化、人口特征等对积极老龄化的实践方案提出了优化建议。沃伊泰克·乔兹科·扎

① Bierwisch Antje, Kerstin Goluchowicz and Oliver Som. "Stocktaking of Activities in Active Aging and Work Environment in Policy, Science and Industry-the German Case." *Technological Forecasting and Social Change* 89（2014）：343-357.

② Kathleen E. Sykes and Kristen N. Robinson. "Making the Right Moves: Promoting Smart Growth and Active Aging in Communities." *Journal of Aging & Social Policy* 26（2014）：166-180.

③ Mendoza-Ruvalcaba Neyda Ma and Elva Dolores Arias-Merino. "'I am Active': Effects of a Program to Promote Active Aging." *Clinical Interventions in Aging* 10（2015）：829-837.

④ Mendoza-Ruvalcaba Neyda Ma and Rocio Fernández-Ballesteros. "Effectiveness of the Vital Aging Program to Promote Active Aging in Mexican Older Adults." *Clinical Interventions in Aging* 6（2016）：1631-1644.

⑤ Miriam Cabrita et al. "Persuasive Technology to Support Active and Healthy Ageing: An Exploration of Past, Present, and Future." *Journal of Biomedical Informatics* 84（2018）：17-30.

伊科（Wojtek Chodzko-Zajko）和安迪亚拉·施温格尔（Andiara Schwingel）指出，世界卫生组织活动的重点已逐渐从倡导增加体力活动干预转向更为细致的方法，侧重于在综合考虑各项决定因素和风险因素后提出积极老龄化的政策要求，进而使积极老龄化更加符合社会的经济、政治和文化现实。① 阿斯克·尤尔·拉森（Aske Juul Lassen）也认为积极老龄化基于各种实践的多元格局，在实践过程中需要适应不同的文化特性。② 贝弗利·P. 霍洛维茨（Beverly P. Horowitz）等分析了美国人口变化对医疗保健、康复服务和健康科学教育产生的经济、社会影响，认为应当重视积极老龄化在社区老年人职业治疗中的应用，并在职业治疗专业教育中增进学生对老龄化以及老龄相关问题的理解。③ 苏奥（Su Aw.）等对新加坡的积极老龄化方案进行了反思，认为积极老龄化方案应当克服个人、民族文化和政策层面的障碍，尊重老年人的社会参与偏好，这样方案的推行才能更加顺利。④

　　最后，学者们并未忽视对积极老龄化测量指标的研究，认为科学的指标制定是推进积极老龄化的重要前提。何塞·曼努埃尔·德圣若泽（José Manuel de São José）等指出，在欧盟，积极老龄化主要通过积极老龄化指数（AAI）进行监测和促进，AAI的应用有助于提高人们包括决策者对积极老龄化进程的多维性和

---

① Wojtek Chodzko-Zajko and Andiara Schwingel. "Transnational Strategies for the Promotion of Physical Activity and Active Aging：The World Health Organization Model of Consensus Building in International Public Health." *Quest* 61（2009）：25–38.

② Aske J. Lassen, Active Ageing and the Unmaking of Old Age：The Knowledge Productions, Everyday Practices and Policies of the Good Late Life（Ph. D diss. , University of Copenhagen, 2014）.

③ Beverly P. Horowitz, Wong S. D. and Dechello K. "Intergenerational Service Learning：To Promote Active Aging, and Occupational Therapy Gerontology Practice." *Gerontology & Geriatrics Education* 31（2010）：75–91.

④ Su Aw. et al. "Explaining the Continuum of Social Participation Among Older Adults in Singapore：from Closed Doors' to Active Ageing in Multi-ethnic Community Settings." *Journal of Aging Studies* 42（2017）：46–55.

复杂性的认识。① 艾曼纽·贝朗格（Emmanuelle Bélanger）等在对加拿大 799 名社区老年人进行的调查中发现，积极老龄化代表了一种人权政策取向，积极老龄化的测量模型应该突出老年人在健康、参与和安全方面仍需改善的地方。② 穆罕默德·阿米努尔·哈克（Mohammad Aminul Haque）和萨迪亚·阿芙琳（Sadiya Afrin）通过国际比较研究分析了孟加拉国的积极老龄化指数，并结合比较结果和测试结果，就调查对象得分较低的环节提出了政策建议。③

5. 医疗服务适老化改革的典型研究

一方面，老龄化进程较快的国家在较早阶段就关注到了医疗服务领域适老化改革的必要性。新条大介（Shinjo Daisuke）和荒卷敏治（Aramaki Toshiharu）在老龄化背景下观察了日本医疗资源的地理分布、医疗服务提供情况和跨地区患者流动情况，认为有必要进一步研究医疗保健相关的数据库，以促进日本医疗资源的均衡分布，进而建立更有效的医疗保健系统。④ 肯·霍里巴塔（Ken Horibata）和竹村洋介（Takemura Yousuke）指出，医疗需求不太迫切的老年患者在日本急诊患者中所占比例较高、增长较快，这给急救医疗系统带来了负担，需要从三个方面加以改善：开展活动促进老年人对救护车的正确认知和使用、加强医疗设施的运

---

① José Manuel de São José et al. "A Critique of the Active Aging Index." *Journal of Aging Studies* 40（2017）：49-56.

② Emmanuelle Bélanger et al. "An Empirical Comparison of Different Models of Active Aging in Canada：The International Mobility in Aging Study." *The Gerontologist* 57（2017）：197-205.

③ Mohammad A. Haque and Sadiya A. "Active Aging Index in Bangladesh：A Comparative Analysis with a European Approach." *Ageing International* 47（2022）：447-464.

④ Shinjo Daisuke and Aramaki Toshiharu. "Geographic Distribution of Healthcare Resources, Healthcare Service Provision, and Patient Flow in Japan：A Cross Sectional Study." *Social Science and Medicine* 75（2012）：1954-1963.

输服务、延长初级保健机构（诊所）的办公时间。[1]

　　另一方面，科学技术在增进老龄健康方面的作用成为许多学者的关注焦点。塔西阿奇斯·博西斯（Taxiarchis Botsis）等在互联网背景下介绍了智能技术对多种老年人服务的影响。[2] 史蒂文·杜博夫斯基（Steven Dubowsky）等研究了"行动和监测个人援助"机器人辅助系统，发现该系统能够为独立生活的老年人提供支持和指导，并对其基本生命体征进行监控。[3] 杜安黄（Doan Hoang）和伊莱恩·劳伦斯（Elaine Lawrence）提出了一种用于老年人护理的主动网格基础设施，它能够依靠互联网通信和监测技术，将老年人、护理人员和医疗服务提供者联系起来，使老年人护理更加高效。[4] 科罗纳多·安东尼奥（Coronato Antonio）等观察了智能环境中的技术应用情况，强调了家庭或医院环境下的老年人或患者健康监控功能。[5] 吕子玉（Lv Ziyu）等介绍了 iCare 系统，该系统可以通过无线身体传感器和智能手机实时监控老年人的健康状况，也可以提供医疗知识数据库实现合作医疗，能够满足老年人定期提醒、快速报警、医疗指导等生活需求。[6] 扬-威廉·范特克洛斯

---

[1]　Ken Horibata and Takemura Yousuke. "Inappropriate Use of Ambulance Services by Elderly Patients with Less Urgent Medical Needs." *The Tohoku Journal of Experimental Medicine* 235（2015）：89-95.

[2]　Taxiarchis Botsis et al. "Home Telecare Technologies for the Elderly." *Journal of Telemedicine and Telecare* 14（2008）：333-337.

[3]　Steven Dubowsky et al., PAMM-A Robotic Aid to the Elderly for Mobility Assistance and Monitoring: A "Helping-hand" for the Elderly（*IEEE International Conference on Robotics and Automation*, San Francisco, CA, 2000）, pp. 570-576.

[4]　Doan Hoang and Elaine Lawrence. "An Active Grid Infrastructure for Elderly Care." *Journal of Telemedicine and Telecare* 14（2008）：363-367.

[5]　Coronato Antonio, Giuseppe De Pietro and Giovanna Sannino. "Middleware Services for Pervasive Monitoring Elderly and Ill People in Smart Environments." *IEEE Computer Society*（2010）：810-815.

[6]　Lv Z. et al., iCare: A Mobile Health Monitoring System for the Elderly（2010 *IEEE/ACM Int'l Conference on Green Computing and Communications & Int'l Conference on Cyber*, Hangzhou, China, 2010）, pp. 699-705.

特（Jan-Willem Van't Klooster）等提出了老年人虚拟社区平台的设想，认为虚拟社区能够通过共享信息、支持活动参与等服务老年人，进而加强社区建设和提升老年人护理服务水平。[①] 埃内斯蒂娜·埃克门迪（Ernestina Etchemendy）等尝试运用电子健康平台——巴特勒系统来改善老年人的情绪状态，为优化老年人心理健康服务提供了新的方案。[②] 克里斯蒂娜·雅辛斯基（Christina Jaschinski）等也关注了电子健康产品的开发，建议运用技术改造老年人的家庭环境，以此实现老年人独立和健康老龄化的愿望。[③]

（二）国内研究现状

国内学者也围绕医疗服务、积极老龄思想和适老化改革进行了多层次和多角度的探索，许多学者还将研究对象聚焦到了老年人群体。具体来看，国内学者有关老年人医疗服务的研究主要从医疗服务需求、医疗服务利用、医疗支出的影响因素、医疗服务体系构建等方面展开。关于积极老龄化的概念，国内学者已从三个方面达成了共识。关于老龄化背景下的适老化改革和改造，一部分学者观察和分析了我国在公共环境、居家环境和养老服务产品方面的问题，另一部分学者以老龄化程度较高的邻国日本为参考总结了经验，二者都为我国的适老化改革与改造提供了建议。主要研究成果如下。

1. 有关老年人医疗服务需求的研究

学者们的研究分析了影响老年人医疗服务需求的多种因素。刘国恩等分析了医疗保障制度对我国 65 岁以上老年人群医疗服务需求的影响，证明了国家医保政策在改善老年人医疗服务利用状

[①] Jan-Willem Van't Klooster et al. "Virtual Communities for Elderly Healthcare: User-based Requirements Elicitation." *International Journal of Networking and Virtual Organisations* 9 (2011): 214-232.

[②] Ernestina Etchemendy et al. "An E-Health Platform for the Elderly Population: The Butler System." *Computers and Education* 56 (2011): 275-279.

[③] Christina Jaschinski et al. "Acceptance of Technologies for Aging in Place: A Conceptual Model." *Journal of Medical Internet Research* 23 (2021): e22613.

况和促进老年人医疗服务需求满足方面的积极作用。① 杨清红和刘俊霞的研究指出了不同政策在我国的效果差异和老年人医疗服务需求的城乡差异。② 胡静等以中国农村的贫困老人为研究对象分析了低收入对医疗需求的抑制作用，认为这些老年人的潜在门诊需求和住院需求都未能得到充分满足。③ 郜凯华等分析了我国老年人医疗服务需求和医疗服务利用情况的变化趋势，指出了慢性病患病情况和经济情况等带来的影响。④ 黄文静在社会学视角下研究了老年人的医疗和照护需求，认为全科医学应该关注老年人的生活经历、家庭和朋友、居住社区和环境、健康信仰，以及老年人对医疗服务的体验，这对理解他们的寻助行为和医疗服务利用有重要意义。⑤ 一些学者对老年人的具体医疗服务需求也展开了探索。例如，肖朋⑥、刘雪娇⑦、庄洁⑧、和红⑨等学者认为我国老年人在上门医疗服务、医养结合、社区健康管理及基层卫生服务等方面的需求尚未被充分满足。

① 刘国恩等：《中国老人医疗保障与医疗服务需求的实证分析》，《经济研究》2011年第3期，第95~107、118页。
② 杨清红、刘俊霞：《医疗保障与老年人医疗服务需求的实证分析》，《上海经济研究》2013年第10期，第64~74页。
③ 胡静等：《中国农村贫困老年人的潜在医疗需求研究——基于倾向评分匹配的反事实估计》，《经济评论》2017年第2期，第127~137页。
④ 郜凯华等：《中国老年人医疗服务需要和利用——基于1998~2008年的国家卫生服务调查数据》，《中国卫生政策研究》2014年第6期，第47~52页。
⑤ 黄文静：《社会学视角下老年人的医疗和照顾需要研究》，《中国全科医学》2017年第7期，第842~851页。
⑥ 肖朋等：《医养结合模式下社区上门医疗服务需求与供给现状分析》，《卫生经济研究》2019年第6期，第28~31页。
⑦ 刘雪娇等：《北京三家社区老年人医养结合需求》，《中国老年学杂志》2021年第8期，第3页。
⑧ 庄洁等：《老年常见慢性病共患病者社区健康管理需求》，《中国老年学杂志》2021年第10期，第2179~2183页。
⑨ 和红、闫辰聿：《社区居家养老意愿下居住方式和子女支持对老年人基层卫生服务需求的影响》，《中国卫生政策研究》2014年第3期，第64~72页。

2. 有关老年人医疗服务利用的研究

一部分学者对我国老年人的医疗服务利用现状展开了研究，并分析了当前存在的问题和不足。李玉娇[①]、赵杨等[②]发现在老年人的医疗服务利用方面存在着不公平现象，就医惯性、收入水平是导致这种不公平的重要因素。赖国毅和万春[③]在对农村老人的调查中发现，老人们更倾向于选择村诊所和二级以上医疗机构，较少选择乡镇卫生院，对医疗服务资源的利用并不充分。陈忱等利用 2015 年的中国健康与养老追踪调查（CHARLS）数据对我国3918 名 60 岁及以上空巢老人的门诊及住院服务利用情况进行了分析，认为空巢老人并未充分利用医疗服务。[④]

另一部分学者围绕影响老年人医疗服务利用情况的多种因素展开了研究。其中，有关医疗保险带来的影响的研究较多：胡宏伟等认为医疗保险会显著提高老年人过度利用卫生服务的可能性[⑤]；姚兆余等发现新农合制度有效促进了农村老年人医疗服务利用率的提高[⑥]；秦兴俊和胡宏伟运用面板 Probit 概率模型证实了医疗保险全面促进了老年人对各类医疗服务的利用[⑦]；封进等的研究证明，医疗保险起付线在老年人利用医疗服务时存在影响，降低

① 李玉娇：《城乡差异、就医惯性与老年人卫生服务利用》，《西北人口》2016 年第 2 期，第 5~10 页。
② 赵杨等：《老年人群医疗服务利用公平性影响因素研究》，《中国卫生政策研究》2017 年第 2 期，第 74~80 页。
③ 赖国毅、万春：《农村老年人初次就诊目的地及影响因素》，《中国老年学杂志》2017 年第 19 期，第 4907~4908 页。
④ 陈忱等：《我国空巢老人门诊及住院服务利用现状及影响因素分析》，《中华医院管理杂志》2020 年第 5 期，第 431~436 页。
⑤ 胡宏伟等：《社会医疗保险对老年人卫生服务利用的影响——基于倾向得分匹配的反事实估计》，《中国人口科学》2012 年第 2 期，第 57~66、111~112 页。
⑥ 姚兆余等：《农村老年人医疗服务利用及影响因素分析——基于江苏地区的调查》，《中国农业大学学报》（社会科学版）2014 年第 2 期，第 96~107 页。
⑦ 秦兴俊、胡宏伟：《医疗保险与老年人卫生服务利用的政策评估》，《广东财经大学学报》2016 年第 1 期，第 105~112 页。

起付线能够促进大多数患者群体更多地利用医疗服务①。其他影响老年人医疗服务利用情况的因素也很多，主要研究包括：魏宁和周绿林证实了健康资本、预防保健对老年人医疗服务利用情况的重要影响②；龚秀全验证了居住安排和社会支持对老年人治疗性医疗服务利用和预防性医疗服务利用的影响③；朱斌和毛瑛不仅分析了代际支持对医疗服务利用的正向影响，还分析了社会经济地位对医疗服务利用的影响④；邓敏等的研究认为，老年人的医疗服务选择不仅受到各类社会关系的影响，还会受到自身行为信念、规范信念、行为态度和主观规范的影响⑤；李菲、张研认为，随着信息化的不断发展，"互联网＋"的应用将对老年人的医疗服务利用情况产生深远影响⑥。

3. 有关老年人医疗支出影响因素的研究

国内学者从不同的研究视角出发，分析和讨论了影响老年人医疗支出的诸多因素。一部分研究关注了老年人的自身属性或特征对医疗支出的影响：宋璐、左冬梅的研究从性别视角出发分析了农村老年人医疗支出的影响因素，关注了女性老人医疗支出频繁和支付水平较低的现状⑦；胡宏伟等认为，慢性病患病情况、收

① 封进等：《医保起付线对医疗服务利用和医疗费用的影响》，《保险研究》2021年第3期，第99~111页。
② 魏宁、周绿林：《健康资本对我国中老年人医疗服务利用影响研究》，《西北人口》2016年第1期，第112~116页。
③ 龚秀全：《居住安排与社会支持对老年人医疗服务利用的影响研究——以上海为例》《南方经济》2016年第1期，第11~27页。
④ 朱斌、毛瑛：《代际支持、社会资本与医疗服务利用》，《社会保障研究》2017年第3期，第48~59页。
⑤ 邓敏等：《医养结合下老年人医疗消费行为影响因素分析——以南京市为例》，《中国卫生政策研究》2017年第1期，第52~57页。
⑥ 李菲、张研：《"互联网+医疗"影响居民健康服务利用的作用路径探析》，《医学与社会》2021年第3期，第23~28、44页。
⑦ 宋璐、左冬梅：《农村老年人医疗支出及其影响因素的性别差异：以巢湖地区为例》，《中国农村经济》2010年第5期，第74~85页。

入、居住地、社会保障情况都对老年人的医疗保健支出有显著影响[①]；魏宁等发现死亡原因、患慢性病种类、医疗服务使用和加护医疗使用等因素对老年人去世前一年的医疗费用支出具有显著影响[②]；高瑗、原新的调查结果显示，健康状况和户籍情况对老年人的医疗费用支出具有显著影响[③]。另一部分研究聚焦于医疗保险制度，分析了其对老年人医疗支出的影响：王翌秋的研究结果表明，新农合制度的实施显著降低了农村老年人的自付部分医疗支出[④]；王新军、郑超发现，医疗保险制度的实施增加了老年人的医疗费用总支出，提高了老年人的及时就医概率，显著降低了老年人的家庭医疗负担[⑤]；胡炳志、曹海涛认为，不同医疗保险制度下的中老年人群体之间在医疗消费水平方面存在着显著差异[⑥]。还有学者关注了外部因素对老年人医疗支出的影响。例如，赵文霞从环境视角出发，证实了空气污染对老年人医疗支出的显著影响。[⑦] 也有学者关注了各类因素对老年人医疗支出的综合影响。例如，林毓铭、肖丽莹将所有的影响因素分为需求因素（自评健康状况、残疾状况、患有慢性病情况等）、能力因素（医疗保险、养老保险、家庭收入、生活满意度、社会支持等）、倾向因素（性别、年龄、

---

① 胡宏伟等：《老年人医疗保健支出水平及其影响因素分析——慢性病高发背景下的老年人医疗保健制度改革》，《人口与经济》2012 年第 1 期，第 97~104 页。

② 魏宁等：《中老年人口去世前一年医疗费用支出影响因素研究》，《卫生经济研究》2017 年第 6 期，第 27~29 页。

③ 高瑗、原新：《中国老年人口健康转移与医疗支出》，《人口研究》2020 年第 2 期，第 60~72 页。

④ 王翌秋：《新型农村合作医疗制度的公平与受益：对 760 户农民家庭调查》，《改革》2011 年第 3 期，第 73~81 页。

⑤ 王新军、郑超：《医疗保险对老年人医疗支出与健康的影响》，《财经研究》2014 年第 12 期，第 65~75 页。

⑥ 胡炳志、曹海涛：《医疗保险状态对医疗消费差异的影响研究——基于中老年人群的一项微观实证分析》，《消费经济》2017 年第 1 期，第 31~37 页。

⑦ 赵文霞：《空气污染对中老年人医疗支出的影响——来自 CHARLS 数据的证据》，《人口与经济》2020 年第 1 期，第 75~88 页。

婚姻状态、受教育程度、城乡身份等）三类，认为这三类因素会对老年人医疗支出产生程度不一的影响。①

4. 有关老年人医疗服务体系构建的研究

值得一提的是，随着对老年人医疗服务需求、医疗服务利用、医疗支出等情况的深入研究，国内学者开始重新审视我国的医疗服务体系，并开始提倡以老年人为对象构建或重建我国的医疗服务体系。杨燕绥、陈诚诚在关注老年人长期照护问题的同时，也为医疗服务体系的重构提出了"分类以提高质量"和"整合以降低成本"两项原则。② 高博、段志鹏对上海的老年糖尿病患者进行了调查，提倡将病人的定义从"用户"调整为"健康追求者"，并建议明确医疗服务体系的人群定位、提升治疗的服务质量。③ 宫克等对上海某医院老年慢性病患者的出院安置环节进行了观察，建议从政府、医院、个人三方面着手促进医、康、养、护资源的协同，对出院安置工作予以改良，进而完善医疗服务体系。④ 程学敏等对我国的老年健康服务模式和医疗卫生服务机构体系建设进行了综述研究，认为我国的各级医疗机构发展不平衡、不充分，需要对老年医疗卫生服务机构体系的健全和建设做进一步的探讨。⑤ 洪石陈等建议运用"互联网+医疗"模式将老年健康服务资源充分整合起来，通过整合型健康服务体系来提升老年人的医疗服务成效。⑥

---

① 林毓铭、肖丽莹：《中国老年人医疗支出影响因素——基于安德森模型》，《中国老年学杂志》2019年第6期，第1479～1482页。

② 杨燕绥、陈诚诚：《银色经济条件下的医疗服务体系重构——辨析老年长期照护与医疗服务的关系》，《国家行政学院学报》2017年第2期，第46～51、125～126页。

③ 高博、段志鹏：《老年人糖尿病社区治疗的服务设计研究》，《包装工程》2017年第10期，第42～47页。

④ 宫克等：《上海市某三甲医院老年慢性病患者出院安置现状调查及影响因素分析》，《中国医院管理》2020年第10期，第49～53、67页。

⑤ 程学敏等：《老年健康服务模式及医疗卫生服务机构体系建设》，《中国老年保健医学》2020年第6期，第9～11页。

⑥ 洪石陈等：《"互联网+医疗"在整合型老年健康服务体系建设中的功能探讨》，《智慧健康》2020年第36期，第1～2页。

5. 有关积极老龄化思想的研究

自世界卫生组织提出积极老龄化概念后，国内学者持续加深对这一老龄行动的理解和关注。随着我国老龄化进程的加快，一些研究开始重视积极老龄化的实现。孙华清、孙华敏的研究指出，随着中国老年人越来越多、人口老龄化问题越来越突出，推进我国积极老龄化展开、认清我国的机遇与挑战，是当前面临的重大课题。[1] 国内学者就积极老龄化的概念达成了以下几方面共识。第一，要重视老年人自身的能力与价值。李文静、杨琳认为，老年过程观肯定老年人的经验能力及其在自我价值基础上对社会和对他人的价值，作为对积极老龄化的回应，老年人依然要创造一个具有价值的社会角色，积极推动社会发展。[2] 金华宝指出：老年人不仅是养老服务的对象，更要成为养老服务的重要主体；将"为老服务"更多地转换为"用老服务"，能更好地调动、发挥老年人的力量与优势，充分利用老年人的经验与智慧，发掘老年人的更多可能性，通过互帮互助的形式实现"老年人服务老年人"，这对于缓解社会养老压力也具有积极作用。[3] 第二，积极老龄化的关键在于参与。李翌萱认为，老年人的经济活动参与对个人、家庭和社会经济都具有积极意义，我国老年人目前的经济活动参与度并不高，参与类型多为满足基本生活需要的消极型参与，提高其经济参与度将是未来的必然趋势。[4] 胡宏伟等的研究也证实了老年人社会活动参与与其健康之间存在的内生关系。[5] 第三，积极老龄化

① 孙华清、孙华敏：《对推进我国健康老龄化和积极老龄化的思考》，《成都体育学院学报》2010年第7期，第34~36、85页。
② 李文静、杨琳：《老年过程观：对积极老龄化的回应》，《学术交流》2014年第6期，第144~148页。
③ 金华宝：《"用老服务"：破解我国养老困境的一种新思路》，《中州学刊》2015年第11期，第78~83页。
④ 李翌萱：《积极老龄化视域下中国老年人经济活动参与研究》，《兰州学刊》2016年第5期，第156~163页。
⑤ 胡宏伟等：《社会活动参与、健康促进与失能预防——基于积极老龄化框架的实证分析》，《中国人口科学》2017年第4期，第87~96、128页。

的基础是保障。穆光宗认为，成功的老龄化关键在于能够用"老
年获得"的正能量去平衡"老年丧失"的负能量，主张在帮助老
年人保有自我性、独立性养老资源的同时，获得更多的支持性、
依赖性养老资源。① 殷洁、彭仲仁以美国佛罗里达州的"活跃退休
社区"建设经验为参考，对中国养老社区建设模式展开了探讨，
提出应将老年人看作积极参与社会活动的主流人群，社区应通过
为老年人组织丰富的精神文娱活动来活跃他们的社交网络，促使
其身心愉悦。② 袁妙彧、方爱清认为我国养老服务中所涵盖的人
力、财力、物力等资源问题亟须整合完善，主张从积极老龄化视
角出发，将社区资源与养老资源整合起来，从政府、社区、家庭、
个人四个层面助力社区养老服务体系建设，为老年人提供完善的
保障。③

6. 有关适老化改革和改造的研究

学者们观察和分析了我国在公共环境、居家环境和养老服务
产品方面的问题，并以解决问题为导向提出了适老化改革与改造
建议。公共环境适老化改造方面的研究主要包括：裘知等对国内
近三十年来与老旧住区适老化改造相关的文献进行了分析，证实
了中低收入老人居所适老化改造的迫切性，并建议从建筑学视角
切入④；吴岩、戴志中从老年人休闲与运动、日常生活服务、照顾
与护理等方面进行了问卷和访谈调查，建议根据不同年龄和生活
状态判断老年人的生活特点与空间需求，进而对住区公共服务空

---

① 穆光宗：《成功老龄化之关键：以"老年获得"平衡"老年丧失"》，《西南民族大学学报》（人文社科版）2016 年第 11 期，第 9~15 页。
② 殷洁、彭仲仁：《积极老龄化：美国活跃退休社区对中国养老社区建设的启示》，《国际城市规划》2017 年第 6 期，第 125~131 页。
③ 袁妙彧、方爱清：《积极老龄化视角下的新型社区养老院模式构建》，《学习与实践》2018 年第 2 期，第 109~116 页。
④ 裘知等：《国内老旧住区适老化改造文献调查与综述》，《建筑与文化》2014 年第 2 期，第 86~88 页。

间展开适老化设计①；桑轶菲、应佐萍认为老旧小区在当初建设时并没有重视老年人的居家养老问题，建议从小区的设备设施和社区服务两方面进行适老化改造，满足其居家养老需求②。居家环境适老化改造方面的研究主要包括：刘东卫等将近年建成的普通住宅与老年住宅进行了对比，建议构建适合老年人的通用设计体系，分级推动我国适老化住宅的可持续发展③；余志红指出，在构建养老建筑空间时，应遵循适老化理念，寻求"以老为本"的设计方案④。在养老服务产品适老化改革方面，周明、李亚军提出，要从老年群体的生活和行为方式出发，构建产品适老化设计体系，使产品的交互更加适合老年群体的生理和心理特征。⑤

还有一部分学者以老龄化程度较高的日本为参考，为我国的适老化改革与改造提供了经验或建议。徐勇刚认为，我国适老化住宅建设研究还处于起步阶段，要满足老年人对住宅空间的需求还需要很长一段时间，借鉴日本等老龄化国家的经验至关重要。⑥王竹等也认为，社区适老化程度较低仍然是我国养老体系发展中的主要问题，而日本的养老体系在政策一体性、更新潜质性、居住多样性等方面的经验对于我国有较大的参考意义。⑦潘卉、丁炜分析了日本适老化集合住宅的特点和发展趋势，认为我国老年居

---

① 吴岩、戴志中：《基于群体多样性的住区公共服务空间适老化调查研究》，《建筑学报》2014年第5期，第60~64页。

② 桑轶菲、应佐萍：《城市老旧小区适老化改造的路径探讨》，《价值工程》2015年第20期，第40~42页。

③ 刘东卫等：《居家养老模式下住宅适老化通用设计研究》，《建筑学报》2015年第6期，第1~8页。

④ 余志红：《基于适老化理念的养老建筑空间设计》，《工业建筑》2016年第8期，第56~60页。

⑤ 周明、李亚军：《面向中国特色养老服务的产品交互适老化设计研究》，《艺术百家》2017年第1期，第233~234页。

⑥ 徐勇刚：《适老型住宅在中国发展的紧迫性和普适性》，《住宅产业》2011年第11期，第20~22页。

⑦ 王竹等：《日本养老体系对我国城市既有社区适老化更新策略的启示》，《华中建筑》2014年第11期，第46~50页。

住建筑及设施在设计方面可以学习的要点包括"储物空间多样化与就近原则、视线流通原则、卫浴空间多样化、无障碍设计和家具灵便化、空间可变性和设备的全周期运行"五个方面。[①] 戴靓华等分析了日本柏市丰四季台地区老年人口的特点和服务需求，观察了当地的社区规划和居民住宅空间的适老化改造情况，从持续照护、身心健康、高效服务、区域发展四个方面为我国提出了社区适老化改造建议。[②]

（三）研究述评

如上文所述，国内外学者对于医疗服务、积极老龄思想、适老化改革等议题已经展开了一定的研究，既有文献为本研究打下了坚实的理论和实践基础。国内外学者关于医疗服务的研究非常丰富，研究视角相对多元。国外学者重视对医疗服务满意度的影响因素研究，这些因素主要包括费用补贴、年龄、受教育程度、医疗服务质量、专业人员数量、医护人员服务态度、医患关系与医患沟通、患者信任度、药物的可及性和可用性、等待时间等。国外学者还重视对医疗服务供给现状的观察，他们分别从不同的服务内容、服务方式、服务或管理环节、公共卫生事件背景等方面对医疗服务供给提出了意见或建议。此外，护理院等专科医院的服务优化和偏远地区的初级医疗机构建设等也得到了重视。国内外学者都重视对医疗服务需求影响因素的分析，国外学者主要关注了人口、发病率、性别、种族、地区、受教育程度、居住类型、患病情况、收入变化、个人负担水平、公共政策、社会和文化等，国内学者主要关注了医疗保障制度、收入水平、患病情况、老年人生活经历、家庭和朋友、社区和环境、健康信仰、对医疗服务的体验等。

---

① 潘卉、丁炜：《日本适老性集合住宅设计新趋势对我国老年居住建筑设计的启迪》，《建筑与文化》2014年第12期，第160~161页。
② 戴靓华等：《基于地域综合照护的社区适老化研究——以日本柏市丰四季台为例》，《建筑学报》2018年第S1期，第45~49页。

与国外研究相比，国内研究在以下两个方面取得了丰硕的成果。其一，国内学者将医疗服务问题的研究对象聚焦到了老年人群体，不仅重点涉及医疗服务需求、医疗服务利用、医疗支出影响因素等领域，还提及以老年人为中心的医疗服务体系构建或重建。老年人医疗服务需求的城乡差异已被证实，就医惯性、收入水平导致的公平性问题受到了关注，乡镇卫生院的闲置现象、空巢老人的就医困难等也频繁被提及。学者们围绕影响老年人医疗服务利用情况的多种因素展开了研究，这些因素并不局限于医疗保险、健康资本、社会经济地位、预防保健意识，还包括居住安排、社会支持、代际关系、规范信念、行为态度等。其二，国内研究重点分析了老年人医疗支出的影响要素。一部分研究关注老年人的自身属性或特征对医疗支出的影响，如性别、收入、居住地、户籍情况、健康或患病情况、死亡原因等；另一部分研究聚焦医疗保险制度对老年人医疗支出的影响，既有对单一制度的影响观察，也有对不同制度影响的差异比较。还有个别学者关注了空气污染等外部因素对老年人医疗支出的影响，更有学者建立了老年人医疗支出的影响因素综合体系。

与国外研究相比，国内研究在以下两个方面仍然存在不足。其一，虽然国内外学者都关注了积极老龄化思想，但与国外研究相比，国内的相关研究还处于起步阶段。国外学者不仅分析了其所在地区对积极老龄化的接纳程度，总结了积极老龄化的计划、实践经验或工作成效，还对积极老龄化的本土化和进一步优化给出了相应的建议，更有部分学者重点设计、制定和测量了积极老龄化的相关指标。国内关于积极老龄化的研究并不丰富，学者们目前就积极老龄化的概念和内涵基本达成了共识，关于积极老龄化的指标衡量、实践总结、成效检验等都还有待进行。其二，在适老化改革和改造方面，国内学者与国外学者的研究呈现出较大的差距。国外学者已经开始关注医疗服务领域开展适老化改革的必要性，并重点关注了科学技术给老龄健康带来的影响。国内学者虽然认识到了适老化改革对提升老年人生活质量的重要性，并积极借鉴了日本等国的适老化改革和改造经验，但有关适老化改革和改造的研究目前仍然停留在公共环境、居家环境、养老服务产品等方面，并未向医疗服务领域延伸。

值得注意的是，国内外学者在一些问题上存在相似的局限性。例如，国内外学者都关注了互联网或智能技术给老年人健康或医疗带来的影响，但数字或智能医疗背景下的老年人应用障碍并未得到太多重视。国外研究重点关注了科学技术在增进老龄健康方面的作用，国内学者近年来也开始关注该方面的影响，既有研究提及了机器人辅助系统、互联网通信、监测技术、无线身体传感器、智能手机、医疗知识数据库、虚拟社区、电子健康平台等技术手段，分析了这些技术在医疗指导、生命体征监控、定期提醒、快速报警、生活支持等方面带来的正面效应，如老年人情绪改善、医疗服务效率提高、护理水平提升等。然而，关于近年来被频繁提及的老年人技术适应困难、数字融入困境等问题，医疗领域的文献目前并不多见。

综上，本研究将从以下几个方面推进研究和补充探索。其一，在选题方面，本研究将正视国内外适老化改革或改造方面的差距，将研究视角从公共环境、居家环境、养老服务产品等向医疗服务延伸，力求补齐国内适老化改革研究在医疗领域的短板。其二，在理论基础方面，本研究将对成功老龄化、健康老龄化、积极老龄化等积极老龄思想进行详细梳理，并尝试总结这些思想在医疗服务适老化改革方面的影响和主张，用于指导本研究的分析框架和建设目标。其三，从研究思路和顺序来说，本研究将先对我国的人口老龄化情况、医疗资源情况和医疗服务情况进行客观、细致的分析，证实医疗服务适老化改革的必要性和紧迫感，为研究议题寻找充足的现实依据。其四，在研究对象和内容方面，本研究既会延续已有文献的惯有视角，对影响老年人医疗服务需求和满意度的个人健康状况、受教育程度、收入情况、医保政策情况、就医行为等因素展开调研，也会积极汲取国内外文献的创新经验，尝试将观察视角拓宽至户居类型、居住环境、医患关系、社会支持情况、负向情绪特征等。其五，本研究依然对科学技术的健康促进作用给予肯定，但同时将重点关注智能医疗背景下的老年人数字融入问题，通过观察、问卷或访谈等方式了解他们在日常保健或就医过程中所面临的应用障碍和数字壁垒。

第一章　老龄化背景下医疗服务
改革的指导思想

为应对人口老龄化带来的问题，自20世纪40年代起，最先经历人口老龄化的西方发达国家，如美国、英国等提出了一系列理论来应对人口老龄化引发的各种问题。随后，其他国家也纷纷掀起了老龄化理论研究的热潮。同时，这些老龄化理论也为相关的医疗服务改革提供了指导。成功老龄化、健康老龄化、积极老龄化是人们在不同时期对人口老龄化问题的不同理论应对，它们正在通过推动老龄政策实施和老年人服务改善来不断提升人类的晚年生活质量。本章将对这三个老龄化理论的提出、发展、主要研究视角以及对医疗服务改革的促进作用等方面展开综述。

一　成功老龄化理论及其对医疗
服务改革的促进

（一）成功老龄化概念的提出

罗伯特·J. 哈维伯斯特（Robert J. Havighurst）于1961年首次提出了成功老龄化（Successful Aging）的概念。这一概念包括两方面的含义：一是指在一定的个人和社会生活条件下，个人获得最大的满足感和幸福感；二是指社会遵循"最大利益和最大数量"原则，在老年人、中年人和年轻人或者男性和女性群体之间保持满足感的适当平衡。

在此之前，活动理论和脱离理论指导着大多数的老龄病学和老龄政策研究。活动理论认为，成功的衰老意味着尽可能长时间地保持中年人的活动和态度。脱离理论则认为，成功的衰老意味着接受并渴望脱离活跃的生活。哈维伯斯特认为两个理论都存在局限性：活动理论将中年地位作为理想的社会和个人发展模式，认为任何偏离这种模式的行为都是消极和不可取的，这可能会导致人们无法将老年视为一个潜在的发展阶段；脱离理论认为脱离过程是自然发生的，忽略了"社会违背老年人的意愿和愿望而使其退出"的情况。

同时，哈维伯斯特也对以往用于衡量衰老的多个指标提出了质疑：以"是否适合社会需求、获得社会认可"来衡量衰老成功与否的测量方式，既忽略了老年人自身的感受，也忽略了公众舆论的灵活性；以"能否保持壮年时期的活动水平和范围"作为指标来衡量成功衰老与否，有将活动时间或社会能力与成功衰老混同的嫌疑；以"是否对自己的现状和活动感到满意"作为指标来衡量成功衰老与否，则过于依赖个人的活动和社会参与；以"是否对自己的生活感到幸福和满足"作为指标来衡量成功衰老与否，也显得过于主观了。[1]

（二）成功老龄化的理论发展

20 世纪 60 年代以来，学界先后提出了多种成功老龄化的概念界定和测量标准，成功老龄化已经逐渐从单一维度（如自我评价、自我效能、生活满意度或身体功能）概念发展为多维度（如身体、心理、社会）概念。[2] 总的来说，成功老龄化理论研究大致呈现三种取向：生物医学取向、社会心理学取向以及两者相结合的生物心理社会取向。[3]

---

[1] Robert J. Havighurst. "Successful Aging." *The Gerontologist*（1）1961：104-109.

[2] Li C. et al. "Successful Aging in Shanghai, China: Definition, Distribution and Related Factors." *International Psychogeriatrics* 18（2006）：551-563.

[3] 郭爱妹、顾大男：《成功老龄化：理论、研究与未来展望》，《南京师大学报》（社会科学版）2018 年第 3 期，第 102~110 页。

J. W. 罗（J. W. Rowe）和 R. L. 卡恩（R. L. Kahn）提出的麦肯阿瑟模型（MacArthur Model）是生物医学取向的典型代表。1987 年，罗和卡恩在《科学》杂志上发表的《人口老龄化：一般和成功》（Human Aging：Usual and Successful）中提出了著名的麦肯阿瑟模型，开启了成功老龄化实证研究的先河。[①] 罗和卡恩认为，在以往的老龄化研究中，衰老过程本身的影响被夸大了，而饮食、锻炼、个人习惯和心理社会等因素的调节作用被低估了。因此，他们将成功老龄化等同于无疾病或避免失能，把成功老龄化界定为"在外在心理和社会因素对人的老化过程的积极影响下使老年人各方面的功能很少下降，使他们保持良好的身心平衡，激发他们生命的活力，并使他们在社会参与中逐步实现自我"。同时，罗和卡恩认为，以往的研究多采用传统的二分法将老年人简单分为"患病的"和"正常的"两类，这种分类方式并未重视老年群体内部的异质性。罗和卡恩在"正常的"老龄化范畴内，进一步区分了"一般老龄化"（Usual Aging）和"成功老龄化"（Successful Aging）。前者是指老年人的身体、社会和认知功能会随着年龄的增长正常下降，外部因素加剧对衰老的影响；后者是指老年人的功能损失最小化，生理和认知功能很少或没有与年龄相关的衰退，外部因素发挥中性或积极作用。这一分类方式不仅有助于研究与正常老龄化相关的风险以及改变这些风险的策略，也有助于阐明如何促进老年人从正常老龄化到成功老龄化的过渡。[②] 在一个老龄化研究的重点是损失的时代，罗和卡恩的研究促成了一场重要的范式转变，使老龄化研究从"衰退"转向"成功"，促进了对老年线性退化替代方案的更多研究。[③] 不过，尽管概述了成

---

① J. W. Rowe and R. L. Kahn. "Human Aging：Usual and Successful." *Science* 237 (1987)：143-149.

② M. H. Bülow and T. Söderqvist. "Successful Aging：A Historical Overview and Critical Analysis of a Successful Concept." *Journal of Aging Studies* 31 (2014)：139-149.

③ J. Olivera and I. Tournier. "Successful Aging and Multi-dimensional Poverty：The Case of Peru." *Ageing and Society* 36 (2016)：1690-1714.

功老龄化模型的框架，但罗和卡恩并没有从操作层面上进行详细论述，这种模型在关注客观身体功能方面仍然是相当片面的。[①] 1997 年，罗和卡恩又发表了《成功老龄化：一个新框架》（Successful Aging：A New Framework），进一步扩展了成功老龄化的内涵。[②] 在该文中，他们提出了三个成功老龄化的客观标准：①老年人没有与疾病相关的残疾，患病或残疾的风险也较低（生理健康）；②老年人有着较好的认知功能；③老年人有着良好的参与生活的能力，包括进行社会交往和参与生产型活动。扩展后的概念内涵虽然包括了非生理成分，但关注重点仍然是健康和身体功能，精准识别和测量成功老龄化的方法依然没有被提出。[③] 同时，很少有老年人能够保持足够高的功能水平进而被罗和卡恩的模型标记为"成功"，一些学者认为保持健康和功能可能不是确保成功老龄化的唯一途径。[④]

选择－优化－补偿（Selective Optimization with Compensation，SOC）模型和社会情绪选择理论（Socioemotional Selectivity Theory）是社会心理学取向的典型代表。与强调成功老龄化"是什么"的麦肯阿瑟模型相比，这两种基于社会心理学的模型都以生命历程为依据指导个体"如何实现"成功老龄化。[⑤] SOC 模型是由德国心

---

① M. A. Flatt et al. "Are 'Anti-aging Medicine' and 'Successful Aging' Two Sides of the Same Coin? Views of Anti-aging Practitioners." *Journals of Gerontology Series B*：*Psychological Sciences and Social Sciences* 68（2013）：944-955.

② J. W. Rowe and R. L. Kahn. "Successful Aging：A New Framework." *The Gerontologist* 37（1997）：433-440.

③ G. A. Kelly and J. Lazarus. "Perceptions of Successful Aging：Intergenerational Voices Value Well-being." *The International Journal of Aging and Human Development* 80（2015）：233-247.

④ N. Zanjari et al. "Perceptions of Successful Aging Among Iranian Elders：Insights from a Qualitative Study." *The International Journal of Aging and Human Development* 83（2016）：381-401.

⑤ J. W. Rowe and R. L. Kahn. "Successful Aging 2. 0：Conceptual Expansions for the 21st Century." *Journals of Gerontology Series B*：*Psychological Sciences and Social Sciences* 70（2015）：593-596.

理学家保罗·巴尔特斯（Paul Baltes）和玛格丽特·巴尔特斯（Margret Baltes）在 1990 年共同提出的，该模型是他们的生命周期发展理论的一部分。SOC 模型认为，尽管老龄化过程中个体会面临生理、心理和社会方面的挑战，但通过选择、优化、补偿三种策略的相互作用，他们仍然可以实现成功老龄化。[①] 三个策略的具体含义包括：①选择（Selection），即个体选择性地投入精力和资源，专注于特定目标、活动或领域，以应对老龄化带来的生理和心理限制；②优化（Optimization），即个体通过精心管理和提升已有的资源和技能，实现更高效的目标达成；③补偿（Compensation），即个体通过发展新的技能、采用新的策略或利用外部资源来弥补老龄化带来的功能衰退或损失。SOC 模型还强调，成功老龄化应该包括多种主观和客观标准，并应明确认识到个人和文化差异。[②] 社会情绪选择理论是社会心理学领域中的重要理论，由劳拉·卡斯滕森（Laura Carstensen）在 1992 年提出。该理论认为，随着年龄的增长，人们会在不同的社会情境中采用不同的情感调节战略努力实现情感平衡，使自己的情感状态与所处环境相匹配，以维持心理健康和社会适应性，实现成功老龄化。这一理论既强调了情感目标在人类生命周期中的重要性，也为心理健康干预和老年心理学研究提供了重要指导。

　　虽然理论基础不同，但生物医学研究取向和社会心理学研究取向并不相互排斥，基于生物医学和社会心理学理论的多维成功老龄化研究取向也在逐步形成。例如，一部分研究从生理、心理、社会三个维度对成功老龄化进行了分析并提出了实现成功老龄化

①　J. W. Rowe and R. L. Kahn. "Successful Aging 2.0：Conceptual Expansions for the 21st Century." *Journals of Gerontology Series B*：*Psychological Sciences and Social Sciences* 70（2015）：593-596.

②　N. Zanjari et al. "Perceptions of Successful Aging Among Iranian Elders：Insights from a Qualitative Study." *The International Journal of Aging and Human Development* 83（2016）：381-401.

的多重途径①，也有一部分研究兼顾了身体、社会、心理和休闲活动四个成功老龄化维度。②

（三）成功老龄化的主要研究视角

1. 成功老龄化理论的定位

西方学者表示，成功老龄化概念的提出扭转了老年学领域长期以来的"老龄意味着丧失和下降"这一研究倾向，新的研究范式和框架将引导各层面主体从生物、行为、社会等因素出发促进老龄化的更好实现。③ 我国学者也认为，虽然成功老龄化与健康老龄化、生产性老龄化、积极老龄化等理念都涉及老年人生理、心理因素，概念之间也存在一定的重叠，但成功老龄化为我们从社会维度研究老龄化提供了更为广阔的空间，其注重观察老龄化社会中社会认知、社会支持网络、社会人口状况等方面的特点和一般趋势，把老龄化现象放在更为广阔的社会背景中讨论，因而可以超越个体的层面。④ 有研究提出，"成功老龄化"战略应包括健康老龄化、积极老龄化、和谐老龄化、适度老龄化、生产性老龄化、有准备的老龄化、有保障的老龄化、有照护的老龄化、有尊严的老龄化九个战略。⑤ 也有研究指出，成功老化是老年人为之奋斗的目标，积极老化是通往该目标的途径。⑥

---

① Y. Young, K. D. Frick and E. A. Phelan. "Can Successful Aging and Chronic Illness Coexist in the Same Individual? A Multidimensional Concept of Successful Aging." *Journal of the American Medical Directors Association* 10（2009）：87~92.

② Lee P. L. , Lan W. and Yen T. W. "Aging Successfully：A Four-actor Model." *Educational Gerontology* 37（2011）：210~227.

③ F. Villar. "Successful Aging and Development：The Contribution of Generativity in Older Age." *Ageing and Society* 32（2012）：1087~1105.

④ 张旭升、林卡：《"成功老龄化"理念及其政策含义》，《社会科学战线》2015年第2期，第185~190页。

⑤ 穆光宗：《成功老龄化：中国老龄治理的战略构想》，《国家行政学院学报》2015年第3期，第55~61页。

⑥ 刘雪萍等：《成功老化内涵及影响因素分析》，《心理发展与教育》2018年第2期，第249~256页。

2. 成功老龄化程度的测量

在测量成功老龄化程度时，近年的研究一方面沿袭了罗和卡恩提出的身体和功能健康因素[①]，另一方面增设了社会交往、情绪健康、生活满意度等观察维度[②]，疾病、长寿、自我健康和个性等也经常被视为成功老龄化的重要测量维度[③]。这些研究普遍认为，单纯使用生物生理指标测量成功老龄化是不完整且有误导性的，只有兼顾社会参与、生活满意度等心理社会指标，才能对老年人做出更全面的评价。[④] 成熟的成功老龄化量表（Successful Aging Inventory，SAI）开始出现，该量表采用5级评分法设计了20个条目，从内心因素和生存意义、功能性应对、超越老龄化、传承感、精神性5个维度衡量了成功老龄化的程度。[⑤] 从事老龄问题研究的学者们运用多种量化方法对不同国家或地区的成功老龄化程度进行了测量和国别（地区）比较。[⑥]

3. 成功老龄化的影响因素

来自新泽西的研究证实了性别和年龄要素在成功老龄化过程中的重要性，认为女性会比男性遭遇更多的成功老龄化障碍，应

[①] N. Zanjari et al. "Perceptions of Successful Aging Among Iranian Elders: Insights from a Qualitative Study." *The International Journal of Aging and Human Development* 83 (2016): 381-401.

[②] 陈子卓：《中国老年人成功老化模式的城乡差异——基于2015 CHARLS数据的潜在剖面分析》，《人口与发展》2021年第2期，第103~123页。

[③] C. A. Depp and D. V. Jeste. "Definitions and Predictors of Successful Aging: A Comprehensive Review of Larger Quantitative Studies." *American Journal of Geriatric Psychiatry Official Journal of the American Association for Geriatric Psychiatry* 14 (2006): 6-20.

[④] T. D. Cosco et al. "Operational Definitions of Successful Aging: A Systematic Review." *International Psychogeriatrics* 26 (2014): 373-381.

[⑤] M. Kozar-Westman, M. Troutman-Jordan and M. A. Nies. "Successful Aging Among Assisted Living Community Older Adults." *Journal of Nursing Scholarship* 45 (2013): 238-246.

[⑥] Shi W. H. et al. "The Status and Associated Factors of Successful Aging Among Older Adults Residing in Longevity Areas in China." *Biomedical and Environmental Sciences* 29 (2016): 347-355.

从中年开始采取前瞻性政策促进成功老龄化。[①] 同一团队的另一个研究结果显示，成功衰老是动态变化的过程，虽然性别、种族、教育等早期可识别特征预示着成功的衰老，但其中一些特征会被已婚、工作等中年特征所抑制。[②] 人口学特征、早期经历、社会互动环境、社会历史文化等被动因素和生活方式与习惯、认知活动与训练、老化态度等主动因素对成功老龄化的影响先后在国外文献中被证实[③]，许多文献也表明了早期事件和中年特征对成功老龄化的影响[④]。对北京老年人群的分析结果显示，年龄、性别、受教育程度和家庭经济状况等因素都影响着成功老龄化。[⑤] 年龄刻板印象等对成功老龄化的系统性影响也受到了学界的重视。[⑥]

4. 成功老龄化的局限性

近年来的一些研究指出了以往成功老龄化概念和理论的局限性。例如，有学者指出，"成功"或"不成功"的二元分类过于简单，很难有效和清晰地区分老龄化在不同群体间的差异。[⑦] 部分研究尝试将成功老龄化自评纳入分析框架，虽然结果显示61%的老年人认为自己实现了"成功的老化"（Age Successfully），但这其

---

① R. A. Pruchno, M. Wilson-Genderson and F. Cartwright. "A Two-factor Model of Successful Aging." *Journals of Gerontology Series B*: *Psychological Sciences and Social Sciences* 65（2010）：671-679.

② R. A. Pruchno and M. Wilson-Genderson. "A Longitudinal Examination of the Effects of Early Influences and Midlife Characteristics on Successful Aging." *Journals of Gerontology Series B*: *Psychological Sciences and Social Sciences* 70（2015）：850-859.

③ 刘雪萍等：《成功老化内涵及影响因素分析》，《心理发展与教育》2018年第2期，第249~256页。

④ M. B. Holstein and M. Minkler. "Self, Society, and the 'New Gerontology'." *The Gerontologist* 43（2003）：787-796.

⑤ 杜鹏、加里·安德鲁斯：《成功老龄化研究——以北京老年人为例》，《人口研究》2003年第3期，第4~11页。

⑥ 郭爱妹：《"内化"抑或"分离"：年龄刻板印象对成功老化的影响》，《南京师大学报》（社会科学版）2022年第6期，第105~114页。

⑦ T. D. Cosco, B. C. M. Stephan and C. Brayne. "（Unsuccessful）Binary Modeling of Successful Aging in the Oldest-Old Adults: A Call for Continuum-Based Measures." *Journal of the American Geriatrics Society* 62（2014）：1597-1598.

中只有约一半的老年人符合罗和卡恩的客观评价标准。[①] 学者们认为，罗和卡恩制定的客观标准过于严苛，他们将生理健康维度上患有慢性病、处于长期残疾状态的老年人排除在"成功"之外，甚至给他们贴上了"失败者"的标签。[②] 应将客观维度和主观维度进一步结合，在客观未成功老化群体中关注"主观成功"和"主观未成功"等老化类型的老人。[③]

（四）成功老龄化理论对医疗服务改革的促进作用

成功老龄化概念的提出和理论的发展，不仅促进了老年学领域的研究范式转变，也对医疗服务等具体领域的进一步改革和优化提出了要求。成功老龄化理论对医疗服务改革的促进作用主要体现在以下几个方面。

1. 发挥老年人在医疗保健过程中的可塑性和主观能动性

成功老龄化理论使老龄化研究从"衰退"转向"成功"，重视老年人的可塑性，强调发挥其在医疗保健过程中的主观能动性。其中，医疗保健过程中的可塑性是指，老年人有适应环境变化、迎接生活挑战的能力，可以通过积极的行为和态度来改善自己的生理或心理健康状况。例如，在对老年人开展健康知识普及、疾病预防教育、药物管理培训等工作后，老年人能够更好地了解自己的健康状况并通过科学生活习惯养成等行为进行自我健康管理，进而保持或提升自身健康水平，达到预防疾病的目的。医疗保健过程中的主观能动性是指，老年人不仅是医疗保健服务的被动接受者，也是这一过程的积极参与者、共同决策者和重要的合作伙伴，他们有能力积极参与自己的医疗护理方案或重要健康决策制

---

① Gu D. et al. "Concordance and Discordance of Self-rated and Researcher-measured Successful Aging: Subtypes and Associated Factors." *Journals of Gerontology Series B: Psychological Sciences and Social Sciences* 72（2017）: 214-227.

② W. J. Strawbridge, M. I. Wallhagen and R. D. Cohen. "Successful Aging and Wellbeing: Self-rated Compared with Rowe and Kahn." *Gerontologist* 42（2002）: 727-733.

③ 陈子卓:《中国老年人成功老化模式的城乡差异——基于 2015 CHARLS 数据的潜在剖面分析》,《人口与发展》2021 年第 2 期, 第 103~123 页。

定。例如，老年人可以在就医过程中参与治疗方案讨论、与医护人员共同做出医疗服务选择，甚至在可能的范围内主导自己的医疗过程。又如，老年人可以主动获取健康信息和医疗知识，积极参与社区健康活动，与社区工作人员共同建立和完善社区医疗服务体系。

2. 强调不同老年群体在健康方面的异质性

罗和卡恩重视老年群体内部的异质性，反对将老年人简单分为"患病的"和"正常的"两类。近年的国内外研究也证实了多种因素对成功老龄化的影响。这些理论内容暗示了老年人健康需求的多样性，为医疗服务改革提供了良好的指引。从健康情况来看，高龄老人患有慢性病的概率比低龄老人更高，同一类疾病对男性老人和女性老人的影响可能不尽相同，不同地区老年人的健康需求、医疗资源、社会环境等存在差异。不同生活习惯、社会经济条件、受教育水平的老年人在生理健康和心理健康方面会存在一定的差异，不同文化背景、家庭支持系统、社会支持系统下的老年人在健康知识、健康行为、抗逆力等方面也会表现不同。在实施卫生政策或提供医疗服务时，需要针对不同群体的特点和需求制定差异化的策略，包括但不限于提供个性化的健康管理、定制的医疗服务、有针对性的健康教育以及促进社会支持网络建立等措施。

3. 关注外部因素对老年人健康的影响

哈维伯斯特提出成功老龄化概念之初，就将个人满足感和幸福感放在一定的社会生活条件下进行了考虑。罗和卡恩也反对夸大衰老过程本身的影响而低估饮食、锻炼、个人习惯和心理社会等因素的调节作用，并在成功老龄化的概念中强调了外在心理和社会因素的影响。在成功老龄化的众多影响因素中，社会互动环境、社会历史文化、生活方式与习惯、家庭经济状况、年龄刻板印象等都受到了学界的重视。以上理论内容给老龄化背景下的医疗服务改革提供了指引，即重视外部因素对老年人健康的影响。

医疗资源会对老年人的健康产生重大影响，定期的健康检查、必要的治疗和康复服务对于老年人的健康维持至关重要。社会经济状况对老年人的健康有显著影响，较低的收入和保障制度的欠缺都可能影响医疗资源获取，进而导致老年人的健康问题。空气污染、水质污染等环境中的有害因素会增加老年人罹患疾病的概率。不健康的生活方式，如吸烟、过量饮酒和不良的饮食习惯等也会显著增加老年人的患病风险。健康促进政策的实施和健康教育活动的开展能够有效推广健康生活方式，增强老年人的健康意识和自我管理能力，从而减少疾病发生或加重。社会支持网络的建立能在一定程度上提供老年人所需的医疗支持和帮助，这对保持他们的身心健康也至关重要。

二　健康老龄化理论及其对医疗服务改革的促进

（一）健康老龄化概念的提出

一些学者认为，健康老龄化（Healthy Aging）这一术语最早可能出现于 1963 年美国老年医学家爱德华·鲍茨（Edward L. Bortz）在密歇根州医学协会期刊（*Journal of Michigan State Medical Society*）上发表的题为《健康老龄化》（Healthy Aging）的论文中。[1] 1987 年 5 月，在世界卫生组织召开的第四十届世界卫生大会（The Fortieth World Health Assembly）上，健康老龄化首次被纳入全球卫生保健战略中。为了延长老年群体的寿命、提高其对生活的满意度，此次大会还将"健康老龄化的决定因素"作为老龄研究计划的重要议题。[2] 1990 年，在哥本哈根召开的世界老龄大会上，世界

---

[1] 马凤芝、陈海萍：《基于时空视角的健康老龄化与社会工作服务》，《社会建设》2020 年第 1 期，第 3~15 页。

[2] World Health Organization, Fortieth World Health Assembly: Resolutions and Decisions, Annexes. (paper represented at the Fortieth World Health Assembly, Geneva, 1987).

卫生组织再次提及健康老龄化概念，并将其定义为"达到老年人的身体、心理和社会功能的完美状态"。此次会议将实现健康老龄化列为应对人口老龄化挑战的一项全球性发展战略，倡导从医疗保健和老龄化过程中的老年人健康问题着眼，强调提高大多数老年人的生命质量，缩短带病生存期，使老年人以正常的功能健康地存活到生命终点。① 自此之后，各国纷纷开始关注健康老龄化这一议题。1993 年，第 15 届国际老年学学会布达佩斯大会又进一步强调了"科学要为健康的老龄化服务"这一理念，并将其作为会议的主题。② 2001 年，联合国大会进一步将健康老龄化定义为"从整体上促进老年人健康，使老年人在体力、才能、社会、感情、脑力和精神等方面平衡发展"。③

我国关于"健康老龄化"的实际研究最早开始于 20 世纪 90 年代。④ 1994 年，在中国老年学学会与卫生部、中国老龄问题全国委员会共同主办的"中国老年保健研讨会"上，会长邬沧萍发表了以"为使我国出现健康的老龄化而奋斗"为主题的开幕词来倡导"健康老龄化"思想。随后，在 1995 年 10 月召开的全国老龄工作委员会会议中，邬沧萍教授又作了题为"健康老龄化的科学涵义和社会意义"的会议报告，并强调了"全面、科学地理解健康老龄化"的重要性。国内学者也纷纷结合中国实践，开始尝试对健康老龄化的概念进行界定和完善。一些研究认为，健康老龄化是指多数老年人处于生理、心理和社会功能的健康状态，同时

---

① 孙鹃娟：《健康老龄化视域下的老年照护服务体系：理论探讨与制度构想》，《华中科技大学学报》（社会科学版）2021 年第 5 期，第 1~8、42 页。
② 邬沧萍、姜向群：《"健康老龄化"战略刍议》，《中国社会科学》1996 年第 5 期，第 52~64 页。
③ 何耀：《我国的人口老龄化与健康老龄化策略》，《中国慢性病预防与控制》2012 年第 5 期，第 507~509 页。
④ 王洌：《"健康老龄化"研究的回顾与展望》，《人口研究》1996 年第 3 期，第 71~75 页。

社会发展不受过度人口老龄化的影响。① 也有一些研究将健康老龄化定义为"人在步入老年后身心等各方面尽可能长久地保持良好状态并健康地走完人生"。②

（二）健康老龄化的理论发展

随着人口老龄化程度的进一步加深和人口预期寿命的进一步延长，医疗费用大幅增加、医疗资源分布不均、健康公平等问题逐步受到全球关注。健康老龄化概念和理论内容随之得到了进一步的发展和完善。

2015 年 10 月，世界卫生组织发布了《关于老龄化与健康的全球报告》，将健康老龄化的概念进一步界定为"发展和维护老年健康生活所需的功能发挥过程"。该定义包括内在能力（Intrinsic Capacity）和功能发挥（Functional Ability）两个考察维度。内在能力是指个体以基因遗传为基础、受个体特征影响的生理与心理健康功能的整合。功能发挥是指老年人内在能力与环境的互动以实现个体价值的过程，这里的环境包括家庭环境、居住环境、人际关系等微观环境，以及社会观念、公共政策等宏观环境。③ 值得注意的是，这一定义并没有简单地区分健康老年人和不健康老年人，因为"许多人可能有一种或多种健康状况得到很好的控制，对他们的功能影响很小"。④ 同时，该报告在提出健康老龄化行动纲领的基础上，还纠正了人们对于人口老龄化和老年人在健康领域存在的偏见，即人们普遍认为人口老龄化会导致公共卫生支出的增加从而给家庭和社会带来负担、老年人口平均预期寿命与健康预

---

① 邹沧萍、姜向群：《"健康老龄化"战略刍议》，《中国社会科学》1996 年第 5 期，第 52~64 页。
② 孙华清、孙华敏：《对推进我国健康老龄化和积极老龄化的思考》，《成都体育学院学报》2010 年第 7 期，第 34~36、85 页。
③ World Health Organization, *World Report on Ageing and Health*. (Geneva: World Health Organization, 2015).
④ H. Zacher et al. "Motivation and Healthy Aging at Work." *The Journals of Gerontology: Series B* 76 (2021): S145-S156.

期寿命相当的错误观点。

2017 年，在德国巴登—符腾堡州图宾根召开的会议中，世界卫生组织提出了《构建健康老龄化的伦理框架》，进一步丰富了积极的健康老龄化行动的伦理框架。[1] 同年，世界卫生组织公布了《2016—2020 老龄化与健康的全球战略与行动方案》。该方案细化了人口老龄化应对行动的理论框架，形成了完整的、积极的健康老龄化的行动方略：一是致力于在每个国家采取行动促进健康老龄化；二是创造和发展对老年人友好的环境；三是使所有卫生保健系统保持一致以满足老年人的需求；四是建立可靠和适当的系统来提供长期护理（家庭、社区和机构）；五是改进对健康老龄化主题的检查、监测和研究。[2]

2020 年 12 月 14 日，世界卫生组织发布了《2021—2030 年健康老龄化行动十年》计划，倡导将政府、社会、国际组织、老年人服务专业人员、学术界、大众传媒和商业部门纳入共同努力改善老年人健康的系统行动体系。[3] 2021 年 1 月，世界卫生组织又发布了《健康老龄化十年基线报告》，进一步明确了健康老龄化的测量要素，提出积极的健康老龄化包括内在能力（Intrinsic Capacity）、功能能力（Functional Ability）和环境（Environments）三大核心要素。[4] 所谓内在能力，是指老年人可以利用的所有身心能

① World Health Organization. 2017. "Developing an Ethical Framework for Health Ageing: Report of a WHO Meeting." Last-modified March 18. https://www.who.int/publications/i/item/developing-an-ethical-framework-for-health-ageing-report-of-a-who-meeting.

② World Health Organization, Global Strategy and Action Plan on Ageing and Health 2016-2020: Towards a World in which Everyone can Live a Long and Healthy Life. (paper represented at Sixty-Ninth World Health Assembly, Geneva, May, 2016).

③ World Health Organization. 2021. "Decade of Healthy Ageing 2021-2030." Last-modified January 20. https://www.who.int/news/item/17-12-2020-who-launches-baseline-report-for-decade-of-healthy-ageing.

④ World Health Organization. 2020. "Decade of Healthy Ageing: Baseline Report." Last-modified January 18. https://apps.who.int/iris/rest/bitstreams/1327340/retrieve.

力，包括运动能力、感觉能力、平衡能力、认知能力和心理能力等，这是老年人健康生活的基础和根本保证。所谓功能能力，是指在内在能力的基础上实现个人的内在能力和环境的有机统一，主要包括人的学习、成长和决策能力、自由流动的能力、建立和维系人际关系的能力和做出社会贡献的能力等。所谓环境，主要是指社会环境因素，它决定了具有一定内在能力和功能能力的老年人的积极老龄化社会目标的实现，包括家庭、社区和更广泛的社会领域。①

在中国，健康老龄化理论也指导了政策制定并进一步影响了国民生活。2016 年颁布的《"健康中国 2030"规划纲要》将健康视为人民享有的一项基本权利，并从普及健康生活、优化健康服务、完善健康保障、建设健康环境、发展健康产业、健全支撑与保障、强化组织实施等层面提出了具体目标和行动规划。2017 年 3 月颁布的《"十三五"健康老龄化规划》中首次出现了"健康老龄化"概念并将其界定为"从生命全过程的角度，从生命早期开始，对所有影响健康的因素进行综合、系统的干预，营造有利于老年健康的社会支持和生活环境，以延长健康预期寿命，维护老年人的健康功能，提高老年人的健康水平"。2019 年颁布的《健康中国行动（2019—2030 年）》从普及健康知识、参与健康行动、提供健康服务和延长健康寿命四个方面明确了行动路径，并在合理膳食、全民健身、控烟行动、健康环境促进行动、老年健康等15 个领域提出了重点行动方案。2022 年 2 月颁布的《"十四五"健康老龄化规划》强调，"要协同推进健康中国战略和积极应对人口老龄化国家战略，不断满足老年人健康需求，稳步提升老年人健康水平，促进实现健康老龄化"。

---

① 宋全成、温欣：《论积极的健康老龄化的政策框架与行动方略》，《中州学刊》2022 年第 8 期，第 69~78、2 页。

(三) 健康老龄化的研究视角

1. 健康老龄化理论的定位

健康老龄化理论在老龄健康领域的贡献在于:它不仅更新了老年健康的目标,也突破了疾病导向的定义藩篱,扩展了老年健康的范围,不再以疾病视角判断健康与否,转而以能力的视角衡量老年健康。例如,内在能力的引入能更加综合、连续地评价老年人的健康与能力水平;在与环境性支持的互动中进一步显现老年人隐藏的健康和人力资本价值;功能发挥的过程囊括了老年人对社会参与的诉求。[①]

成功老龄化理论早期对"身体健康"的关注为健康老龄化理论的出现奠定了基础,成功老龄化强调的身体健康、心理健康、适应社会等要素在健康老龄化理论中得到沿袭。但是,成功老龄化过于注重老龄化的结果,"成功"一词带有很强的价值判断色彩。"健康老龄化"是对"成功老龄化"表达方式的一种修正,该理论更注重研究影响老龄化过程的因素以及如何从老年人本身出发去提高老年人群的生命质量。

学者们认为,虽然健康老龄化与其他老龄化理论都在不同程度上包含了"健康"要素,但健康老龄化理论至少在以下三个方面有其创新性。第一,健康老龄化理论强调与老年人相关的环境(包括物理和社会环境)以及他们与环境的互动,认为这些环境将为老年人提供一系列资源或障碍,并最终决定具有特定能力水平的老年人是否可以做他们认为重要的事情。[②] 第二,健康老龄化注重提升老年人的生命质量,缩短其带病生存期,努力使老年人以正常的功能健康地存活到生命的终点。[③] 第三,健康老龄化理论从

[①] 李航、刘慧君:《解构与重塑:中国健康老龄化服务体系的探讨》,《西北人口》2023 年第 5 期,第 44~57 页。

[②] World Health Organization, World Report on Ageing and Health. (Geneva: World Health Organization, 2015).

[③] 邬沧萍、姜向群:《"健康老龄化"战略刍议》,《中国社会科学》1996 年第 5 期,第 52~64 页。

全生命周期的动态视角来看待老龄化问题，认为老年期的健康是个体在生命历程中健康长期积累并不断变化的结果，提倡在年轻时期为老年期的健康打下基础，尽可能延长个体健康老龄化轨迹。[①]

2. 健康老龄化程度的测量

学界在健康老龄化的测量方面还没有形成统一的标准。一些学者仍然倾向于从生理层面测量健康老龄化水平，常见指标包括躯体功能及相关障碍、预期寿命、慢性疾病、自评健康等[②]，个别研究的测量指标仅包括血压、肺活量、认知功能、空腹血糖、血清胱抑素 C 等。[③] 另一些学者则倾向于从多个维度综合衡量健康老龄化程度。例如，拉达·蒂亚姆旺（Ladda Thiamwong）等编制的健康老龄化量表（Healthy Aging Instrument, HAI）从躯体功能、心理状况、认知功能、社会功能、精神状态等 9 个方面设置了 35 个条目来进行打分测量[④]；迪塔·努尔里卡（Dieta Nurrika）等从自评健康、日常生活行为能力、认知功能三个维度构建了组合量表来进行测量。[⑤] 从趋势上看，越来越多的测量工具结合了生理指标、测量结果、执行能力和主观评价等信息。[⑥]

---

① 孙鹃娟：《健康老龄化视域下的老年照护服务体系：理论探讨与制度构想》，《华中科技大学学报》（社会科学版）2021 年第 5 期，第 1~8、42 页。

② 陈璐、王婉莹：《健康中国战略下多层次健康老龄指标体系研究》，《南开经济研究》2022 年第 4 期，第 157~176 页。

③ J. L. Sanders et al. "Heritability of Mortality Prediction with a Longevity Phenotype：The Healthy Aging Index." *Journals of Gerontology Series A：Biomedical Sciences and Medical Sciences* 69（2014）：479-485.

④ L. Thiamwong et al. "Development and Psychometric Testing of the Healthy Aging Instrument." *Thai Journal of Nursing Research* 12（2008）：285-296.

⑤ D. Nurrika et al. "Education Level, Monthly Per-capita Expenditure, and Healthy Aging in the Older Indonesian Population：The Indonesia Family Life Survey 2007 and 2014." *The Tohoku Journal of Experimental Medicine* 250（2020）：95-108.

⑥ J. P. Michel and R. Sadana. "'Healthy Aging' Concepts and Measures." *Journal of the American Medical Directors Association* 18（2017）：460-464.

虽然国内原创的本土化健康老龄化测量工具较为匮乏[①]，但一部分中国学者尝试对已有量表进行了汉化处理。例如，吴凡和绳宇对 HAI 量表的条目语言进行了通俗化处理，调整了语法结构，使其更符合中国人的表达习惯，便于老年人理解，并证实了汉化后量表的良好信度和效度。[②]

3. 健康老龄化的影响因素

大部分研究证实了人口学因素和社会经济因素对健康老龄化产生的重要影响。重要的人口学因素包括性别、受教育程度、居住安排等，主要的社会经济因素包括社会经济地位、医疗保障、养老保障、公共服务等。从健康老龄化的具体维度来看，身体健康主要受患病数、经济收入等因素的影响，心理健康主要受主观因素的影响，认知效能主要受年龄、教育因素的影响，文体活动受性别、人际交往、经济收入等因素的影响。[③] 社会支持网络与老年人的健康状况也具有一定的关系，邻居关系网络、朋友关系网络、家人关系网络等均与老年人的健康老龄化呈正相关关系。[④] 还有部分学者从生命历程视角出发，证实了不良童年经历（如父母残疾、家庭精神疾病、家庭暴力等）对健康老龄化发展轨迹的显著影响[⑤]，认为儿童期优越的家庭或社区社会经济地位能够显著增加中老年人实现健康老龄化的概率[⑥]。此外，外界环境（如住房环

---

① 孙菊等：《健康老龄化：内涵辨析、测量方式与中国趋势》，《中国卫生政策研究》2023 年第 5 期，第 47~55 页。

② 吴凡、绳宇：《健康老龄化量表的汉化及信效度评价》，《护理研究》2019 年第 8 期，第 1293~1297 页。

③ 李德明等：《认知老化模型》，《心理学报》1999 年第 1 期，第 98 页。

④ 吴凡、绳宇：《城市社区老年人健康老龄化现状及相关因素分析》，《护理学杂志》2018 年第 13 期，第 84~87 页；陶生生等：《社会网络与健康老龄化关系研究的系统评价》，《中国卫生事业管理》2019 年第 3 期，第 224~226、230 页。

⑤ Sun J., Wang J. and Li H. "Are Adverse Childhood Experiences Associated with Trajectories of Healthy Aging? Evidence from China." *SSM-Population Health* 24 (2023): 101501.

⑥ 李晓宇、陈东：《"七岁看老"在健康老龄化领域成立吗？——基于儿童期 SES 的实证研究》，《世界经济文汇》2020 年第 2 期，第 74~89 页。

境等）等也会对老年人的健康产生重要影响。[①] 通过梳理以往文献，一些学者将影响健康老龄化的因素归纳为七类，即生理因素、心理机能、人口特征、社会因素、行为习惯、个人经历和外部环境。[②]

4. 健康老龄化理论的局限性

健康老龄化理论遵循"以人为本"的理念，从老年人需求出发，在维护老年人健康、延长老年人寿命、提高老年人生活质量方面发挥了重要作用，具有相当积极的社会意义。但是，健康老龄化理论也存在如下几方面局限性。第一，健康老龄化理论依然带有本质主义的取向特征，仍在一定程度上将老年人视为社会负担，而不是将老年人视作社会发展的财富和推动者。第二，健康老龄化理论侧重强调老年人保持较好的身体机能、通过缩短带病生存期来延长健康寿命进而提高老年人的生命质量，这在一定程度上忽略了老年人通过获取保障和参与机会来提高生活质量和生命质量的可能性。第三，健康老龄化理论尚未完成"以需求为基础"到"以权利为基础"的研究视角转变，老年人仍是客观的受益者和社会福利的被动接受者，他们的参与者身份和重要人力资本作用尚未得到肯定和重视。[③]

（四）健康老龄化理论对医疗服务改革的促进作用

随着人口老龄化的加剧，老年人口的健康需求越发复杂和多样，以往的医疗服务难以满足这种需求变化。在此背景下，健康老龄化理论为医疗服务的改革和完善提供了理论支持和指导，对

---

① F. Oswald et al. "The Role of the Home Environment in Middle and Late Adulthood." *Springer Netherlands*（2006）：7-24；C. Stephens et al. "Livable Environments and the Quality of Life of Older People：An Ecological Perspective." *The Gerontologist* 59（2019）：675-685.

② 马凤芝、陈海萍：《基于时空视角的健康老龄化与社会工作服务》，《社会建设》2020 年第 1 期，第 3~15 页。

③ 晏月平、李雅琳：《健康老龄化到积极老龄化面临的挑战及策略研究》，《东岳论丛》2022 年第 7 期，第 165~175、192 页。

医疗服务的进一步发展有着重要的促进作用。

1. 尊重老年人健康状况的个体差异

健康老龄化理论认为，"典型的老年人并不存在"，人们在老年阶段的功能能力和内在能力水平差异很大，老年期以前各阶段的健康也决定了人在老年期的健康水平，不应简单地将老年人区分为健康老年人和不健康老年人。同时，国内外学者多年的研究也证实了性别、受教育程度、居住安排等人口学因素和社会经济地位、医疗保障、养老保障、公共服务等社会经济因素对老年人健康的重要影响。这说明，在医疗服务改革的过程中，老年人的个体差异应该得到充分尊重，老年人的健康需求多样性也应得到重视。一些年轻人的精力或能力早早出现显著衰退，一些老年人在身体和心理方面的能力水平却与年轻人相当。因此，应针对不同老年人的不同需求，为其制定个性化的健康管理方案或医疗服务方案，以确保老年人能够获得切实有效的医疗卫生服务。

2. 结合多样的老年人健康需求建立综合卫生服务体系

健康老龄化理论认为，老年人的健康需求包括其在身体、心理、社交、环境等多个方面的需求，是与每个生命阶段都息息相关的健康需求。因此，在医疗服务改革过程中，要以动态视角分析老年人整个生命周期的健康促进、疾病预防、治疗护理、康复训练、临终关怀等多方面需求，不断优化医疗资源配置，在医疗机构和人才队伍建设方面做出一系列调整。从医疗机构建设方面来看，医疗资源应逐渐向慢性病的预防和治疗倾斜，老年病院、护理院、康复医院、临终关怀科室等的建设应该逐渐受到重视，青壮年甚至幼年时期的疾病预防也不能被忽视。从人才队伍建设方面来看，各大医学院校要积极开展老年学、老年病学的相关课程以完成对卫生从业人员的基础教育。随着老年病院的不断设立和老年病学科室的不断健全，该方向的人才培训和专业人才养成也要逐渐提上日程。① 此外，世界卫生组织在 2017 年提出的《构建健康老龄化的伦理框架》中还倡导建立可靠和适当的系统来提供长期护理服务，这也将构成综合卫生服务体系的重要部分。那么，与之相应的社会保障（长期照护）制度就需要被试点、推广和不断完善，从事长期护理事业的人员需要得到专业的培养、需要拥有通畅的职业发展路径，居家护理、社区护理、机构护理等多种形式下的服务流程、服务标准、监管标准和给付标准都需要被科学制定。

3. 注重老年友好环境的建设

健康老龄化理论明确了环境对老年人健康的重要影响，认为环境有可能为老年人维持或增进健康提供一系列的资源，也有可能造成一系列的障碍。该理论所指的环境既包括物理环境，也包括社会环境；既包括家庭环境、居住环境、人际关系等微观环境，也包括社会观念、公共政策等宏观环境。具体来说，在医疗健康服务方面，健康老龄化理论对老年友好环境建设提出了以下几点要求。

第一，应在老龄化背景下积极关注并力求满足老年人特殊且多样的就医需求，营造老年友好的就医环境。一方面，应加强就医环境中硬件设施的建设，如设置便于老年人识别的导医标识、方便老年人等候的休息座椅、可以线下挂号或结算的人工窗口等。另一方面，要在就医环境中提供友善助医或导医服务，简化老年人的就医流程，改善老年人的就医体验，消除老年人的就医顾虑。第二，应重视居住环境对老年人健康的影响，在家庭、社区甚至更广泛的社会领域中营造有利于老年人身心健康的、减少或避免对老年人造成伤害的居住环境。老年友好型社区建设应得到进一步加强，家庭适老化改造应获得更多的财政支持，智能家居可被用于提高老年人的生活便利性，预警装置可被用来确保老年人的

---

① 成前等：《教育水平、个体健康与公共财政支持》，《江西财经大学学报》2016 年第 5 期，第 24~32 页。

人身安全，健康监测设备可被用来监测老年人的健康状况。第三，应在全社会营造老年友好的人文环境，减少老年人的就医障碍，帮助老年人建立健康支持网络。要帮助和鼓励老年人接受健康教育、保持社交联系、促进身心健康。例如，鼓励老年人参与机构或社区的医疗卫生活动，帮助患有同类疾病的老年人建立互助小组等。

4. 重视老年人在医疗健康方面的多重贡献

健康老龄化理论突破了疾病导向的定义藩篱，转而以能力的视角衡量老年健康。该理论更注重研究影响老龄化过程的因素以及如何从老年人本身出发去提高老年人群的生命质量。因此，老年人不应被视为家庭和社会的负担，他们是社会的积极资源，依然具有发挥潜力、做出贡献的能力。应鼓励老年人充分利用自身的经验、技能和智慧，在社会中发挥作用。同时，健康老龄化理论从全生命周期的动态视角来看待老龄化问题，认为老年期的健康是个体在生命历程中健康长期积累并不断变化的结果，应倡导老年人积极参与终身学习和发展，不断更新自己的知识和技能。这种学习可以是形式化的，比如参加课程、培训等，也可以是非形式化的，比如参加社交活动、兴趣小组等方式。通过不断学习，老年人可以保持身心活跃，提高自身健康管理能力，更好地适应社会变化。此外，健康老龄化理论还反对年龄歧视，强调老年人的自主性和尊严。老年人不仅是老年化的个体，也是家庭、社区和社会的一部分，拥有多重角色和身份。因此，社会应该重视老年人在不同领域的贡献，包括在家庭照顾、传统文化传承、社区建设等方面的贡献。这种重视可以通过政策支持、社会认可等方式体现出来。

三　积极老龄化理论及其对医疗服务改革的促进

（一）积极老龄化概念的提出

"积极老龄化"一词的理论根源可以追溯到 20 世纪五六十年

代的社会老年学文献，当时的社会老年学家强调了积极生活方式在提升老年人生活满意度方面的重要作用，后来这种观点被称为"活动理论"。[1] 同时，积极老龄化的发展也与生命历程传统观念的瓦解相对应，因为这些传统观念往往将生命中最老的阶段与"不活动"联系在一起。[2] 20 世纪末，积极心理学运动的盛行推动了积极老龄化理论的出现。积极心理学将心理学的目标由治疗转为潜能开发，表现在老龄化问题上就是要帮助老年人群开发潜能、树立积极的社会参与心态，消除对老年人群的年龄偏见，为其社会参与提供适宜环境。[3]

全球各国在应对老龄化问题时也逐渐展现出了积极的态度。1982 年，联合国第一届老龄问题世界大会召开，老龄化被正式提上国际事务议程。1991 年，联合国大会上制定的《联合国老年人原则》提出了独立、参与、照顾、自我充实、尊严五大原则，这为看待人口老龄化问题提供了多维视角。老龄化大国日本在 1995 年就制定并开始实施《高龄社会对策基本法》，且根据此法提出了就业与所得、健康与福祉、学习与社会参与、生活环境、研究开发以及对国际社会的贡献六个用以推进社会政策的基本框架。[4]

在 1997 年的西方七国首脑会议上，积极老龄化概念首次被提出。1999 年，欧盟召开了主题为"积极老龄化"的国际会议，从理论上探讨了老龄化问题及其被解决的可能性。这个时期的积极老龄化概念大多是作为"工作目标"提出的，主要强调了健康与活动之间的联系以及健康老龄化的重要性，这在一定程度上也是

---

① J. Álvarez-García et al. "Active Aging: Mapping of Scientific Coverage. " *International al Journal of Environmental Research and Public Health* 15 (2018): 2727.

② K. Boudiny and D. Mortelmans. "A Critical Perspective: Towards a Broader Understanding of 'Active Aging'. " *E-journal of Applied Psychology* 7 (2011): 8～14.

③ 刘文、焦佩：《国际视野中的积极老龄化研究》，《中山大学学报》（社会科学版）2015 年第 1 期，第 167～180 页。

④ 『平成 9 年版高齢社会白書（全体版）』，https://www8.cao.go.jp/kourei/white-paper/w-1997/haku97in.htm，最后访问日期：2024 年 8 月 24 日。

对成功老龄化和生产性老龄化概念缺陷的回应。[1]

2002 年 1 月，世界卫生组织在其出版的《积极老龄化：从论证到行动》一书中明确了积极老龄化的概念和内涵。同年 4 月，联合国第二次老龄问题世界大会通过《政治宣言》和《2002 年马德里老龄问题国际行动计划》，为积极老龄化提供了指导原则和行动建议。《政治宣言》对积极老龄化的界定是：人到老年时为了提高生活质量，使健康、参与和保障的机会尽可能发挥最大效益的过程。《政治宣言》还指出，积极老龄化是以承认老年人的人权和联合国关于独立、参与、尊严、照料和自我实现的原则为基础的，"积极"强调的是继续参与社会的经济、政治和文化生活。[2] 会后，世界卫生组织又出版了《积极老龄化：一个政策框架》一书，进一步阐明了积极老龄化的理论基础、决定因素，并提出了相应的政策建议。[3]《积极老龄化：一个政策框架》将积极老龄化正式定义为"优化健康、参与和保障机会的过程，以便随着人们的年龄增长提高生活质量"。其中"积极"被定义为"继续参与社会、经济、文化、精神和公共事务，而不仅仅是身体活动或参加劳动的能力"。这一定义确立了积极老龄化的三大支柱。第一个支柱是"健康"，旨在减少慢性病和导致功能衰退的危险因素，延长老年人的独立期，使老年人享有更长的寿命和更好的生活质量，减少医疗和照护服务的需要，同时使那些需要被照料的人在步入老年时也能得到全方位的医疗和照料服务。第二个支柱是"参与"，即鼓励老年人通过就业（劳动力市场）、志愿服务或教育积极地参与社会活动，继续有偿或无偿地为社会做贡献。第三个支柱是"保

---

[1]　A. Walker. "Active Ageing: Realising its Potential." *Australasian Journal on Ageing* 34 (2015): 2–8.

[2]　《第二次老龄问题世界大会——政治宣言》，https://www.un.org/zh/documents/treaty/A-CONF-197-9，最后访问日期：2024 年 8 月 24 日。

[3]　武宜娟：《积极老龄化视角下老年人的网络参与》，《学术交流》2021 年第 5 期，第 141~155 页。

障",旨在确保老年人的身体、社会和经济的需求和权利,老年人一旦生活不能自理、不能保护自己时,他们的尊严和照护需求需要得到尊重和满足。《积极老龄化:一个政策框架》中还提及积极老龄化的六个决定因素和七大挑战:六个决定因素包括卫生和社会服务系统、行为因素、个人因素、物理环境、社会环境、经济因素;七大挑战包括双重疾病负担、增加致残风险、照顾老龄人口、老龄化女性化、道德与不公平、人口老龄化的经济学、建立新范式的必要性。①

(二) 积极老龄化的理论发展

在世界卫生组织的积极倡导和推动之下,联合国大会、国际劳工组织和欧盟等国际机构纷纷采取行动,促进了积极老龄化在全球范围内的推进。积极老龄化逐渐成为国际社会最具共识的应对人口老龄化的理论策略和行动指南。

欧盟是研究和使用积极老龄化概念最多的地区性国际组织,欧洲议会和欧盟委员会都是积极老龄化的信奉者和推动力量。② 在欧洲的早期实践中,积极老龄化经常被一种狭隘的经济主义或生产主义解释所主导,这种解释优先考虑延长工作寿命,以减轻人口老龄化的"负担"。③ 例如,2002 年欧盟对其成员国的建议包括:制定积极的老龄政策,采取措施维持老年工人的工作能力和技能,实行灵活的工作安排,并提高雇主对老年工人潜力的认识;确保老年工人有充分的机会接受进一步的教育和培训,并审查税

---

① B. Abdullah and G. Wolbring. "Analysis of Newspaper Coverage of Active Aging Through the Lens of the 2002 World Health Organization Active Ageing Report: A Policy Framework and the 2010 Toronto Charter for Physical Activity: A Global Call for Action." *International Journal of Environmental Research and Public Health* 10 (2013): 6799-6819.

② 刘文、焦佩:《国际视野中的积极老龄化研究》,《中山大学学报》(社会科学版) 2015 年第 1 期,第 167~180 页。

③ L. Foster and A. Walker. "Active Ageing Across the Life Course: Towards a Comprehensive Approach to Prevention." *Biomed Research International* 2021 (2021): 1-11.

收和社会保护制度，以期消除阻碍因素，创造鼓励措施，使他们继续活跃于劳动力市场。① 这种对积极老龄化的解释削弱了它的价值，将政策的重点片面地放在了就业方面。② 因此，在积极老龄化政策报告发布一年后，欧盟理事会修正了这一问题，给出了一种更为全面的解释：积极老龄化意味着创造机会，使人们能够更长时间地留在劳动力市场，以志愿者的身份在社区无偿工作，或将自己的技能传授给年轻人及其大家庭，为社会做出贡献，并尽可能多地、有尊严地生活。③ 欧洲学界也对这一生产主义范式进行了批判，并在 2009 年基于生命历程的视角提出了另一个政策导向的积极老龄化定义：积极老龄化是一项最大限度实现老年人参与和福祉的综合战略，这一战略应该在个人（生活方式）、组织（管理）和社会（政策）层面上以及生命历程的所有阶段同时同步实施。④

积极老龄化指数的提出和完善进一步推动了理论发展。2012年，联合国欧洲经济委员会（UNECE）和欧洲委员会共同制定了积极老龄化指数（Active Ageing Index，AAI）。该指数既能衡量"老年人独立生活、参与有偿就业和社会活动的水平以及他们积极养老的能力"，也是衡量"各国老年人在积极健康老龄化方面未开发潜力的工具"。⑤ 该指数由以下四个领域的 22 个具体指标组成：就业；参与社会；独立、健康和有保障的生活；积极老龄化的能

---

① European Commission. 2002. "Guidelines for Member States' Employment Policies for the Year 2002." Last modified February 11. https://op. europa. eu/en/publication-detail/-/publication/007893ee-1581-4a7e-aa75-8314cf254c8f/language-en.

② A. Walker and T. Maltby. "Active Ageing: A Strategic Policy Solution to Demographic Ageing in the European Union." *International Journal of Social Welfare* 21 (2012): S117-S130.

③ European Council. "Employment, Social Policy, Health and Consumer Affairs Council Meeting", *Council Conclusions on Active Ageing* (Luxembourg: 2010).

④ A. Walker. "The Emergence and Application of Active Aging in Europe." *Soziale Lebenslaufpolitik* (2010): 585-601.

⑤ A. Principi et al. "The Active Ageing Index and Policy Making in Italy." *Ageing and Society* (2021): 1-26.

力和有利环境。但后来的一些研究者指出了积极老龄化指数的局限性：第一，积极老龄化指数衡量的是参与活动的程度，它没有考虑老年人是否重视或想要参与这些活动；第二，该指数最初是作为衡量"老年人未开发潜力"的一种工具而提出的，因此强调了一种极端的生产力主义观点，以及一种不切实际的实践；第三，积极老龄化指数最初仅按性别分列，很难满足提供政策见解的需求，即如何让资源较少的老年人参与到积极老龄化中来。[1]

　　为了克服以上积极老龄化理论的弊端，2015 年，福斯特（Foster）和沃克（Walker）提出了更为全面的七项关键原则作为积极老龄化战略的基础。第一，"活动"应包括有关个人及其家庭、当地社区或与整个社会福祉相关的一切有意义的追求，而不应仅限于有偿就业或生产。第二，积极老龄化应该主要是一种预防概念，这意味着让所有年龄段的人在整个生命历程中积极参与老龄化进程。第三，积极老龄化应包括所有老年人，即使是那些在某种程度上"虚弱"和"有依赖性"的老年人。第四，代际团结应该是积极老龄化的一个重要特征，这涉及代际间的公平，以及发展跨代活动的机会。第五，积极老龄化概念应体现权利和义务的对等关系，老年人在享有社会保护、终身教育和培训等权利的同时，也有义务利用教育和培训机会或以其他方式保持积极。第六，积极老龄化战略应体现参与性和赋权性，既要结合自上而下的政策行动来推动和激励活动，也要有机会让公民自下而上地采取行动，例如发展他们自己的活动形式。第七，积极老龄化必须尊重民族和文化的多样性，如多数和少数民族群体之间参与的形式差异、哪种活动应该被判断为"最好的"活动等。[2]

　　在中国，积应对人口老龄化也逐渐发展成为一项国家战略。

---

[1]　J. M. De São José et al. "A Critique of the Active Ageing Index." *Journal of Aging Studies* 40（2017）：49-56.

[2]　A. Walker. "Active Ageing: Realising its Potential." *Australasian Journal on Ageing* 34（2015）：2-8.

"十一五"规划、"十二五"规划和"十三五"规划中都广泛使用了"积极应对人口老龄化"一说,党的十八大、十九大都对积极应对人口老龄化提出了明确要求,党的二十大更是进一步强调了"实施积极应对人口老龄化国家战略"①。近年来,老龄政策不断出台,积极老龄观越来越受到重视。2021 年出台的《中共中央 国务院关于加强新时代老龄工作的意见》指出,要"把积极老龄观、健康老龄化理念融入经济社会发展全过程……走出一条中国特色积极应对人口老龄化道路"②。2022 年,国务院印发的《"十四五"国家老龄事业发展和养老服务体系规划》不仅专设了"践行积极老龄观"一节,更将"积极老龄观"作为灵魂和主线贯穿全文。③

(三)积极老龄化的研究视角

1. 积极老龄化理论的定位

与最初作为研究工具的其他老龄化理论不同,积极老龄化是明确为政策制定而设计的,目前已被确立为应对人口老龄化的主要全球政策战略。④ 积极老龄化理论在概念内涵、研究视角、责任主体、衡量标准等多个维度实现了跨越。其一,积极老龄化概念既包含了健康老龄化满足老年群体健康和社会保障需要的内涵,又增加了老年群体可以参与社会、经济、文化和公共事务的内涵,其政策内容涵盖了疾病预防与健康促进、劳动就业、志愿服务、政治倡导、社会保险与服务、居住环境等多种老年人需求。⑤ 其

---

① 习近平:《高举中国特色社会主义伟大旗帜 为全面建设社会主义现代化国家而团结奋斗——在中国共产党第二十次全国代表大会上的报告》,人民出版社,2022。

② 《中共中央 国务院关于加强新时代老龄工作的意见》,https://www.gov.cn/zhengce/2021-11/24/content_5653181.htm,最后访问日期:2024 年 11 月 30 日。

③ 陈业宏、高尔晞:《积极老龄化背景下促进老年人再就业的对策建议》,《中州学刊》2023 年第 5 期,第 90~96 页。

④ L. Foster and A. Walker. "Active Ageing Across the Life Course: Towards a Comprehensive Approach to Prevention." *Biomed Research International* 2021 (2021): 1–11.

⑤ 朱火云:《积极老龄化战略:概念内涵、欧盟经验及对中国的启示》,《社会保障评论》2022 年第 6 期,第 116~129 页。

二，在积极老龄化理论中，"以需求为基础"的研究视角开始向"以权利为基础"的研究视角转变，老年人从客观的受益者转为被赋予权力的参与者，他们逐渐被视为社会发展的推动者和重要人力资源，而不是被动的社会福利接受者。其三，积极老龄化理论突破了以政府为主导的传统一元主体框架，整合了政府、社会组织、社区、学术机构、老年人个体及其家庭等多元主体，形成了广泛的对话与协作机制。① 其四，相较于健康老龄化要实现的生理、心理、社会三个健康目标，积极老龄化理论对能够影响老年期健康长寿和生活质量的所有有利及不利因素都很重视，建议使用多种指标或维度进行衡量并基于生命历程采取干预措施。②

2. 积极老龄化水平的测量

学者们很早就兼顾了内在和外两个维度，尝试从老年人积极向上的心理状态和对个体、家庭、团体、组织或者社区的贡献等方面进行积极老龄化水平测量。③ 近来，一部分学者习惯从经济状况、社会支持、健康和社会服务的获取等维度来测量积极老龄化程度④，另一部分学者则更强调心理、认知、情绪等维度的测量⑤。视野更为广阔的研究不仅综合考察了身体、心理、社会等多维健康内涵，还兼顾讨论了增进个体、家庭、社区、社会福祉的老年人活动。⑥ 研究者和决策者也开始借用主观幸福感量表、老年

---

① 朱火云：《积极老龄化战略：概念内涵、欧盟经验及对中国的启示》，《社会保障评论》2022 年第 6 期，第 116~129 页。

② 晏月平、李雅琳：《健康老龄化到积极老龄化面临的挑战及策略研究》，《东岳论丛》2022 年第 7 期，第 165~175、192 页。

③ L. W. Kaye, S. S. Butler and N. M. Webster. "Toward a Productive Ageing Paradigm for Geriatric Practice." *Ageing International* 28 (2003): 200–213.

④ P. Cloos et al. "'Active Ageing' a Qualitative Study in Six Caribbean Countries." *Ageing & Society* 30 (2010): 79–101.

⑤ C. Paúl, O. Ribeiro and L. Teixeira. "Active Ageing: An Empirical Approach to the WHO Model." *Current Gerontology and Geriatrics Research* 2012 (2012): 382972.

⑥ S. Marsillas et al. "Does Active Ageing Contribute to Life Satisfaction for Older People? Testing a New Model of Active Ageing." *European Journal of Ageing* 14 (2017): 295–310.

人自我效能量表、老年人生活质量量表、社会参与度量表等对积极老龄化水平进行更精准的测量。

地区性积极老龄化指数开始陆续出现。除联合国欧洲经济委员会和欧洲委员会在 2012 年共同制定的积极老龄化指数（AAI）外，萨里亚蒙·蒂拉帕特（Sariyamon Tiraphat）等学者根据世界卫生组织（WHO）对积极老龄化的理论诠释，制作了包括环境、生活方式和社会经济等影响因素在内的积极老龄化量表，为东盟国家积极老龄化政策的制定和干预措施的实施提供了科学依据和技术支持。[1]

3. 积极老龄化理论对实务工作的指导作用

随着积极老龄化理论的不断发展，很多研究开始在积极老龄化视域下展开。例如，一些研究以实现积极老龄化为目标关注了老年人教育的重要作用并提出了新的教育理念[2]，一些研究强调了老年友好型社会环境、物质环境或技术环境的作用[3]，部分学者以积极老龄化理论为指导观察和分析了俄罗斯保健系统的高负担和低效率问题[4]，部分学者以积极老龄化为背景讨论了欧洲的教育公平问题和性别平等问题[5]。

积极老龄化理论也指导了中国的多领域实务工作。例如，在

---

[1] S. Tiraphat et al. "Active Aging in ASEAN Countries: Influences from Age-friendly Environments, Lifestyles, and Socio-demographic Factors." *International Journal of Environmental Research and Public Health* 18（2021）: 8290.

[2] Zhang K. et al. "The Promotion of Active Aging Through Older Adult Education in the Context of Population Aging." *Frontiers in Public Health* 10（2022）: 998710.

[3] D. Sánchez-González et al. "Environmental and Psychosocial Interventions in Age-friendly Communities and Active Ageing: A Aystematic Review." *International Journal of Environmental Research and Public Health* 17（2020）: 8305; E. Portegijs, Lee C. and Zhu X. "Activity-friendly Environments for Active Aging: The Physical, Social, and Technology Environments." *Frontiers in Public Health* 10（2023）: 1080148.

[4] D. Prisiazhniuk and A. Holavins. "Active Ageing and Social Services: The Paradox of Empowerment in Russia." *Europe-Asia Studies* 75（2023）: 309-329.

[5] B. Arpino and A. Solé-Auró. "Education Inequalities in Health Among Older European Men and Women: The Role of Active Aging." *Journal of Aging and Health* 31（2019）: 185-208.

积极老龄化视域下，部分学者提出了新的社区养老院模式①，部分学者对家庭养老政策展开了研究②，部分学者对老年人的网络参与③、教育实践④等进行了观察。积极老龄化背景下的老年人再就业问题受到了极大的关注⑤，旅游等对积极老龄化的促进作用也一再被提及⑥。开始有学者记录和评价北京、上海等城市的积极老龄化实践⑦，也开始有学者将研究视角延伸至积极老龄化态度等⑧。

4. 积极老龄化理论的局限性

虽然积极老龄化理论提出的时间不长，但有关其局限性的讨论并不少。一些研究指出，积极老龄化理论存在"性别盲"的缺点，积极的老龄化框架没有考虑妇女在老龄化过程中所面临的具体挑战。⑨另一些研究指出，积极老龄化理论难以包容背景较差的老年人，这会导致积极老龄化机会分布不均，资源较少的老年

---

① 袁妙彧、方爱清：《积极老龄化视角下的新型社区养老院模式构建》，《学习与实践》2018 年第 2 期，第 109~116 页。

② 白维军、工邹恒瑞：《积极老龄化视域中的家庭养老政策支持研究》，《北京航空航天大学学报》（社会科学版）2021 年第 1 期，第 62~68 页。

③ 武宜娟：《积极老龄化视角下老年人的网络参与》，《学术交流》2021 年第 5 期，第 141~155 页。

④ 许寿童等：《积极老龄化视域下日本老年人的和平教育实践》，《东疆学刊》2022 年第 1 期，第 20~25 页。

⑤ 陈业宏、高尔旆：《积极老龄化背景下促进老年人再就业的对策建议》，《中州学刊》2023 年第 5 期，第 90~96 页；徐智华、吕晨凯：《积极老龄化背景下的老年人再就业权利法律保护路径研究》，《河南财经政法大学学报》2021 年第 2 期，第 63~72 页。

⑥ 赵书虹等：《旅游如何促进积极老龄化？——基于扎根理论的研究》，《旅游科学》2023 年第 3 期，第 20~31 页。

⑦ 王树新：《北京市人口老龄化与积极老龄化》，《人口与经济》2003 年第 4 期，第 1~7、13 页；庞凤喜等：《上海市积极老龄化的实践与启示》，《经济与管理评论》2022 年第 4 期，第 63~73 页。

⑧ 朱火云、黄雪山：《积极老龄化态度：个体差异、组群效应、时代变迁》，《社会保障研究》2020 第 3 期，第 14~23 页。

⑨ L. Foster and A. Walker. "Gender and Active Ageing in Europe." *European Journal of Ageing* 10（2013）：3~10.

人在积极老龄化方面面临相当大的障碍。[1] 甚至有研究认为，
"成功、健康或积极老龄化"的概念都带有"隐含的规范标准"，
可能会贬低"那些不符合自己理想的人"，建议关注老年人各种
生活现实的特殊性，避免自上而下的一般性强加。[2] 已经有学者
注意到积极老龄化政策有成为强制性政策的风险。这些学者指
出，政策制定者通过"关注老年人的积极特征"来消除年龄歧
视的努力可能会忽视老年人的真实身体状况，并在不知不觉中加
强不现实的压迫性标准，这可能会导致老年人对其身份和自我价
值产生怀疑。[3]

关于积极老龄化指数（AAI）的合理性，学者们也不断进行着
探讨。一部分研究指出，AAI 的各项具体指标权重分配具有一定的
主观性，建议引入两阶段 CIDI 方法等对其进行完善。[4] 也有一些
研究认为，AAI 的定义范围狭窄，侧重个人当前成就而轻视能力衡
量的做法可能导致政策缺陷。[5] 还有一些研究质疑了就业指标与老
年人生活质量的相关性，认为过分重视就业指标的做法有可能导
致个别国家的积极老龄化水平被高估。[6]

（四）积极老龄化理论对医疗服务改革的促进作用

积极老龄化是一个多维度的概念，它很好地回应并融合了成

[1] Li Y. and K. Ferraro. "Volunteering in Middle and Later Life: Is Health a Benefit, Barrier or Both?" *Social Forces* 85 (2006): 497-519.

[2] M. Bernard and T. Scharf. "Critical Perspectives on Ageing Societies." *Critical Perspectives on Ageing Societies* 5 (2007): 13-26.

[3] L. Foster and A. Walker. "Active and Successful Aging: A European Policy Perspective." *The Gerontologist* 55 (2015): 83-90.

[4] I. Djurovic et al. "A Two-step Multivariate Composite I-distance Indicator Approach for the Evaluation of Active Ageing Index." *Journal of Population Ageing* 10 (2017): 73-86.

[5] J. M. De São José et al. "A Critique of the Active Ageing Index." *Journal of Aging Studies* 40 (2017): 49-56.

[6] M. Petrová Kafková. "The Active Ageing Index (AAI) and Its Relation to the Quality of Life of Older Adults." *Building Evidence for Active Ageing Policies: Active Ageing Index and its Potential* (Singapore: Springer Singapore, 2018), pp. 55-74.

功老龄化、生产性老龄化和健康老龄化理论的各种主张。① 在过去的二十年中，该理论被应用于社会学、心理学、人口学、医学等多个学科领域②，其中的"健康"支柱更是对老年人的医疗和照护需求进行了积极回应。不仅如此，积极老龄化理论中的多个主张和观点都给眼下和未来的医疗服务改革带来了很好的启示。

1. 保障老年人就医权利，维护老年人生命尊严

在积极老龄化理论中，"以需求为基础"的研究视角开始向"以权利为基础"的研究视角转变，老年人从客观的受益者转为被赋予权力的参与者。该理论的"保障"支柱也强调了老年人在身体、社会、经济方面的需求和权利，认为当老年人生活不能自理或不能保护自己时，其尊严和照护需要要得到尊重和满足。这说明，在医疗服务过程中，老年人应享有与年轻人同等的就医权利，老年人的自主权、知情同意权、保密权、隐私权等权利都应得到相应的保障。老年人的平等就医权利不应因为自身能力下降、智慧医疗环境建设、数字技术使用等原因而受到侵犯，医疗服务改革过程中应结合老年人的特殊需求适当保留传统或人工服务通道。以上积极老龄化理论内容也说明，医疗服务改革应遵循生命伦理的尊重原则③，尊重老年人的人格及其过去所做的贡献。在服务患病或临终老年人时，应尽最大可能减轻其精神和肉体上的痛苦，最大限度地减少伤害或损害。在服务失能、失智或残疾老年人时，家庭、机构和社区照护者应努力提供人性化的专业支持，维持老年人有尊严的晚年生活。④ 在服务老年慢性病患者时，可以通过社

---

① L. Bar-Tur. "Fostering Well-being in the Elderly: Translating Theories on Positive Aging to Practical Approaches." *Frontiers in Medicine* 8 (2021): 517226.
② Zhang K. et al. "The Promotion of Active Aging Through Older Adult Education in the Context of Population Aging." *Frontiers in Public Health* 10 (2022): 998710.
③ G. Llewellyn et al. "Promoting Healthy, Productive Ageing: Plan Early, Plan Well." *Journal of Intellectual and Developmental Disability* 29 (2004): 366-369.
④ 世界卫生组织编《积极老龄化：政策框架》，中国老龄协会译，华龄出版社，2003。

区健康中心建设和提供在家医疗服务等方式，尊重老年人本人意愿，使老年人在熟悉的环境中维持健康并继续生活。

2. 提升老年人健康素养，实现"主动健康"目标

积极老龄化理论体现了权利和义务的对等关系，认为老年人在享有社会保护、终身教育和培训等权利的同时，也有义务利用教育和培训机会或以其他方式保持积极。该理论基于生命历程视角关注老年人健康，要求老年人在整个生命周期中保持肌体和心理健康，发挥能动性和主动性积极面对生活，这对老年人的健康素养提升和老年人的主动健康行为都提出了要求。首先，在医疗服务改革过程中，既要使老年人重视疾病的早期诊断和治疗，也要使其重视疾病预防、康复保健、精神健康和用药卫生，健康教育科室或专门的健康教育服务可以为老年人提供健康咨询、健康评估和健康指导，以便老年人利用可用的医疗资源。其次，可以通过多种组织方式、采用多种路径、借由多样的媒体或技术对包括老年人在内的社会成员开展健康教育、普及健康知识，提高老年人的健康管理能力。最后，要积极对吸烟、饮酒等健康风险行为进行干预，帮助老人选择健康的生活方式，养成健康的生活习惯，避免慢性病的发生或加重。①

3. 鼓励老人积极参与医疗行为，创建老龄友好的共治环境

在积极老龄化理论中，老年人的参与者身份逐渐受到重视，他们开始被视为社会发展的推动者和重要人力资源。老年人对个体、家庭、团体、组织或者社区的贡献等也逐渐成为衡量积极老龄化水平的重要指标。在医疗服务改革过程中，应帮助老年人群开发潜能、树立积极的社会参与心态，为其创造老龄友好的医疗共治环境。其一，应帮助老年人提升就医过程中的独立性和自主性，让老年人参与到医生或机构选择、医疗方案制定等环节中来。

---

① 晏月平、李雅琳：《健康老龄化到积极老龄化面临的挑战及策略研究》，《东岳论丛》2022年第7期，第165~175、192页。

可以结合老年人的行为特征和就医需求，优化医疗服务流程，完善就医环境，帮助大多数老年人实现独立自主就医，改善其就医体验。可以有效借助科技手段推广远程医疗等服务，让老年人在家中完成在线咨询或诊断，以克服老年人外出就医时的交通或行动困难。其二，应遵循生命伦理的互助原则，加强老年人同辈间或老年人与年轻人代际间的交流与互助。可以通过志愿者、护理人员或医务社会工作者的努力促进老年患者间的交流与相互支持，也可以鼓励老年人以志愿者或长者义工的身份完成医疗领域的社会参与，将自己的技能传授给家庭中的年轻人或社区中的其他成员。这样既有利于医务工作的开展和工作效率的提升，又保证了老年人对医疗健康活动的参与，社交圈的建立也有利于维持老年人的身心健康。

4. 促进代内和代际健康公平，优化医疗资源配置

积极老龄化理论用全人群视角看待老龄化问题。该理论所涉及的老年人，既包括健康的、健全的、有活力和自理能力的老年人，也包括某种程度上"虚弱"和"有依赖性"的老年人。该理论所指的老龄化进程也涉及所有年龄阶段和整个生命历程。因此，追求代内和代际的团结与公平是积极老龄化理论的重要特征。以上特征反映在医疗服务改革过程中，便是对代内和代际健康公平的追求，以及为健康公平而进行的医疗资源配置。一方面，要在老年人群体内部追求健康公平，不分性别、年龄、肤色、种族、身体状况、经济状况或地位高低地公平对待老年人，使医疗资源在城乡、不同地区、不同病种的老年人群体之间合理配置。另一方面，要消除对老年人群的年龄偏见，在医疗卫生资源有限的情况下遵循生命伦理的公正原则，既关注老年人的福利与健康，也兼顾当代人的利益与下一代或未来世代人的利益需要。[①]

[①]　陈爱华：《积极老龄化的生命伦理意蕴解读》，《湖湘论坛》2020 年第 2 期，第 99~106 页。

第二章 老龄化背景下医疗服务改革的必要性

老龄化不仅是单纯的人口数字和比例变化，同时具有一定的社会意义。老年人口比例和规模的变化给社会生活带来的影响需要被重视，老龄化导致的社会问题也需要在社会发展过程中得到积极的应对。我国老年人口在健康、收入、户居方面都呈现一定的特征，这对老龄化过程中的医疗服务改革提出了一定的要求；我国的医疗资源配置和医疗卫生机构工作情况也存在一定的局限性，在应对人口老龄化的过程中需要进一步优化和调整。本章将从老年人口现状和医疗服务供给现状两个方面论证我国医疗服务适老化改革的必要性。

一 我国老年人口现状

老年人口总体规模、比例以及他们在健康、收入、户居方面的许多变化和特征都会对医疗服务需求产生巨大的影响，进而对医疗服务改革提出一定的要求。相对于其他生命阶段，人在老年期的就医频率和就医费用都较高。老年人口比例的上升或老年人口规模的增长会从整体上增加老年人群的医疗服务需求，进而要求医疗服务的供给内容和供给方式能更多地迎合老年人需求，即医疗服务的适老化改革。老年人口的健康、收入、户居现状等都是医疗服务适老化改革过程中的重要参考因素，这些因素决定了医疗服务适老化改革的重点内容和主要方向。

（一）我国人口老龄化概况

1. 我国人口老龄化的整体情况

人口老龄化是人类社会共同面临的问题，是很多国家不可逆转的常态社会现象，也是我国当前人口发展的显著特征。按照1956年联合国《人口老龄化及其社会经济后果》和1982年维也纳老龄经济问题世界大会确定的标准①，我国在2000年就已经步入了老龄社会，与经济发展程度相比，老龄化阶段来得较早。我国老年人口占全球老年人口总数的五分之一，因此，我国的人口老龄化不仅涉及本国社会发展，还关系到全球老龄问题的解决，受到了全世界的关注。总的来说，导致我国人口老龄化的重要原因主要有两个：一是生活水平提高、医疗卫生条件改善带来的人口预期寿命的延长；二是政策、生育意愿等因素导致的生育水平的下降。

第七次全国人口普查数据显示，2020年我国60岁及以上人口有26402万人，占总人口的18.75%。其中，65岁及以上人口有19064万人，占总人口的13.54%。相较第六次全国人口普查的结果，我国老年人口占比不断升高，人口老龄化程度进一步加深。同时，我国人口老龄化的进程也在明显加快。在第六次全国人口普查到第七次全国人口普查之间，60岁及以上人口、65岁及以上人口的比重分别上升了5.44个百分点、4.63个百分点。目前，我国已有12个省份进入了中度老龄化社会（65岁及以上人口比例大于14%）。根据预测，在总和生育率保持1.3的情况下，我国最晚将在2033年左右进入重度老龄化社会（65岁及以上人口比例大于21%）、在2045年以前进入极度老龄化社会（65岁及以上人口比例大于28%）。预计到2053年，我国老年人口数量将达到顶峰，届时全国将有4.87亿老年人，超过总人口的1/3，其中80岁及以

---

①　当一个国家/地区60岁及以上老年人口占人口总数的比例达到10%以上，或者其65岁及以上老年人口数量占总人口数量的比例大于7%时，则这个国家/地区进入老龄化社会，该国家/地区也被称为"老年型"国家/地区。

上人口将达到 1 亿人。[1]

2. 我国人口老龄化程度的地区差异

我国人口老龄化程度是存在地区差异的，总体上来看，中东部地区的人口老龄化程度高于西部地区。第七次全国人口普查数据显示（见表 2-1），目前我国人口老龄化程度最高的省份是辽宁，其 60 岁及以上人口数量占总人口的 25.72%，紧随其后的是上海、黑龙江、吉林、重庆、江苏，60 岁及以上人口数量分别占总人口的 23.38%、23.22%、23.06%、21.87%、21.84%。老年人口占比最小的省份是西藏，60 岁及以上人口数量仅占总人口的 8.52%。65 岁及以上老年人口的地区差异情况基本与 60 岁及以上老年人口一致。除西藏外，其他 30 个省份（不含港澳台）65 岁及以上老年人口的占比均超过 7%。其中，12 个省份 65 岁及以上老年人口的比重超过 14%。全国的老龄化水平正在不断加深。

表 2-1 我国老年人口占比

单位：%

	60 岁及以上	65 岁及以上
全国	18.70	13.50
北京	19.63	13.30
天津	21.66	14.75
河北	19.85	13.92
山西	18.92	12.90
内蒙古	19.78	13.05
辽宁	25.72	17.42
吉林	23.06	15.61
黑龙江	23.22	15.61
上海	23.38	16.28

---

[1] 林宝：《从七普数据看中国人口发展趋势》，《人民论坛》2021 年第 15 期，第 56~59 页。

续表

	60 岁及以上	65 岁及以上
江苏	21.84	16.20
浙江	18.70	13.27
安徽	18.79	15.01
福建	15.98	11.10
江西	16.87	11.89
山东	20.90	15.13
河南	18.08	13.49
湖北	20.42	14.59
湖南	19.88	14.81
广东	12.35	8.58
广西	16.69	12.20
海南	14.65	10.43
重庆	21.87	17.08
四川	21.71	16.93
贵州	15.38	11.56
云南	14.91	10.75
西藏	8.52	5.67
陕西	19.20	13.32
甘肃	17.03	12.58
青海	12.14	8.68
宁夏	13.52	9.62
新疆	11.28	7.76

数据来源：2020 年第七次全国人口普查数据 A0302。[①]

3. 我国人口老龄化程度的城乡差异

我国人口老龄化程度也存在城乡差异，老年人口在城市、镇、乡村的占比和增长情况也不尽相同。表 2-2 显示了第六次和第七次全国人口普查中老年人口的城乡对比结果，我国人口老龄化在

---

① 本书中所有 2020 年第七次全国人口普查数据均来源于国家统计局官方网站：https://www.stats.gov.cn/sj/pcsj/rkpc/7rp/indexch.htm，下文不赘。

城市、镇、乡村存在差异。① 2010 年我国乡村的老年人口有 9930 万人，其 60 岁及以上人口数量占农村总人口的 14.98%，高于镇和城市的 12.01% 和 11.47%。2020 年我国乡村的老年人口有 12136 万人，占农村总人口的 23.81%，这一比例较 2010 年大幅增长，且远高于镇和城市的 16.40% 和 15.54%。总体上，与城市、镇相比，乡村的老年人口占比更高、老龄化程度更深，老年人口增长速度也更快。

表 2-2　我国城市、镇、乡村 60 岁及以上老年人口数量和占比

单位：万人，%

	2010 年			2020 年		
	城市	镇	乡村	城市	镇	乡村
人数	4631	3197	9930	8938	5328	12136
占比	11.47	12.01	14.98	15.54	16.40	23.81

数据来源：2020 年第七次全国人口普查数据 A0107b、A0107c、A0107d、A0301a、A0301b、A0301c。

4. 我国人口老龄化程度的性别差异

我国的人口老龄化程度还存在性别差异。表 2-3 显示了第七次全国人口普查时我国 60 岁及以上老年人口的性别比。从整体上看，2020 年，我国男性老年人口占比（51.17%）要高于女性老年人口（48.83%）。分年龄阶段看，在 64 岁之前，女性老年人口的占比略低于男性老年人口；在 65 岁之后，女性老年人口的占比在每一个年龄段均高于男性老年人口。随着年龄的增长，性别比的差距更是不断地被拉大。90~94 岁、95~99 岁年龄段的女性老年人口占比分别达到 62.56%、66.89%，100 岁及以上的老年人口中，女性的占比更是高达 70.45%，远远高于男性的 29.55%。这些数据说明，女性的寿命比男性更长，随着年龄的增加，老年女性的人口数量会逐渐高于老年男性的人口数量。

---

① 第七次全国人口普查数据中的乡村指的是城镇地区以外的其他地区，包括集镇和农村。

表 2-3 2020 年我国 60 岁及以上老年人口的性别构成

单位：%

	男	女
60~64 岁	50.24	49.76
65~69 岁	49.10	50.90
70~74 岁	48.72	51.28
75~79 岁	47.22	52.78
80~84 岁	44.92	55.08
85~89 岁	40.88	59.12
90~94 岁	37.44	62.56
95~99 岁	33.11	66.89
100 岁及以上	29.55	70.45

数据来源：2020 年第七次全国人口普查数据 A0301。

（二）我国老年人口的健康现状

老年人口的健康状况对医疗服务需求有直接的影响。一般来说，在不考虑就医费用成本和医疗服务可及性的情况下，健康状况较好的老人的医疗服务需求较小，健康状况较差的老人的医疗服务需求较大。当老年人口健康状况在不同地区、性别、年龄、婚姻状态间呈现出差异时，应该参考群体要素或特征对医疗资源的配置和医疗服务的供给进行优化和改革。这里将通过第七次全国人口普查数据对我国老年人口的健康状况进行分性别、分城乡、分地区、分年龄和分婚姻状态的观察和分析。

1. 我国老年人口的整体健康状况

表 2-4 反映了我国 60 岁及以上的老年人口在第七次全国人口普查时的健康自评情况。其中，有 54.64% 的老年人自评身体"健康"，32.61% 的老年人自评身体"基本健康"，这两类人合计占老年人口总数的 87.25%，说明我国老年人口的总体健康状况良好。自评"不健康，但生活能自理"的老年人和自评"生活不能自理"的老年人分别占 10.41% 和 2.34%，这两类人合计占老年人口总数的 12.75%。值得注意的是，如果将全国老年人口总数（2.6402 亿

人）作为基数来计算，我国有 2748 万老人处于"不健康，但生活能自理"的状态，有 618 万老人因"生活不能自理"需要长期照料，绝对数量是非常庞大的。

表 2-4 我国 60 岁及以上老年人口的健康自评情况

单位：人，%

	人数	占比
健康	13946479	54.64
基本健康	8322635	32.61
不健康，但生活能自理	2655869	10.41
生活不能自理	598118	2.34

数据来源：2020 年第七次全国人口普查数据 B0802。

2. 我国老年人口健康状况的性别差异

不同性别的老年人在健康方面呈现不同的状况。表 2-5 分性别显示了第七次全国人口普查数据中 60 岁及以上老年人的健康自评结果。在 60 岁及以上的男性老年人中，有 57.54% 自评"健康"；在 60 岁及以上的女性老年人中，只有 51.94% 自评"健康"。自评"基本健康"、"不健康，但生活能自理"及"生活不能自理"的女性老年人分别占女性老年人总数的 34.51%、11.00% 和 2.55%，均高于男性老年人的同类自评选项比例。由此可以推测，我国男性老年人的健康情况比女性老年人更好。当然，第七次全国人口普查得到的数据如此也有可能是因为在自评健康状况时，男性老年人比女性老年人更乐观。

表 2-5 我国 60 岁及以上不同性别老年人口的健康自评情况

单位：%

	男	女
健康	57.54	51.94
基本健康	30.57	34.51
不健康，但生活能自理	9.77	11.00

	男	女
生活不能自理	2.12	2.55

数据来源：2020 年第七次全国人口普查数据 B0802。

3. 我国老年人口健康状况的城乡差异

我国老年人口的健康状况存在城乡差距。表 2-6 反映了第七次全国人口普查结果中我国城市、镇、乡村老年人口的健康自评情况。城市、镇自评"健康"的老人分别占城市、镇老年总人口的 62.98% 和 54.77%，均高于乡村的该项占比（48.54%）；城市、镇自评"不健康，但生活能自理"的老人分别占城市、镇老年总人口的 6.30% 和 10.03%，均低于乡村的该项占比（13.55%）；城市、镇自评"生活不能自理"的老人分别占城市、镇老年总人口的 2.07% 和 2.32%，均低于乡村的该项占比（2.55%）。由此可以看出，城市、镇老年人的健康状况优于乡村老人。当然，第七次全国人口普查得到的数据如此也有可能是因为在自评健康状况时，城市、镇老年人比乡村老年人更乐观、更有安全感。

表 2-6　我国 60 岁及以上老年人口的健康自评情况（分城乡）

单位：%

	健康	基本健康	不健康，但生活能自理	生活不能自理
城市	62.98	28.66	6.30	2.07
镇	54.77	32.88	10.03	2.32
乡村	48.54	35.36	13.55	2.55

数据来源：2020 年第七次全国人口普查数据 B0802a、B0802b、B0802c。

4. 我国老年人口健康状况的地区差异

我国老年人口的健康状况也存在地区差异。表 2-7 反映了第七次全国人口普查结果中各省份老年人口（不含港澳台）的健康自评情况。总体上看，各省份老年人自评"健康"和"基本健康"的占比较大，自评"生活不能自理"的占比最小。从老年人自评

"健康"的占比来看，浙江、贵州、福建三省分别排在前三位，占比分别为 65.01%、63.43% 和 63.11%。从老年人自评"生活不能自理"的占比看，大部分省份的占比在 3% 以下。除贵州外，一般来说东、中部地区的老年人的健康水平更高，这在一定程度上反映了地区经济发展水平对老年人口健康状况的影响。地区经济发展水平越高，教育、医疗、社会环境等条件也越好，老年人在健康层面受到良性影响的可能性越大。

表 2-7 我国 60 岁及以上老年人口的健康自评情况（分地区）

单位：%

	健康	基本健康	不健康，但生活能自理	生活不能自理
全国	54.64	32.61	10.41	2.34
北京	62.05	28.62	6.48	2.85
天津	55.37	34.82	7.34	2.47
河北	52.46	32.14	12.45	2.96
山西	45.98	36.12	14.99	2.91
内蒙古	45.42	35.62	15.80	3.15
辽宁	54.37	31.76	11.78	2.10
吉林	47.19	34.53	15.04	3.24
黑龙江	46.54	38.54	12.82	2.11
上海	61.80	28.54	6.48	3.17
江苏	61.17	29.31	7.54	1.98
浙江	65.01	26.48	6.47	2.04
安徽	51.26	34.52	11.64	2.58
福建	63.11	28.15	7.01	1.72
江西	60.72	30.09	7.54	1.65
山东	59.14	27.93	10.38	2.55
河南	56.45	30.23	10.86	2.46
湖北	49.93	36.26	11.83	1.97
湖南	46.84	38.97	11.99	2.20
广东	60.39	30.82	6.84	1.96

	健康	基本健康	不健康，但生活能自理	生活不能自理
广西	51.33	35.23	10.90	2.53
海南	50.50	35.84	11.20	2.45
重庆	59.76	30.35	7.93	1.96
四川	49.03	37.12	11.50	2.35
贵州	63.43	27.33	7.35	1.89
云南	54.21	32.92	10.58	2.28
西藏	36.00	40.53	18.90	4.56
陕西	50.00	36.54	11.37	2.09
甘肃	40.52	41.29	15.94	2.25
青海	42.03	39.59	15.19	3.19
宁夏	43.95	37.81	15.61	2.63
新疆	43.21	39.00	14.46	3.32

数据来源：2020 年第七次全国人口普查数据 B0801。

5. 我国老年人口健康状况的年龄差异

不同年龄段老年人的健康状况也不同。表 2-8 和表 2-9 分性别显示了我国男性和女性老年人口在不同年龄阶段的健康状况自评情况。首先，随着年龄的增长，男性和女性老年人口自评"健康"的占比均逐渐下降，自评"生活不能自理"的占比均逐渐上升。这意味着，随着年龄的增长，老年人的身体健康状况呈下降趋势。其次，每个年龄段男性老年人口自评"健康"的比例都高于女性老年人口，可以推测男性老年人口对健康状况的自我评价比女性老年人口更乐观。再次，75 岁以前，男性自评"生活不能自理"的老人占比高于女性；75 岁之后，男性自评"生活不能自理"的老人占比低于女性，即在"生活不能自理"这一选项上，男女在 75 岁阶段出现了反转。最后，随着年龄的增长，"生活不能自理"的女性老年人口与男性老年人口之间的差距越来越大。75~79 岁、80~84 岁、85~89 岁、90~94 岁、95~99 岁和 100 岁及以上"生活不能自理"的女性老年人口占比分别比男性老年人口高出 0.16 个百分点、0.99 个百分点、2.42 个百分点、4.15 个百分点、6.01 个百分点、7.58 个百分点,高龄女性的照料问题应该受到充分的重视。

表 2-8　我国不同年龄段男性老年人口的健康自评情况

单位:%

	健康	基本健康	不健康,但生活能自理	生活不能自理
60~64 岁	71.99	22.11	5.03	0.87
65~69 岁	63.15	28.42	7.19	1.24
70~74 岁	51.77	35.43	10.84	1.95
75~79 岁	42.40	39.61	14.92	3.07
80~84 岁	33.74	41.22	19.94	5.10
85~89 岁	27.57	40.57	23.63	8.23
90~94 岁	22.04	37.89	26.23	13.84
95~99 岁	19.06	34.11	27.48	19.35
100 岁及以上	15.07	33.75	25.93	25.25

数据来源:2020 年第七次全国人口普查数据 B0802。

表 2-9　我国不同年龄段女性老年人口的健康自评情况

单位:%

	健康	基本健康	不健康,但生活能自理	生活不能自理
60~64 岁	68.58	25.97	4.73	0.72
65~69 岁	58.60	33.00	7.32	1.08
70~74 岁	46.59	39.63	11.90	1.88
75~79 岁	37.23	42.62	16.92	3.23
80~84 岁	29.22	42.23	22.46	6.09
85~89 岁	23.60	39.66	26.09	10.65
90~94 岁	18.90	35.32	27.78	17.99
95~99 岁	16.42	31.43	26.79	25.36
100 岁及以上	14.21	27.96	25.00	32.83

数据来源:2020 年第七次全国人口普查数据 B0802。

6. 不同婚姻状态下的我国老年人口健康状况

理论上，婚姻状态对老年人的健康状况也会有一定的影响。有配偶的老年人获得照料和急救的机会都高于没有配偶的老年人，婚姻状态的好坏也会对老年人的身心健康造成一定影响。表 2-10 显示了不同婚姻状态下老年人的健康情况。在有配偶的老年人中，自评"健康"的占比较高，达到 60.24%；丧偶和未婚的老年人自评"健康"的占比较低，分别为 36.71% 和 34.53%；离婚的老年人自评"健康"的占比适中，为 57.32%。与之相应的，在有配偶的老年人中，自评"生活不能自理"的占比最低（1.59%）；丧偶和未婚的老年人自评"生活不能自理"的占比较高，分别为 4.82%、4.29%；离婚的老年人自评"生活不能自理"的占比略高于有配偶的老年人，为 1.71%。表 2-10 的统计结果说明：有配偶的老年人的健康状况较好，离婚的老年人次之，丧偶和未婚的老年人的健康状况堪忧。值得注意的是，丧偶老年人的健康状况不佳，可能是由丧偶老年人平均年龄较高造成的。同时，也不能完全忽视健康状况对婚姻状态或婚姻选择的影响作用。

表 2-10　不同婚姻状态下老年人的健康自评情况

单位：%

	健康	基本健康	不健康，但生活能自理	生活不能自理
未婚	34.53	37.74	23.44	4.29
有配偶	60.24	30.37	7.80	1.59
离婚	57.32	30.75	10.22	1.71
丧偶	36.71	40.06	18.42	4.82

数据来源：2020 年第七次全国人口普查数据 B0803。

综合以上统计数据，从健康情况来看，我国老年人口呈现以下特点。第一，我国老年人口总体健康状况较好，但自评"不健康，但生活能自理"和"生活不能自理"的老人的绝对数量很庞大。第二，男性老年人口的健康自评情况好于女性老年人口，男性老年人口对健康情况的评价更为乐观。第三，一般来说，城市、镇老年人口的健康情况优于乡村老年人口，在优化医疗服务、完善医保制度的时候，乡村老年人口应该得到更多的关注。第四，老年人口健康状况与地区经济发展水平相关，在优化医疗服务、完善医保制度的过程中应当重点关注中西部欠发达省份老年人口的需求。第五，随着年龄的增长，男性老年人口和女性老年人口自评"健康"的占比都呈现下降趋势，自评"生活不能自理"的占比都呈现上升趋势，我国高龄老人的照料问题应该受到充分重视；75岁及以上女性老年人口自评"生活不能自理"的占比越来越高于男性老年人口，我国女性高龄老人的照料问题需要受到更多的关注。第六，有配偶的老年人的健康状况较好，丧偶和未婚的老年人的健康状况堪忧，丧偶老年人可能需要得到更多的帮助。

（三）我国老年人口的收入现状

老年人口的收入情况对医疗服务需求也有直接的影响。一般来说，在不考虑老年人个体健康差异和医疗服务可及性的情况下，收入来源稳定、水平较高的老人医疗费用负担较小、医疗服务需求较大，而收入来源有限、水平较低的老人医疗费用负担较大、医疗服务需求较小。当老年人口收入情况在城乡、性别、年龄方面呈现出差异时，应该参考群体要素或特征对医疗资源的配置和医疗服务的供给进行优化和改革。这里将通过第七次全国人口普查数据对我国老年人口的收入来源情况进行分城乡、分性别、分年龄的观察和分析。

1. 我国老年人口的收入来源情况

表2-11显示了第七次全国人口普查中我国60岁及以上老年人口的收入来源情况，其主要的收入来源包括劳动收入、离退休金/养老金、最低生活保障金、失业保险金、财产性收入、家庭其他成员供养和其他。首先，收入来源为离退休金/养老金的老年人占比最高（34.67%）。这说明随着社会保障制度的不断发展和完善，离退休金和养老金逐渐成为我国部分老年人的重要经济来源。

但这一比例也同时说明，我国的养老保障制度并未覆盖所有社会成员，还有许多老年人没有这项收入。其次，收入来源为家庭其他成员供养的老年人占比较高（32.66%）。这说明我国有一部分老年人在经济上并不独立，非常依赖配偶、子女或其他亲属。这一结果很可能是养老保障制度覆盖率不足导致的。再次，收入来源为劳动收入的老年人占比也较高（21.97%）。由此可以推测，一部分老年人既无离退休金/养老金，也不能从家庭其他成员那里得到充分的供养，仍然需要从事劳动来获得收入。当然，这一结果同时意味着，一部分老年人在 60 岁以后依然具备劳动能力。最后，收入来源为财产性收入的老年人占比很低（0.88%）。这说明在我国，老年人通过房产、股票、存款等获得收入的情况不多。

表 2-11   我国 60 岁及以上老年人口的主要收入来源

单位：人，%

	人数	占比
劳动收入	5607355	21.97
离退休金/养老金	8848883	34.67
最低生活保障金	1095475	4.29
失业保险金	1420	0.01
财产性收入	225698	0.88
家庭其他成员供养	8335312	32.66
其他	1408958	5.52

数据来源：2020 年第七次全国人口普查数据 B0804。

2. 我国老年人口收入的城乡差异

表 2-12 显示了我国 60 岁及以上老年人口收入来源的城乡差异，城市、镇老年人口和乡村老年人口的收入来源形成了鲜明的对比。依靠劳动获得收入的乡村、镇老年人占比分别为 33.58% 和 19.67%，远高于城市的 7.33%；依靠家庭其他成员供养获得收入的乡村、镇老年人占比分别为 41.87% 和 37.15%，也远高于城市

的 17.29%；依靠离退休金/养老金获得收入的城市老年人占比为 69.83%，远高于乡村的 10.43% 和镇的 31.75%。可以推测，多数乡村、镇老年人没有充足的离退休金/养老金，养老保障制度在农村发挥的作用依然有限。这也是农村老年人口仍然需要通过家庭其他成员供养或需要通过劳动来获得收入的重要原因。另外，收入来源为最低生活保障金的乡村、镇老年人占比分别为 6.37%、4.15%，远高于城市的 1.52%。这说明乡村、镇老年人陷入贫困的概率远超城市老年人。

表 2-12 我国 60 岁及以上老年人口收入来源的城乡差异

单位：%

	城市	镇	乡村
劳动收入	7.33	19.67	33.58
离退休金/养老金	69.83	31.75	10.43
最低生活保障金	1.52	4.15	6.37
失业保险金	0.00	0.01	0.01
财产性收入	0.64	0.85	1.07
家庭其他成员供养	17.29	37.15	41.87
其他	3.39	6.41	6.68

数据来源：2020 年第七次全国人口普查数据 B0804a、B0804b、B0804c。

3. 我国老年人口收入的性别差异

表 2-13 显示了不同性别老年人口的收入来源情况。不同性别老年人口的收入来源分布情况和老年人口总体的收入来源分布情况并不完全一致，而是呈现性别差异。在男性老年人的收入来源中，离退休金/养老金的占比最高（36.71%），劳动收入次之（28.78%），家庭其他成员供养略低（23.29%）；在女性老年人的收入来源中，家庭其他成员供养的占比最高（41.39%），离退休金/养老金次之（32.77%），劳动收入略低（15.62%）。这些数据说明，养老保障制度在女性老年人群中的覆盖率更低，女性老年

人的社会劳动能力受限，她们更依赖家庭成员的经济支持，其就医过程中的费用成本压力更大。

表 2-13　我国 60 岁及以上老年人口收入来源的性别差异

单位：%

	男性	女性
劳动收入	28.78	15.62
离退休金/养老金	36.71	32.77
最低生活保障金	4.79	3.83
失业保险金	0.01	0.01
财产性收入	0.97	0.80
家庭其他成员供养	23.29	41.39
其他	5.45	5.58

数据来源：2020 年第七次全国人口普查数据 B0804。

4. 我国老年人口收入的年龄差异

我国老年人口的收入来源在年龄方面也存在差异，具体情况如表 2-14 所示。首先，随着年龄的增长，老年人身体机能不断下降，劳动收入在老年人收入来源中的占比逐渐降低，家庭其他成员供养在老人收入来源中的占比逐渐增加。这是与一般客观规律基本相符的，低龄老人在一定程度上还有参与劳动的能力，高龄老人则更多需要依靠家庭成员的支持。其次，高龄老人（80 岁及以上）中，有财产性收入的占比较低，有最低生活保障金的占比较高；低龄老人（60~79 岁）中，有财产性收入的占比较高，有最低生活保障金的占比较低。这说明，近几十年来老年人口的经济情况有所改善，年龄越小的老年人的经济状况越好。最后，在高龄老人中，随着年龄的增加，有离退休金/养老金的占比逐渐减小；在低龄老人中，离退休金/养老金的来源情况并未随着年龄变化有所改善。这说明，我国养老保障制度早期覆盖率不高，近年来看其对老年人口的保障作用暂无明显提升，养老保障制度仍需不断完善。

表 2-14 我国 60 岁及以上老年人口收入来源的年龄差异

单位：%

	劳动收入	离退休金/养老金	最低生活保障金	失业保险金	财产性收入	家庭其他成员供养	其他
60~64 岁	34.41	34.23	2.61	0.00	0.97	22.54	5.24
65~69 岁	26.84	33.80	3.83	0.01	1.03	28.81	5.67
70~74 岁	16.70	34.71	5.19	0.01	0.94	36.58	5.87
75~79 岁	9.24	35.48	6.03	0.01	0.73	42.81	5.71
80~84 岁	3.83	37.76	6.13	0.01	0.51	46.59	5.18
85~89 岁	2.09	36.24	6.04	0.00	0.37	50.24	5.01
90~94 岁	1.19	34.12	6.10	0.00	0.30	53.27	5.00
95~100 岁	1.03	29.69	6.74	0.01	0.27	56.68	5.59
100 岁以上	0.94	23.82	9.14	—	0.26	59.71	6.14

数据来源：2020 年第七次全国人口普查数据 B0807。

综上所述，从我国 60 岁及以上老年人口的收入来源看，我国老年人口呈现以下特点。第一，整体而言，我国老年人口的收入来源情况并不乐观。仅有 34.67% 的老年人能够获得离退休金/养老金，而 32.66% 的老年人需要家庭其他成员供养，还有 21.97% 的老年人仍然需要通过劳动获得收入，极少有老年人能够获得财产性收入。第二，从城市、镇、乡村数据的对比来看，我国老年人口的城乡收入差距较大。城市老年人中依靠离退休金/养老金生活的占比较高，乡村、镇老年人中依靠家庭其他成员供养或劳动收入的占比较高，养老保障制度在乡村、镇发挥的作用依然有限，乡村、镇老年人的经济状况远不如城市老年人。这也意味着，乡村、镇老年人在使用医疗服务时有较大的费用成本压力。第三，男性老年人和女性老年人在收入来源方面存在一定的差异。女性老年人更需要依靠家庭其他成员供养，其通过劳动获得收入的占比更低、在经济上更被动、在就医过程中所承受的费用成本压力可能更大。第四，高龄老人和低龄老人在收入方面呈现不同的特征。相比高龄老人，低龄老人有较多的劳动收入和较多的财产性收入，陷入贫困（领取最低生活保障金）的概率更低。高龄老人的收入来源情况并不乐观，他们更需要家庭其他成员的供养，在就医过程中可能承受着更大的费用成本压力。

（四）我国老年人口的户居现状

户居情况对老年人的医疗保健知识获取、就医意愿强弱、就医便利性、紧急情况下的救护等都有一定的影响，进而影响老年人的总体医疗服务需求。一般来说，在不考虑老年人个体健康差别和就医费用成本的情况下，有成年家人同住的老年人获取医疗保健知识更便捷、就医陪同更便利、就医意愿更强、紧急情况下得到救护的可能性更大、医疗服务需求也较大，而独居、空巢、与孙辈隔代居住的老年人获得医疗保健知识的渠道更少、外出就医时可能无人陪同、就医意愿不强、医疗服务需求较小。当老年人口户居情况在地区、城乡间呈现出差异时，应该参考这些群体要素或特征对医疗资源的配置和医疗服务的供给进行优化与改革。这里将通过第七次全国人口普查数据对我国老年人口的户居情况进行分地区、分城乡的观察和分析。

1. 我国老年人口的整体户居情况

表 2-15 显示了第七次全国人口普查数据中我国 60 岁及以上老年人口的总体户居情况。2020 年，我国有 60 岁及以上老年人口的家庭户户数为 174447507 户。其中，有一个 60 岁及以上老人独自居住的户为 37290029 户，占比 21.38%；只有一对 60 岁及以上夫妇居住的户为 40903152 户，占比 23.45%；只有一个 60 岁及以上老人与未成年人口共同居住的户为 2059380 户，占比 1.18%；只有一对 60 岁及以上夫妇与未成年人口共同居住的户为 2830474 户，占比 1.62%。以上类别家庭均为"无成年子女共同居住的老年人家庭"，合计户数为 83083035 户，占我国有 60 岁及以上老年人口的家庭户总数的 47.63%。这一数据说明，我国老年人空巢、独

居、偶居和隔代抚养情况已经非常普遍。这些老年人普遍缺少成年子女的日常照料与就医帮助，其就医过程存在更多困难，更加需要社会服务和社会支持。值得注意的是，由老人照顾隔代孙辈的家庭户总数为 4889854 户，占我国有 60 岁及以上老年人口的家庭户总数的 2.80%。这类家庭中的老年人不但缺少成年子女的日常照料和就医帮助，还需要照顾孙辈，他们承担着更大的经济和精神压力，也面临着更大的健康风险。

表 2-15　2020 年我国 60 岁及以上老年人口的总体户居情况

单位：%

		频数	占比
有一个 60 岁及以上人口的户	小计	95611905	54.81
	独自居住	37290029	21.38
	只与未成年人口共同居住	2059380	1.18
	其他	56262496	32.25
有二个 60 岁及以上人口的户	小计	76879788	44.07
	只有一对 60 岁及以上夫妇居住	40903152	23.45
	只有一对 60 岁及以上夫妇与未成年人口共同居住	2830474	1.62
	其他	33146162	19.00
有三个 60 岁及以上人口的户		1955814	1.12

数据来源：2020 年第七次全国人口普查数据 A0504。

2. 我国老年人口户居情况的地区差异

我国老年人的户居情况是存在地区差异的。表 2-16 显示了我国不同省份 60 岁及以上老年人口的户居情况。其中，有一个 60 岁及以上老人独自居住的户占比排名前三的省份是山西（25.61%）、黑龙江（25.24%）和山东（24.49%）；只有一对 60 岁及以上夫妇居住的户占比排名前三的省份是内蒙古（34.78%）、山东（34.20%）、天津（33.93%），这可能与这些省份子女数量较少、青年人才由北方向南方流动等有关；由一个老人与未成年亲属组成的户在贵州（2.74%）、广西（2.40%）、江西（2.02%）、河南（1.89%）等省份占比较高，由一对老年夫妇与未成年亲属组成的户在贵州（3.04%）、河南（2.77%）、江西（2.58%）、广西（2.47%）等省份占比也较高，这与当地年轻人外出务工、留守老人和留守儿童较多的实际情况是相符的。有三个60岁及以上老年人口的户在上海（2.32%）、西藏（2.19%）、江苏（1.70%）和北京（1.48%）占比较高，这与当地人口较少外流、健康状况良好、人均寿命较长不无关系。

表 2-16 我国各省份 60 岁及以上老年人口的户居情况

单位：%

	有一个 60 岁及以上人口的户				有二个 60 岁及以上人口的户				有三个 60 岁及以上人口的户
	小计	独自居住	只与未成年人口共同居住	其他	小计	只有一对 60 岁及以上夫妇居住	只有一对 60 岁及以上夫妇与未成年人口共同居住	其他	
全国	54.81	21.38	1.18	32.25	44.07	23.45	1.62	19.00	1.12
北京	49.10	18.42	0.58	30.09	49.42	25.60	1.06	22.76	1.48
天津	46.02	21.18	0.59	24.25	52.85	33.93	1.32	17.60	1.14
河北	49.27	20.95	0.70	27.61	49.50	29.99	1.31	18.20	1.23
山西	53.30	25.61	0.60	27.09	45.88	29.81	0.97	15.11	0.82
内蒙古	51.87	23.30	0.49	28.08	47.39	34.78	0.89	11.71	0.74
辽宁	50.06	23.36	0.47	26.23	48.84	31.26	0.94	16.64	1.10
吉林	52.60	21.15	0.55	30.90	46.43	29.27	1.03	16.13	0.97
黑龙江	55.22	25.24	0.62	29.36	43.71	28.19	0.84	14.67	1.07
上海	44.50	18.52	0.34	25.64	53.18	29.40	0.98	22.81	2.32
江苏	49.84	20.96	0.71	28.16	48.46	26.86	1.21	20.39	1.70
浙江	52.76	23.02	0.56	29.17	46.09	26.42	0.99	18.68	1.15
安徽	54.78	23.78	1.41	29.60	44.27	26.05	2.10	16.12	0.95

续表

| | 有一个60岁及以上人口的户 | | | | 有二个60岁及以上人口的户 | | | | |
	小计	独自居住	只与未成年人口共同居住	其他	小计	只有一对60岁及以上夫妇居住	只有一对60岁及以上夫妇与未成年人口共同居住	其他	有三个60岁及以上人口的户
福建	58.51	19.42	1.15	37.94	40.50	17.72	1.45	21.33	0.99
江西	58.32	19.05	2.02	37.24	40.65	17.50	2.58	20.58	1.03
山东	48.77	24.49	0.43	23.85	50.15	34.20	0.84	15.11	1.08
河南	53.21	21.44	1.89	29.89	45.41	21.91	2.77	20.74	1.38
湖北	54.79	20.09	1.33	33.37	44.18	20.65	2.06	21.47	1.03
湖南	59.26	22.11	1.72	35.43	39.75	18.70	2.03	19.02	0.99
广东	60.98	16.88	1.32	42.78	37.97	11.46	1.52	24.99	1.05
广西	62.31	20.03	2.40	39.88	36.82	12.93	2.47	21.43	0.87
海南	58.35	16.34	0.72	41.29	40.43	13.98	0.96	25.50	1.22
重庆	58.07	24.46	1.75	31.86	40.74	21.10	2.06	17.58	1.19
四川	58.63	22.94	1.72	33.97	40.18	19.87	1.94	18.37	1.19
贵州	59.84	19.77	2.74	37.34	39.50	18.35	3.04	18.11	0.65
云南	61.03	15.31	1.33	44.39	38.13	13.76	1.53	22.85	0.83
西藏	74.36	13.15	1.24	59.97	23.46	2.69	0.54	20.23	2.19
陕西	56.48	21.80	1.27	33.41	42.52	21.36	1.83	19.33	1.00
甘肃	59.56	18.52	1.26	39.78	39.79	18.94	1.83	19.02	0.65
青海	64.42	16.69	1.40	46.33	35.16	13.84	1.82	19.49	0.42
宁夏	53.63	20.32	0.75	32.55	45.85	31.21	1.49	13.15	0.52
新疆	63.17	19.81	1.03	42.33	36.34	20.37	1.28	14.69	0.49

数据来源：2020年第七次全国人口普查数据 A0504。

3. 我国老年人口户居情况的城乡差异

表2-17和表2-18按照家中老年人的数量分类，对比了第七次全国人口普查数据中我国城市、镇、乡村老年人口的户居情况。总体来看，在我国乡村居住的各类老年人家庭户总数都较多。分

类别来看，无论是有一个 60 岁及以上老人独自居住的户、只有一个 60 岁及以上老人与未成年人口共同居住的户，还是只有一对 60 岁及以上夫妇居住的户、只有一对 60 岁及以上夫妇与未成年人口共同居住的户，又或是有三个 60 岁及以上老年人口的户，我国乡村的绝对数量都是最多的。这说明在今后很长一段时间里，乡村地区仍将是老龄工作的重点，关注独居老人、空巢老人、隔代抚养家庭老人的医疗和健康需求时，也需要兼顾城市、镇、乡村之间的群体差别以及环境和资源差距。

表 2-17 2020 年我国城镇乡家庭户中有一个 60 岁及以上人口的户居情况

单位：户

	有一个 60 岁及以上人口的户			
	小计	独自居住	只与未成年人口共同居住	其他
城市	30141960	11294314	393784	18453862
镇	19365216	7467444	521467	11376305
乡村	46104729	18528271	1144129	26432329

数据来源：2020 年第七次全国人口普查数据 A0504a、A0504b、A0504c。

表 2-18 2020 年我国城镇乡家庭户中有二个及三个
60 岁及以上人口的户居情况

单位：户

	有二个 60 岁及以上人口的户			有三个 60 岁及以上人口的户
	小计	只有一对 60 岁及以上夫妇居住	只有一对 60 岁及以上夫妇与未成年人口共同居住	其他	
城市	26192555	14061192	599306	11532057	700100
镇	14996466	7835533	605697	6555236	395973
乡村	35690767	19006427	1625471	15058869	859741

数据来源：2020 年第七次全国人口普查数据 A0504a、A0504b、A0504c。

综合以上统计数据，从户居情况来看，我国老年人口呈现以下特点。首先，从整体来看，有一个 60 岁及以上老人独自居住的户、只有一个 60 岁及以上老人与未成年人口共同居住的户、只有一对 60 岁及以上夫妇居住的户、只有一对 60 岁及以上夫妇与未成年人口共同居住的户四类合计共占我国有 60 岁及以上老年人口的家庭户总数的 47.63%，这说明我国老年人空巢、独居、偶居和隔代抚养情况已经非常普遍。以上四类家庭中的老年人普遍缺少成年子女的日常照料与就医帮助，其就医过程存在更多困难，更加需要社会服务和社会支持。其次，不同省份的老年人口户居情况呈现不同特点，这也意味着不同省份的老年人可能存在不同的医疗或健康需求。其中，山西、黑龙江、山东、内蒙古等北方省份的独居和偶居老年家庭值得特别关注，贵州、广西、江西、河南等外出务工人员较多的省份的隔代抚养老年家庭值得特别关注，上海、西藏、江苏、北京等地的超高龄老人、老年人照护上代老年人的家庭也值得特别关注。最后，与城市、镇相比，我国乡村中有一个 60 岁及以上老人独自居住的户、只有一个 60 岁及以上老人与未成年人口共同居住的户、只有一对 60 岁及以上夫妇居住的户、只有一对 60 岁及以上夫妇与未成年人口共同居住的户、有三个 60 岁及以上老年人口的户都较多。在今后很长一段时间里，农村地区仍将是老龄工作的重点，关注老年人的医疗和健康需求时需要兼顾城乡间的群体差别以及环境和资源差距。

二　我国医疗服务供给现状

医疗服务的适老化改革要以现有的医疗服务供给为前提，卫生资源的配置情况和医疗卫生机构的工作情况可以在很大程度上反映出我国当前的医疗服务整体供给状况。本节一方面从医疗卫生机构的数量、医疗卫生人员数量、医疗卫生设施设置情况以及卫生经费情况来观察我国卫生资源的配置情况，另一方面从医疗卫生机构的工作数量情况和工作质量情况来观察我国医疗卫生机构的整体服务现状。

（一）我国卫生资源的配置情况

表 2-19 显示了世界主要发达国家和我国的卫生资源情况。[①]
我国每万人口拥有的医师数量、护士和助产士数量都低于世界主
要发达国家，每万人口拥有的口腔医师数量也并不充足。亚洲国
家的每万人口医院床位数量普遍偏高，但我国与日本、韩国在人
均资源享有情况上的差距是巨大的。以上数据表明，与主要发达
国家相比，我国人均卫生资源有限，我国当前的医疗服务供给并
不能充分满足患者的需求。

表 2-19　世界主要发达国家和我国的卫生资源情况

单位：人，张

	每万人口			每万人口
	医师 2010~2018 年	口腔医师 2010~2019 年	护士和助产士 2010~2018 年	医院床位 2006~2012 年
德国	42.5	8.5	132.4	82
韩国	23.6	5.0	73.0	103
丹麦	40.1	7.4	103.2	35
法国	32.7	6.7	114.7	64
芬兰	38.1	7.3	147.4	55
荷兰	36.1	5.1	111.8	47
加拿大	23.1	6.4	99.4	27
美国	26.1	5.8	145.5	29
挪威	29.2	8.7	182.2	33
日本	24.1	8.0	121.5	137
瑞典	39.8	8.2	118.8	27
英国	28.1	5.2	81.7	29
中国	19.8	4.5	26.6	38

数据来源：《中国卫生健康统计年鉴（2020）》，中国协和医科大学出版社，2020，
第 386~389 页。

[①]　其中，中国的医师指执业医师（不含口腔医师），护士和助产士指注册护士，
每万人口医院床位指医疗机构床位。

1. 我国医疗卫生机构的数量情况

表 2-20 显示了 2019 年我国各类医疗卫生机构的属性和数量情况。我国医疗卫生机构从整体上分为医院、基层医疗卫生机构、专业公共卫生机构和其他医疗卫生机构。其中，医院具体指综合医院、中医医院、中西医结合医院、民族医院、各类专科医院和护理院；基层医疗卫生机构具体指社区卫生服务中心（站）、街道卫生院、乡镇卫生院、村卫生室、门诊部、诊所（医务室）；专业公共卫生机构具体指疾病预防控制中心、专科疾病防治机构、健康教育机构、妇幼保健机构、急救中心（站）、采供血机构、卫生监督机构、卫生健康部门主管的计划生育技术服务机构；其他医疗卫生机构具体指疗养院、临床检验中心、医学科研机构、医学在职教育机构、医学考试中心、人才交流中心、统计信息中心等卫生事业单位。总体而言，我国的基层医疗卫生机构数量最多（954390 个），医院次之（34354 个），专业公共卫生机构（15958个）和其他医疗卫生机构（2877 个）数量较少。从地域上来说，我国的医疗卫生机构可以分为城市医疗卫生机构（212045 个）和农村医疗卫生机构（795534 个）。[①] 从登记注册类型来说，公立医疗卫生机构包括国有和集体办的医疗卫生机构，非公立医疗卫生机构包括联营、股份合作、私营、台港澳投资和外国投资等医疗卫生机构。我国公立医疗卫生机构的数量（5367378 个）远远多于非公立医疗卫生机构（470842 个）。根据主办单位的不同，我国的医疗卫生机构可以分为政府办（151107 个）、社会办（469892 个）和个人办（386580 个）三种类型。其中，政府办医疗卫生机构包括卫生健康（原卫生计生）、教育、民政、公安、司法等行政部门办的医疗卫生机构，社会办医疗卫生机构包括企业、事业单位、社会团体和其他社会组织办的医疗卫生机构。

---

① 城市包括直辖市区和地级市辖区；农村包括县及县级市，乡镇卫生院及村卫生室都计入农村。

表 2-20　2019 年我国各类医疗卫生机构的属性和数量情况

单位：个

	合计	按城乡分		按登记注册类型分		按主办单位分		
		城市	农村	公立	非公立	政府办	社会办	个人办
医院	34354	18179	16175	11930	22424	9701	8617	7731
基层医疗卫生机构	954390	186198	768192	501740	447250	124753	460467	369170
专业公共卫生机构	15958	5909	10049	15654	304	14896	980	82
其他医疗卫生机构	2877	1759	1118	2013	864	1757	714	406
总计	1007579	212045	795534	5367378	470842	151107	469892	386580

数据来源：《中国卫生健康统计年鉴（2020）》，中国协和医科大学出版社，2020，第 6~10 页。

图 2-1 显示了 2014~2019 年我国各类医疗卫生机构的数量变化情况。我国各类医疗卫生机构的总体数量从 2014 年的 981432 个增加至 2019 年的 1007579 个。其中，基层医疗卫生机构和医院的数量随着时间的推移持续增加，而专业公共卫生机构的数量则呈现下降趋势，其他医疗卫生机构的数量基本持平。

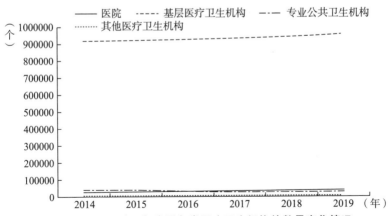

图 2-1　2014~2019 年我国各类医疗卫生机构的数量变化情况

数据来源：《中国卫生健康统计年鉴（2020）》，中国协和医科大学出版社，2020，第 3 页。

　　表 2-21 显示了 2019 年我国各地区每万人口平均可分配的医疗卫生机构数。虽然我国东部地区的医疗卫生机构总体数量（380420 个）多于西部地区（315481 个）和中部地区（311678个），但从每万人口平均可分配的医疗卫生机构数来看，东部地区的基层医疗卫生机构数、专业公共卫生机构数均少于中部、西部地区，人口密集的东部地区的医疗卫生机构资源相对紧张。从具体省份的情况来看，每万人口平均可分配的医疗卫生机构数较多的是西藏（19.77 个）、山西（11.31 个）、河北（11.15 个）等省份，而上海（2.31 个）、天津（3.82 个）、北京（4.80 个）等直辖市和经济较为发达的广东（4.68 个）等地，该项指标的数量都较少。

表 2-21　2019 年我国各地区每万人口平均可分配的医疗卫生机构数

单位：个

	合计	医院	基层医疗卫生机构	专业公共卫生机构	其他医疗卫生机构
总计	7.20	0.25	6.82	0.11	0.02
东部	6.50	0.23	6.16	0.09	0.03
中部	7.13	0.23	6.77	0.11	0.02
西部	8.26	0.29	7.81	0.15	0.02
北京	4.80	0.31	4.37	0.05	0.07
天津	3.82	0.28	3.42	0.06	0.05
河北	11.15	0.28	10.77	0.09	0.01
山西	11.31	0.38	10.79	0.12	0.02
内蒙古	9.67	0.31	9.15	0.18	0.03
辽宁	7.87	0.31	7.42	0.10	0.03
吉林	8.25	0.30	7.77	0.14	0.04
黑龙江	5.43	0.30	4.93	0.19	0.01
上海	2.31	0.15	2.07	0.04	0.04
江苏	4.31	0.24	3.94	0.08	0.04
浙江	5.83	0.23	5.49	0.07	0.03

	合计	医院	基层医疗 卫生机构	专业公共 卫生机构	其他医疗 卫生机构
安徽	4.15	0.19	3.86	0.09	0.01
福建	6.99	0.17	6.69	0.11	0.02
江西	7.94	0.17	7.59	0.16	0.02
山东	8.30	0.26	7.93	0.10	0.02
河南	7.34	0.20	7.01	0.11	0.02
湖北	5.99	0.17	5.72	0.08	0.01
湖南	8.27	0.23	7.93	0.10	0.01
广东	4.68	0.14	4.43	0.09	0.02
广西	6.79	0.14	6.42	0.22	0.01
海南	5.73	0.26	5.35	0.11	0.01
重庆	6.74	0.27	6.40	0.05	0.02
四川	10.00	0.29	9.61	0.09	0.01
贵州	7.87	0.37	7.40	0.09	0.01
云南	5.27	2.83	4.87	0.11	0.01
西藏	19.77	0.44	18.90	0.42	0.01
陕西	9.13	0.31	8.67	0.13	0.02
甘肃	10.09	0.27	9.35	0.42	0.04
青海	10.71	0.36	10.06	0.29	0.00
宁夏	6.33	0.32	5.87	0.13	0.02
新疆	7.28	0.36	6.68	0.23	0.01

数据来源:《中国卫生健康统计年鉴（2020）》, 中国协和医科大学出版社, 2020, 第4~5页。

2. 我国医疗卫生机构的人员数量情况

表2-22显示了2019年我国各类医疗卫生机构的人员数量情况。卫生人员是指在医院、基层医疗卫生机构、专业公共卫生机构及其他医疗卫生机构工作的职工, 具体分为卫生技术人员、乡村医生和卫生员、其他技术人员、管理人员和工勤技能人员。其中, 卫生技术人员具体包括执业医师、执业助理医师、注册护士、

药师（士）、检验技师（士）、影像技师（士）、卫生监督员和见习医（药、护、技）师（士）等卫生专业人员，是医疗卫生服务的主要提供者。乡村医生是指在村卫生室工作并且取得"乡村医生"证书的人员，卫生员是指在村卫生室工作但未取得"乡村医生"证书的人员。其他技术人员是指从事医疗器械修配、卫生宣传、科研、教学等技术工作的非卫生专业人员。管理人员是指担负领导职责或管理任务的工作人员，包括从事医疗保健、疾病控制、卫生监督、医学科研与教学等业务管理工作的人员，以及从事党政、人事、财务、信息、安全保卫等行政管理工作的人员。工勤技能人员是指承担技能操作和维护、后勤保障服务等职责的工作人员，具体分为技术工和普通工。技术工包括护理员（工）、药剂员（工）、检验员、收费员、挂号员等，但不包括实验员、技术员、研究实习员（计入其他技术人员），也不包括经济员、会计员和统计员等（计入管理人员）。从整体来看，我国医疗卫生机构人员的主体是卫生技术人员（10154010人）；各类医疗卫生机构中，医院的工作人员数量最多（7782171人）；从数量上来说，乡村医生和卫生员是不可忽视的存在（842302人）。

表 2-22　2019 年我国各类医疗卫生机构人员数

单位：人

	合计	卫生技术人员	乡村医生和卫生员	其他技术人员	管理人员	工勤技能人员
医院	7782171	6487497	—	320600	373120	600954
基层医疗卫生机构	4160571	2920999	—	111334	98157	187779
专业公共卫生机构	896554	699957	—	55633	60101	80863
其他医疗卫生机构	89039	45557	—	16380	12372	14730
总计	12928335	10154010	842302	503947	543750	884326

数据来源：《中国卫生健康统计年鉴（2020）》，中国协和医科大学出版社，2020，第26~29页。

图 2-2 显示了 2000~2019 年我国卫生人员的数量变化情况。虽然在 2003 年前后小有波动，但我国卫生人员数整体增长显著，从 2000 年的 6910383 人增加到了 2019 年的 12928335 人。分类别来看，卫生技术人员、管理人员、其他技术人员和工勤技能人员的数量呈总体增长趋势，而乡村医生和卫生员的数量在经历初期的快速下降后，整体趋于稳定。

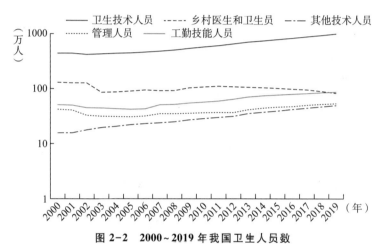

图 2-2 2000~2019 年我国卫生人员数

数据来源：《中国卫生健康统计年鉴（2020）》，中国协和医科大学出版社，2020，第 25 页。

从绝对数量上来说，我国东部地区的卫生人员总数多于中部地区和西部地区，但从每万人口平均拥有的卫生人员数来看，不同类别的卫生人员呈现不同的分布特征。表 2-23 显示了 2019 年我国不同地区每万人口平均拥有的卫生人员数量情况。从每万人口平均拥有的各类卫生人员总量来看，东部地区（95.22 人）多于西部地区（94.75 人）和中部地区（85.35 人）。从卫生人员类别来看，东部地区每万人口拥有的卫生技术人员数量（75.95 人）多于西部地区（73.72 人）和中部地区（66.05 人），东部地区每万人口拥有的其他技术人员数量（4.09 人）多于中部地区（3.27人）和西部地区（3.19 人），东部地区每万人口拥有的工勤技能

人员数量（6.85人）也多于西部地区（6.47人）和中部地区
（5.42人）。与之形成对照的是，西部地区每万人口拥有的乡村医
生和卫生员数量（7.22人）多于中部地区（6.98人）和东部地区
（4.47人），西部地区每万人口拥有的管理人员数量（4.14人）也
多于东部地区（3.87人）和中部地区（3.64人）。以上数据说明，
与经济发达的东部地区相比，我国中西部地区在卫生人员数量方
面相对欠缺。西部地区乡村医生和卫生员、管理人员数量较多的
情况也与城镇化水平较低、医疗卫生机构管理效率较低的现实基
本一致。

表 2-23　2019 年我国各地区每万人口平均拥有的卫生人员数

单位：人

	合计	卫生技术人员	乡村医生和卫生员	其他技术人员	管理人员	工勤技能人员
东部	95.22	75.95	4.47	4.09	3.87	6.85
中部	85.35	66.05	6.98	3.27	3.64	5.42
西部	94.75	73.72	7.22	3.19	4.14	6.47
北京	159.32	125.89	1.29	8.14	10.11	13.89
天津	89.14	70.33	2.63	4.24	6.44	5.50
河北	85.24	64.55	8.66	4.03	3.03	4.98
山西	91.62	69.15	9.11	3.56	4.08	5.72
内蒙古	98.14	77.32	6.46	4.41	4.68	5.27
辽宁	91.15	71.04	4.54	4.11	4.56	6.90
吉林	91.55	70.05	5.06	4.01	5.70	6.73
黑龙江	81.48	63.36	4.82	2.88	4.65	5.76
上海	102.41	84.22	0.25	4.80	5.66	7.49
江苏	97.44	78.48	3.07	4.30	4.03	7.55
浙江	107.35	88.92	1.19	4.57	3.86	8.82
安徽	67.07	56.74	5.50	2.84	2.61	3.72
福建	84.15	66.25	5.34	3.37	2.79	6.41
江西	74.64	57.40	7.99	2.21	2.39	4.66

	合计	卫生技术人员	乡村医生和卫生员	其他技术人员	管理人员	工勤技能人员
山东	99.37	77.69	9.02	4.64	3.23	4.80
河南	92.09	67.83	9.96	3.82	3.74	6.74
湖北	88.80	70.22	5.81	3.86	3.79	5.12
湖南	89.37	72.60	5.26	2.89	3.58	5.04
广东	83.50	68.80	1.89	2.64	3.04	7.13
广西	88.79	68.83	6.31	3.03	3.31	7.31
海南	90.93	71.64	3.42	3.21	4.69	7.97
重庆	92.19	71.91	5.13	2.98	4.65	7.53
四川	94.73	71.93	7.23	2.81	4.38	8.39
贵州	95.82	73.86	8.84	3.39	4.86	4.86
云南	88.36	69.93	7.72	3.49	2.28	4.95
西藏	110.66	59.67	35.36	5.93	3.81	5.89
陕西	112.37	91.29	7.02	0.98	6.87	6.21
甘肃	86.33	67.56	6.87	3.81	3.40	4.67
青海	101.96	77.89	11.28	4.64	2.88	5.27
宁夏	98.73	79.73	4.51	4.20	4.11	6.18
新疆	93.69	73.70	5.62	4.67	3.35	6.35

数据来源：《中国卫生健康统计年鉴（2020）》，中国协和医科大学出版社，2020，第33页。

3. 我国医疗卫生机构的设施情况

我国医疗卫生机构的设施情况主要体现在床位数量及其分布、医用设备数量及其价值和房屋建筑面积等方面。床位数指年底固定实有床位（非编制床位），包括正规床、简易床、监护床、正在消毒和修理床位、因扩建或大修而停用的床位，不包括产科新生儿床、接产室待产床、库存床、观察床、临时加床和病人家属陪侍床。设备台数指实有设备数，即单位实际拥有、可供调配的设备，包括安装的和未安装的设备，不包括已经批准报废的设备和已订购尚未运抵单位的设备。房屋建筑面积指单位购建且有产权证的房屋建筑面积，不包括租房面积。

表 2-24 显示了 2019 年我国各类医疗卫生机构的床位数量情况。

表 2-24 2019 年我国各类医疗卫生机构床位数

单位：张

	合计	按城乡分		按登记注册类型分		按主办单位分			按管理类别分	
		城市	农村	公立	非公立	政府办	社会办	个人办	非营利	营利
医院	6866546	4010641	2855905	4975563	1890913	4654099	969716	1242731	5817149	1049397
基层医疗卫生机构	1631132	182913	1448219	1581726	49406	1534779	57113	39240	1619526	11606
专业公共卫生机构	285018	140414	144604	280786	4232	276382	5952	2684	283289	1729
其他医疗卫生机构	24260	17572	6688	22618	1642	16056	7612	592	23346	914
总计	8806956	4351540	4455416	6860763	1946193	6481316	1040393	1285274	7743310	1063646

数据来源：《中国卫生健康统计年鉴（2020）》，中国协和医科大学出版社，2020，第 76~77 页。

从整体上看，我国的大多数床位集中在医院，城市医疗卫生机构的床位数量多于农村医疗卫生机构，公立机构的床位数量多于非公立机构，政府办机构的床位数量多于个人办机构和社会办机构，非营利机构的床位数量多于营利机构。

如图 2-3 所示，我国各类医疗卫生机构的床位总数从 2000 年的 317.70 万张增长到了 2019 年的 880.70 万张。医院、基层医疗卫生机构、专业公共卫生机构的床位数量都随着时间的推移快速增长，只有其他医疗卫生机构的床位数量从 12.52 万张减少到了 2.43 万张。

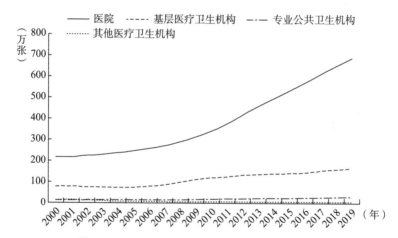

图 2-3　2000~2019 年我国医疗卫生机构床位数

数据来源：《中国卫生健康统计年鉴（2020）》，中国协和医科大学出版社，2020，第 75 页。

表 2-25 显示了 2019 年我国各地区每万人口平均可分配的医疗卫生机构床位数。从绝对数量上来看，我国东部地区医疗卫生机构的床位数（3379518 张）多于中部地区（2815655 张）和西部地区（2611783 张）。但是，从每万人口平均可分配的情况来看，人口密度较高的东部地区床位数量（57.75 张）却少于西部地区（68.41 张）和中部地区（64.45 张），一些省份之间的差距比较大。

表 2-25　2019 年我国各地区每万人口平均可分配的医疗卫生机构床位数

单位：张

	合计	医院	基层医疗卫生机构	专业公共卫生机构	其他医疗卫生机构
总计	62.90	49.05	11.65	2.04	0.17
东部	57.75	46.83	8.79	1.89	0.25
中部	64.45	48.88	13.21	2.24	0.12
西部	68.41	52.15	14.14	2.01	0.11
北京	59.32	55.82	2.27	1.23	—
天津	43.70	39.05	4.11	0.40	0.15
河北	56.65	43.28	11.38	1.88	0.11
山西	58.58	46.94	10.38	1.09	0.17
内蒙古	63.42	50.70	10.72	1.87	0.13
辽宁	72.12	61.38	9.03	0.84	0.87
吉林	63.30	53.93	7.62	1.09	0.66
黑龙江	70.00	58.39	9.61	1.79	0.21
上海	60.32	52.92	6.52	0.51	0.36
江苏	63.94	50.46	12.21	0.98	0.29
浙江	59.86	52.50	5.12	1.96	0.28
安徽	54.57	42.74	10.78	0.98	0.07
福建	50.90	39.33	8.94	2.23	0.39
江西	57.25	40.63	13.14	3.22	0.27
山东	62.53	47.80	11.84	2.64	0.26
河南	66.41	49.91	13.72	2.75	0.02
湖北	68.04	48.62	16.55	2.86	0.01
湖南	73.19	52.78	17.54	2.84	0.03
广东	47.32	38.36	6.20	2.71	0.06
广西	55.92	37.96	14.67	3.15	0.15
海南	52.66	43.13	7.39	2.03	0.11
重庆	74.20	54.77	17.83	1.48	0.13
四川	75.43	56.10	17.71	1.63	—
贵州	73.14	56.80	13.92	2.38	0.04
云南	64.20	49.68	12.41	1.92	0.20

续表

	合计	医院	基层医疗卫生机构	专业公共卫生机构	其他医疗卫生机构
西藏	48.61	36.32	10.77	1.41	0.11
陕西	68.58	55.65	10.35	2.38	0.21
甘肃	68.44	54.00	12.17	2.04	0.23
青海	68.16	56.86	10.49	0.78	—
宁夏	58.95	50.97	5.88	2.09	0.03
新疆	73.89	57.37	15.25	1.20	0.08

数据来源:《中国卫生健康统计年鉴 (2020)》,中国协和医科大学出版社,2020,第78~79页。

表 2-26 显示了 2019 年我国医疗卫生机构万元以上设备台数及其总价值。我国医疗卫生机构万元以上设备多集中在医院,基层医疗卫生机构拥有的 100 万元及以上设备数量远低于医院和专业公共卫生机构。

表 2-26　2019 年我国医疗卫生机构万元以上设备台数及其总价值

单位:台,万元

	万元以上设备台数				万元以上设备总价值
	50 万元以下	50 万~99 万元	100 万元及以上	合计	
医院	6020442	194682	194859	6409983	119503141
基层医疗卫生机构	859583	20850	8367	888800	13234606
专业公共卫生机构	762656	25168	16520	804344	11041011
其他医疗卫生机构	86645	3081	2798	92524	1772445
总计	7729326	243781	222544	8195651	145551203

数据来源:《中国卫生健康统计年鉴 (2020)》,中国协和医科大学出版社,2020,第86~87页。

图 2-4 显示了 2014~2019 年我国医疗卫生机构万元以上设备

的数量情况。我国医疗卫生机构万元以上设备总量从 2014 年的 483.38 万台增长到了 2019 年的 819.57 万台，上升趋势明显。其中，医院的万元以上设备数量最多、增长最显著，基层医疗卫生机构和专业公共卫生机构的万元以上设备数量稳定增长，其他医疗卫生机构的万元以上设备数量小幅提升。

图 2-4　2014～2019 年我国医疗卫生机构万元以上

设备台数

数据来源：历年《中国卫生健康统计年鉴》。

表 2-27 显示了 2019 年我国医疗卫生机构的房屋建筑面积情况。从危房占比（危房面积/业务用房面积×100%）情况来看，基层医疗卫生机构的维修和重建都需要得到重视。

表 2-27　2019 年我国医疗卫生机构房屋建筑面积

单位：平方米，%

	合计	房屋建筑面积	业务用房面积	危房面积	危房占比	租房面积
医院	590415181	517636319	432242124	2715099	0.63	72778862
基层医疗卫生机构	238063154	227896723	110975649	2280529	2.05	10166431
专业公共卫生机构	55189972	52696704	42590850	508350	1.19	2493268

续表

	合计	房屋建筑面积	业务用房面积	危房面积	危房占比	租房面积
其他医疗卫生机构	10979449	8808454	5972996	68978	1.15	2170995
总计	894647756	807038200	591781619	5572956	0.94	87609556

数据来源:《中国卫生健康统计年鉴（2020）》,中国协和医科大学出版社,2020,第88~89页。

图 2-5 显示了 2014~2019 年我国医疗卫生机构房屋建筑面积的变化情况。我国医疗卫生机构的房屋建筑总面积从 2014 年的 65604.12 万平方米增长到了 2019 年的 89464.78 万平方米。其中,医院的房屋建筑面积增长最显著,基层医疗卫生机构的房屋建筑面积小幅提升,专业公共卫生机构和其他医疗卫生机构的房屋建筑面积相对稳定。

图 2-5　2014~2019 年我国医疗卫生机构房屋建筑面积
数据来源: 历年《中国卫生健康统计年鉴》。

4. 我国医疗卫生机构的经费情况

卫生总费用、医疗保健支出、门诊病人次均医药费用、住院病人人均医药费用等指标可以在一定程度上反映我国医疗卫生机构的经费情况。其中,卫生总费用是指一个国家或地区在一定时期内,为开展卫生服务活动从全社会筹集的卫生资源的货币总额，按来源法核算。它反映一定经济条件下，政府、社会和居民个人对卫生保健的重视程度和费用负担水平，以及卫生筹资模式的主要特征和卫生筹资的公平性、合理性。图2-6显示了2010～2019年我国卫生总费用的变化情况。我国卫生总费用从2010年的19980.39亿元增长到了2019年的65841.39亿元，卫生总费用占GDP的比重也由2010年的4.85%上升到了2019年的6.64%，卫生总费用中的政府卫生支出①、社会卫生支出②和个人现金卫生支出③都呈现出了明显的增长。值得注意的是，社会卫生支出的占比越来越大，逐渐成为卫生总费用中最重要的部分，个人和政府的卫生支出负担在逐渐减轻。

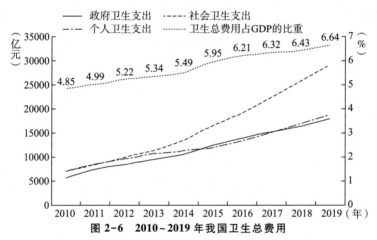

图2-6　2010～2019年我国卫生总费用

数据来源：《中国卫生健康统计年鉴（2020）》，中国协和医科大学出版社，2020，第93页。

---

① 政府卫生支出指各级政府用于医疗卫生服务、医疗保障补助、卫生和医疗保障行政管理、人口与计划生育事务性支出等各项事业的经费。
② 社会卫生支出指政府支出外的社会各界对卫生事业的资金投入，包括社会医疗保障支出、商业健康保险费、社会办医支出、社会捐赠援助、行政事业性收费收入等。
③ 个人现金卫生支出指城乡居民在接受各类医疗卫生服务时的现金支付，包括享受各种医疗保险制度的居民就医时自付的费用，可分为城镇居民、农村居民个人现金卫生支出，反映城乡居民医疗卫生费用的负担程度。以下简称个人卫生支出。

然而，与世界主要发达国家相比，我国的卫生经费情况并不乐观（见表 2-28）。一方面，我国卫生总费用占 GDP 的比重较低（5.2%），卫生总费用中政府卫生支出所占的比重较低（56.7%），政府卫生支出占政府总支出的比重也较低（9.1%）。另一方面，我国卫生总费用中个人卫生支出所占的比重较高（43.3%），人均卫生费用（440.83 美元）和人均政府卫生支出（250 美元）还停留在较低水平。由此可见，我国人均能够享有的医疗卫生服务非常有限，在购买医疗卫生服务时个人负担较重，政府卫生支出与世界主要发达国家相比还有较大差距。

表 2-28 世界主要发达国家和我国的卫生经费情况

单位：%，美元

| | 卫生总费用占 GDP 的比重 | 卫生总费用构成 | | 政府卫生支出占政府总支出的比重 | 社会医保支出占政府卫生支出的比重 | 人均卫生费用 | 人均政府卫生支出 |
		政府卫生支出	个人卫生支出				
	2017 年	2017 年	2017 年	2017 年	2012 年	2017 年	2017 年
德国	11.2	77.7	15.5	19.9	88.8	5033.45	3909
韩国	7.6	57.4	41.1	13.4	77.8	2283.07	1310
丹麦	10.1	84.0	16.0	16.6	0.0	5800.15	4874
法国	11.3	77.1	16.6	15.5	95.1	4379.73	3376
芬兰	9.2	76.7	22.1	13.0	19.1	4205.74	3228
荷兰	10.1	64.4	18.5	15.3	91.2	4911.44	3163
加拿大	10.6	73.7	26.3	19.3	1.9	4754.95	3505
美国	17.1	50.2	15.5	22.5	87.3	10246.14	5139
挪威	10.4	85.5	14.5	17.9	12.8	328.4	6784
日本	10.9	84.1	15.9	23.6	87.0	4168.99	3506
瑞典	11.0	83.7	16.3	18.7	0.0	5904.58	4942
英国	9.6	79.4	20.6	18.7	0.0	3858.67	3064
中国	5.2	56.7	43.3	9.1	67.9	440.83	250

数据来源：《中国卫生健康统计年鉴（2020）》，中国协和医科大学出版社，2020，第 390~397 页。

表 2-29 显示了 2018 年我国各地区的卫生总费用情况。从整体来看，广东（5198.69 亿元）、山东（4140.82 亿元）、江苏（4035.02 亿元）等省份的卫生总费用较高，西藏（167.85 亿元）、青海（308.08 亿元）、宁夏（343.55 亿元）等省份的卫生总费用较低，各省份卫生总费用中的政府、社会、个人支出比例也各不相同。各省份卫生总费用占 GDP 的比重悬殊，青海（11.21%）、黑龙江（10.95%）、西藏（10.84%）等省份较高，福建（4.02%）、江苏（4.33%）等省份较低。在人均卫生总费用方面，北京（11609.06 元）和安徽（3159.72 元）的差距巨大。

表 2-29　2018 年我国各地区卫生总费用

	卫生总费用（亿元）				卫生总费用占 GDP 的比重（%）	人均卫生总费用（元）
	合计	政府卫生支出	社会卫生支出	个人卫生支出		
全国	59121.91	16399.13	25810.78	16911.99	6.43	4236.98
北京	2500.82	579.99	1529.96	390.88	7.55	11609.06
天津	888.72	216.33	405.45	266.95	6.65	5698.41
河北	2690.84	706.08	1070.90	913.86	8.28	3561.06
山西	1220.36	364.83	473.43	382.10	7.65	3282.00
内蒙古	1082.75	324.64	424.74	333.37	6.71	4272.88
辽宁	1728.94	357.05	784.81	587.08	7.35	3966.09
吉林	1101.34	299.22	443.24	358.88	9.79	4072.93
黑龙江	1406.76	308.30	642.66	455.80	10.95	3728.40
上海	2301.60	507.92	1326.42	467.26	6.39	9495.89
江苏	4035.02	868.94	2209.81	956.25	4.33	5012.01
浙江	3117.08	639.95	1646.82	830.30	5.37	5433.29
安徽	1998.08	634.66	779.67	583.75	5.87	3159.72
福建	1553.50	448.41	728.80	376.30	4.02	3941.89
江西	1473.89	590.87	503.70	379.32	6.49	3170.63
山东	4140.82	917.10	1982.61	1241.11	6.21	4121.35

	卫生总费用（亿元）				卫生总费用占 GDP 的比重（%）	人均卫生总费用（元）
	合计	政府卫生支出	社会卫生支出	个人卫生支出		
河南	3100.17	935.60	1170.29	994.28	6.21	3227.66
湖北	2337.93	586.86	970.64	780.43	5.56	3951.21
湖南	2484.40	698.39	969.85	816.15	6.84	3601.22
广东	5198.69	1435.87	2427.41	1335.41	5.20	4581.96
广西	1615.01	554.11	603.67	457.23	8.23	3278.54
海南	402.50	147.60	171.84	83.06	8.20	4307.91
重庆	1374.30	380.65	599.27	394.37	6.37	4430.65
四川	3253.09	893.50	1450.80	908.79	7.58	3900.12
贵州	1206.76	485.59	428.03	293.15	7.86	3325.52
云南	1654.35	583.73	614.88	455.75	7.92	3425.52
西藏	167.85	111.28	47.14	9.43	10.84	4881.82
陕西	1742.23	463.02	756.42	522.80	7.28	4508.42
甘肃	871.29	318.03	300.85	252.41	10.75	3303.72
青海	308.08	141.61	88.22	78.25	11.21	5107.20
宁夏	343.55	108.38	138.19	96.98	9.79	4992.64
新疆	1204.51	342.85	553.80	307.87	9.40	4843.23

数据来源：《中国卫生健康统计年鉴（2020）》，中国协和医科大学出版社，2020，第94页。

医疗保健支出是指用于医疗和保健的药品、用品及服务的支出，包括医疗器具及药品，以及医疗服务。[①] 医疗保健支出是居民消费支出的重要组成部分，居民通过医疗保健支出来治疗、预防疾病和提升健康质量。图2-7显示了我国主要年份城乡居民医疗保健支出情况。由图2-7可知，城乡居民人均医疗保健支出都随着时间的推移而增加，但城镇居民的人均医疗保健支出远高于农

----

①　国家统计局编《中国统计年鉴（2021）》，中国统计出版社，2021。

村居民，城乡居民人均医疗保健支出之间的差距在逐渐扩大；受年消费支出水平的限制，农村居民医疗保健支出占消费性支出的比重近年来反超城镇居民并居高不下。

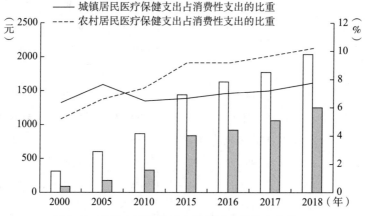

图 2-7 我国主要年份城乡居民医疗保健支出情况

数据来源：《中国卫生健康统计年鉴（2020）》，中国协和医科大学出版社，2020，第 97 页。

表 2-30 显示了 2018 年我国各地区城乡居民的医疗保健支出情况。全国各地城镇居民的人均年消费支出和人均医疗保健支出均高于农村居民。从医疗保健支出占消费性支出的比重来看，绝大多数省份农村居民的医疗保健支出占消费性支出的比重高于城镇居民，医疗保健支出给农村居民带来的经济压力更大。在不同省份或地区，医疗保健支出给居民带来的压力各不相同：福建省城镇居民医疗保健支出占消费性支出的比重为 4.90%，但黑龙江省城镇居民医疗保健支出占消费性支出的比重却高达 11.70%；西藏自治区农村居民医疗保健支出占消费性支出的比重为 4.20%，但黑龙江省农村居民医疗保健支出占消费性支出的比重却高达 16.80%。

表 2-30 2018 年我国各地区城乡居民医疗保健支出

单位：元，%

	城镇居民			农村居民		
	人均年消费支出	人均医疗保健支出	医疗保健支出占消费性支出的比重	人均年消费支出	人均医疗保健支出	医疗保健支出占消费性支出的比重
北京	42925.60	3475.80	8.00	20195.30	1991.90	9.90
天津	32655.10	2825.10	8.70	16863.30	1974.90	11.70
河北	22127.40	1883.70	8.50	11382.80	1201.60	10.60
山西	19789.80	2138.40	10.80	9172.20	1065.20	11.60
内蒙古	24437.10	2105.70	8.60	12661.50	1468.50	11.60
辽宁	26447.90	2626.90	9.90	11455.00	1529.10	13.30
吉林	22393.70	2469.20	11.00	10826.20	1450.90	13.40
黑龙江	21035.50	2466.50	11.70	11416.80	1916.20	16.80
上海	46015.20	3221.80	7.00	19964.70	1739.50	8.70
江苏	29461.90	2273.60	7.70	16567.00	1529.60	9.20
浙江	34597.90	2286.60	6.60	19706.80	1626.90	8.30
安徽	21522.70	1419.30	6.60	12748.10	1036.70	8.10
福建	28145.10	1374.80	4.90	14942.80	1015.80	6.80
江西	20760.00	1218.90	5.90	10885.20	783.80	7.20
山东	24798.40	1966.30	7.90	11270.10	1205.00	10.70
河南	20989.20	1925.20	9.20	10392.00	1226.60	11.80
湖北	23995.90	2162.80	9.00	13946.30	1588.00	11.40
湖南	25064.20	2034.40	8.10	12720.50	1385.50	10.90
广东	30924.30	1591.30	5.10	15411.30	1366.70	8.90
广西	20159.40	1699.30	8.40	10617.00	1088.00	10.20
海南	22971.20	1669.80	7.30	10955.80	712.40	6.50
重庆	24154.20	2054.50	8.50	11976.80	1075.10	9.00
四川	23483.90	1832.20	7.80	12723.20	1344.80	10.60
贵州	20787.90	1657.80	8.00	9170.20	703.20	7.70
云南	21626.40	1875.00	8.70	9122.90	845.60	9.30

续表

	城镇居民			农村居民		
	人均年消费支出	人均医疗保健支出	医疗保健支出占消费性支出的比重	人均年消费支出	人均医疗保健支出	医疗保健支出占消费性支出的比重
西藏	23029.40	871.10	3.80	7452.10	314.90	4.20
陕西	21966.40	2233.40	10.20	10070.80	1241.80	12.30
甘肃	22606.00	2207.40	9.80	9064.60	1132.60	12.50
青海	22997.50	2371.10	10.30	10352.40	1332.30	12.90
宁夏	21976.70	2152.00	9.80	10789.60	1248.60	11.60
新疆	24191.40	2272.60	9.40	9421.30	1017.50	10.80

数据来源:《中国卫生健康统计年鉴（2020）》,中国协和医科大学出版社,2020,第97页。

图 2-8 显示了 2010~2019 年我国医院门诊病人次均医药费用情况。门诊病人次均医药费用又称每诊疗人次医药费用、次均门诊费用（医院门诊收入/总诊疗人次数）。我国医院门诊病人次均医药费用从 2010 年的 166.8 元上升到 2019 年的 290.8 元,其中,药费和检查费都呈整体增长趋势,药费在门诊病人次均医药费用中的占比更高,检查费的增长幅度更大。

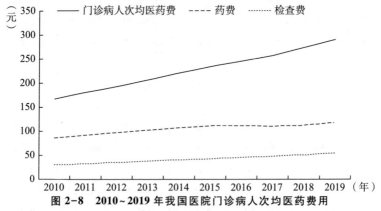

图 2-8 2010~2019 年我国医院门诊病人次均医药费用

数据来源:《中国卫生健康统计年鉴（2020）》,中国协和医科大学出版社,2020,第109页。

图 2-9 显示了 2010~2019 年我国医院住院病人人均医药费用情况。住院病人人均医药费用又称出院者人均医药费用、人均住院费用（医疗住院收入/出院人数）。我国医院住院病人人均医药费用从 2010 年的 6193.9 元增加到了 2019 年的 9848.4 元，其中，检查费呈增长趋势，药费在住院病人人均医药费用中的占比更高，检查费的增长幅度较大。

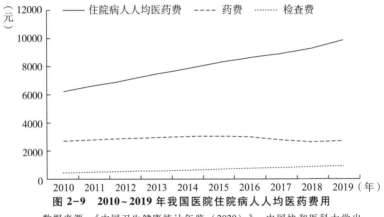

图 2-9　2010~2019 年我国医院住院病人人均医药费用

数据来源：《中国卫生健康统计年鉴（2020）》，中国协和医科大学出版社，2020，第 110 页。

（二）我国医疗卫生机构的工作情况

1. 我国医疗卫生机构的工作数量情况

医疗卫生机构的诊疗人次、入院人数、居民两周就诊率、居民住院率、医师担负工作量等可以较好地反映我国医疗卫生机构的工作数量情况。其中，总诊疗人次指所有诊疗工作的总人次数。[1] 图 2-10 显示了我国医疗卫生机构的诊疗人次和居民平均就诊次数的变化情况。从 2010 年到 2019 年，我国的总诊疗人次数由

---

① 一般情况按挂号数统计，包括门诊、急诊、出诊、预约诊疗、单项健康检查、健康咨询指导（不含健康讲座）人次。患者一次就诊多次挂号按实际诊疗次数统计，不包括根据医嘱进行的各项检查、治疗、处置工作量以及免疫接种、健康管理服务人次数。未挂号就诊、本单位职工就诊及外出诊（不含外出会诊）不收取挂号费的，按实际诊疗人次统计。

583761.6万人次增加到了871987.3万人次，居民平均就诊次数由4.4次增加到了6.2次，这可能与我国医保制度不断完善、居民健康观念转变等密切相关，同时说明我国居民的就诊需求在不断增加。多数居民选择到基层医疗卫生机构和医院就诊，这两类医疗卫生机构的诊疗人次数增长也最为显著。

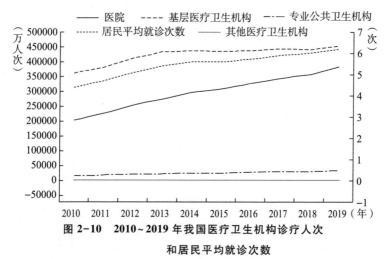

图2-10　2010~2019年我国医疗卫生机构诊疗人次
和居民平均就诊次数

数据来源：《中国卫生健康统计年鉴（2020）》，中国协和医科大学出版社，2020，第119页。

居民两周就诊率是指调查前两周内居民因病或身体不适到医疗机构就诊的次数与调查人口数之比。图2-11显示了2003~2018年我国居民两周就诊率情况。我国城市居民和农村居民的两周就诊率自2013年以来都出现了明显增长，居民两周就诊率合计从2003年的13.4%增加到了2018年的24.0%。多数年份里，我国农村居民的两周就诊率高于城市居民，这也从侧面反映出农村居民健康状况不佳的问题。

图2-12显示了我国医疗卫生机构入院人数和居民年住院率的变化情况。从2010年到2019年，我国入院人数从14174万人增加到了26596万人，居民年住院率从10.59%上升到了19.03%，这与我国居民收入水平不断提高、医保制度不断完善、医疗卫生机

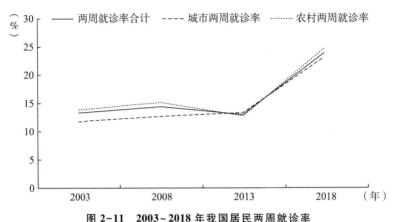

图 2-11 2003~2018 年我国居民两周就诊率

数据来源：历年《中国卫生健康统计年鉴》。

构服务能力不断提升等密切相关，同时说明我国居民的住院需求在不断增加。绝大多数居民选择到医院住院，医院入院人数的增长最为显著。

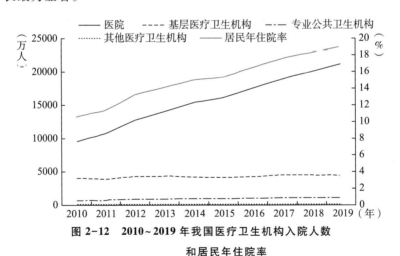

图 2-12 2010~2019 年我国医疗卫生机构入院人数

和居民年住院率

数据来源：历年《中国卫生健康统计年鉴》。

图 2-13 显示了 2003~2018 年我国城乡居民住院率情况。住院率是指国家统计局公布的常住人口中入院人口的占比。我国城市

居民和农村居民的住院率不断上升，居民合计住院率从 2003 年的
3.6%增加到了 2018 年的 13.7%。在过去的多数年份里，城市居民
的住院率都高于农村居民，但近年来农村居民住院率迅速升高、
反超城市居民。

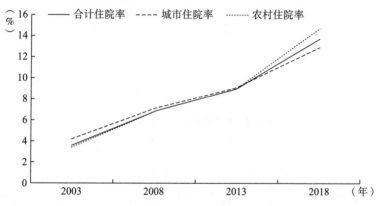

图 2-13　2003~2018 年我国城乡居民住院率
数据来源：历年《中国卫生健康统计年鉴》。

我国医院医师的工作量情况可以通过医师日均担负诊疗人次
和医师日均担负住院床日来进行观察。其中，医师日均担负诊疗
人次指诊疗人次数/平均医师人数/251，医师日均担负住院床日指
实际占用总床日数/平均医师人数/365。图 2-14 和图 2-15 分别显
示了 2014~2019 年我国医院医师日均担负的诊疗人次数和住院床
日数。首先，公立医院医师日均担负的诊疗人次数和住院床日数
都高于民营医院，这可能与患者在公立医院就诊和住院的偏好相
关，同时说明公立医院医师的工作量更大。其次，我国医院医师
日均担负诊疗人次数在逐渐降低之后又出现了上扬趋势，说明医
院医师的诊疗工作量并未明显减轻。最后，我国民营医院医师的
日均担负住院床日数在经历了一段时间的增长之后出现了降低趋
势，但公立医院的该项指标基本没有降低，这说明公立医院医师
的住院诊疗工作量也没有减轻。

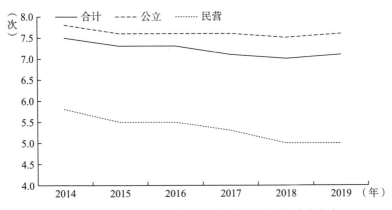

图 2-14 2014~2019 年我国医院医师日均担负诊疗人次

数据来源：历年《中国卫生健康统计年鉴》。

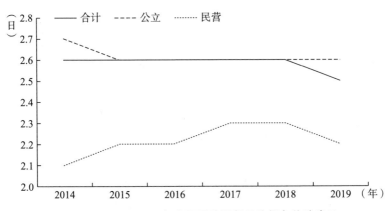

图 2-15 2014~2019 年我国医院医师日均担负住院床日

数据来源：历年《中国卫生健康统计年鉴》。

2. 我国医疗卫生机构的工作质量情况

出院者占用总床日数、病床使用率、病床周转次数、病床工作日、平均住院日等指标可以在一定程度上反映我国医疗卫生机构的工作质量情况。其中，出院者占用总床日数是指所有出院人数的住院床日之总和，包括正常分娩、未产出院、住院经检查无病出院、未治出院及健康人进行人工流产或绝育手术后正常出院者的住院床日数。图 2-16 显示了 2014~2019 年我国各类医疗卫生机构出院者占用总床日数，四类机构均呈上升趋势，其中医院的该项指标增长显著。

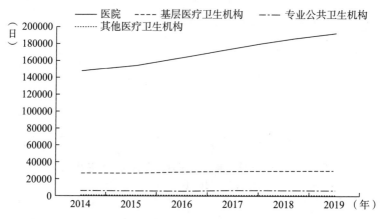

图 2-16　2014~2019 年我国医疗卫生机构出院者占用总床日数

数据来源：历年《中国卫生健康统计年鉴》。

病床使用率是患者实际占用总床日数占医疗卫生机构实际开放总床日数的比重，是用来反映病床负荷现状的客观指标，其最佳区间为 85%~93%。图 2-17 显示了 2014~2019 年我国医疗卫生机构的病床使用率情况，虽然个别年份小有波动，但总体来说呈下降趋势。其中，医院的病床使用率基本在 80%~90% 之间，专业公共卫生机构的病床使用率在 65%~80% 之间，基层医疗卫生机构和其他医疗卫生机构的病床使用率基本在 60% 以下。由此可见，除医院外的三类医疗卫生机构的病床使用率都较低，而医院的病床使用率与最佳区间也尚有一定距离，医疗卫生机构床位空置率依然较高，需进一步优化服务、提高效率。

病床周转次数是指在一定时期内每张床位的病人出院人数[①]，其多寡与患者的病情轻重、医疗机构收容人次、医疗技术和服务水平、医疗机构环境和器械设施配置等密切相关，病床周转次数

---

① 病床周转次数=出院人数/平均开放病床数，平均开放病床数=实际开放总床日数/本年日历天数（365）。

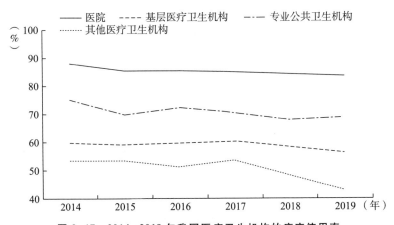

图 2-17　2014~2019 年我国医疗卫生机构的病床使用率

数据来源：历年《中国卫生健康统计年鉴》。

常与病床使用率一起被用来衡量病床的工作效率。一般来说，收容慢性病人、重症病人多的医疗卫生机构病床周转次数较低。例如，有研究指出，三甲医院周转次数的基准线为大于等于 17 次。[1]图 2-18 显示了 2014~2019 年我国医疗卫生机构的病床周转次数。总体来看，我国各类医疗卫生机构的病床周转次数都没有太大的提升，基层医疗卫生机构和其他医疗卫生机构的病床周转次数甚至呈下降趋势。具体来看，专业公共卫生机构的病床周转次数最高（43.6~40.30 次），医院（32.3~32.33 次）和基层医疗卫生机构（31.2~28.28 次）次之，其他医疗卫生机构最低（15.4~12.50 次）。

病床工作日是指每一张床在一定时期内的平均工作天数[2]，用以衡量病床的利用情况，也是反映医院工作质量的指标之一。图 2-19 显示了 2014~2019 年我国医疗卫生机构的病床工作日情况。总体来说，医院和专业公共卫生机构的病床工作日较多，基层医疗卫生机构和其他医疗卫生机构的病床工作日较少；各类医

---

① 蔡文沿：《病床使用率和病床周转次数之间的相关性》，《统计与管理》2016 年第 8 期，第 109 页。

② 病床工作日＝实际占用总床日数/平均开放病床数。

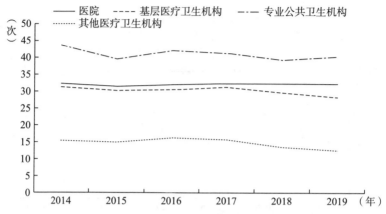

图 2-18   2014~2019 年我国医疗卫生机构的病床周转次数
数据来源：历年《中国卫生健康统计年鉴》。

疗卫生机构的病床工作日都呈总体下降趋势。具体来看，虽然医院的病床工作日小幅下降，但始终在 305~321.4 日之间变动，说明医院的病床几乎全年处于使用状态；其他医疗卫生机构的病床工作日从 2014 年的 194.8 日下降到 2019 年的 156.55 日，下降幅度最大，一年之中有一大半时间没有病人使用。

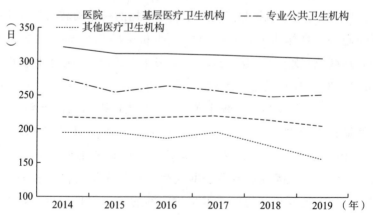

图 2-19   2014~2019 年我国医疗卫生机构的病床工作日
数据来源：历年《中国卫生健康统计年鉴》。

出院者平均住院日是指一定时期内每一出院者的平均住院时间①，是评价医疗效益和效率、医疗质量和技术水平的综合性指标，可以较好地反映医院的医、护、技力量和管理水平。一般来说，应在确保医院服务质量的前提下，有效缩短出院者平均住院日，使医院在实现资源成本最小化的同时，减少患者的直接和间接费用，从而达到医院综合效益的最大化。图 2-20 显示了2014~2019 年我国医疗卫生机构的出院者平均住院日情况。总体来看，我国各类医疗卫生机构的出院者平均住院日多寡不一，医院和其他医疗卫生机构的出院者平均住院日较多，基层医疗卫生机构和专业公共卫生机构的出院者平均住院日较少。分类来看，医院和专业公共卫生机构的出院者平均住院日总体小幅下降，基层医疗卫生机构的出院者平均住院日总体小幅增长，其他医疗卫生机构的出院者平均住院日在经历了较大波动之后依然呈明显上升趋势，各类医疗卫生机构的出院者平均住院日都未出现显著下降。

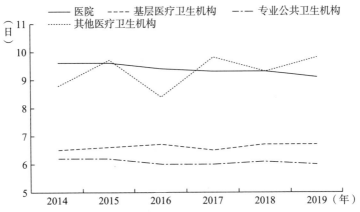

图 2-20　2014~2019 年我国医疗卫生机构的出院者平均住院日
数据来源：历年《中国卫生健康统计年鉴》。

---

①　出院者平均住院日=出院者占用总床日数/出院人数。

三 我国开展医疗服务适老化改革的必要性

（一）我国的老龄化现状要求医疗服务适老化改革

老龄与医疗之间存在必然的联系。一方面，老龄期的个体患病率通常高于年轻人，当一个国家或地区的老龄人口数量上升、比例增加时，全国或当地的总体医疗需求会相应增加和改变，现有医疗服务供给也需要做出相应调整。另一方面，一个国家或地区医疗服务质量的改善、医疗服务效率和公平性的提升能够更好地服务当地人口，从而增加人口的预期寿命、提升人口的健康水平，也会同时使该国或地区老龄人口的比例增加（即老龄化）。老龄化已是我国人口结构变化的必然趋势，我国的老龄化现状从三个方面对医疗服务改革提出了要求。

1. 老龄期的个体变化规律要求适老化改革

老龄期的个体变化规律要求我国从医疗资源配置、医疗服务内容完善、医疗服务方式优化等方面进行改革。从个体生理情况来看，随着老龄期的到来，人体器官功能逐渐下降，身体对环境的适应能力、遇到外部刺激时的调节能力和对病毒、细菌的抵抗能力等都逐渐减退，老年人的患病概率会增加，对医疗服务的需求也会随之增长。从个体心理变化情况来看，随着老龄期的到来，人的视听觉敏锐度下降，运动速度和灵活性明显减退，学习能力下降，易出现挫折感、抑郁、焦虑、愤怒等负向情绪，从而威胁其心理健康。从个体精神需求情况来看，随着老年人认知功能和智力的减退，老年人的需要、情感和个性也会发生相应变化，他们对生活安宁和保障有更多的要求，普遍关注养老保障、患病就医、合法权益保护等问题，希望从社会和家庭获得更多的精神关怀。从个体社会交往情况来看，尽管老年人的社会地位有所改变，但老年人对于尊重的需要并未减退，仍要求社会尊重他们的人格、维护他们的尊严。正确认识老年人在生理、心理、精神、社会交往方面的特点，迎合老年人在医疗和健康方面的需求变化，是应对人口老龄化问题的重要途径之一。随着老年人口比例的提升，医疗资源应向老年人倾斜，应尊重老年人的就诊习惯和偏好，在医疗服务内容和方式上做出调整，维护其尊严、满足其需求、促进其健康。

2. 我国的疾病谱变化及其特征要求适老化改革

随着经济、科技的发展和物质生活的改善，人类疾病谱中的传染病比例逐渐减少，非传染性疾病的比例逐渐增加，心脑血管疾病、癌症、慢性呼吸系统疾病、糖尿病、口腔疾病等慢性病正逐渐成为人类健康和生命的主要威胁。[1] 国家卫健委发布的《解读〈中国防治慢性病中长期规划（2017—2025 年）〉》指出，我国居民中因慢性病死亡的人数占总死亡人数的 86.6%，慢性病造成的疾病负担占总疾病负担的 70% 以上，慢性病已成为影响社会发展的重大公共卫生问题。[2] 疾病谱的变化和特征要求我国从医疗资源配置、医疗服务内容完善、医疗服务方式优化等方面进行改革。

《全国第六次卫生服务统计调查专题报告》显示，我国 55~64 岁人群慢性病患病率达 48.4%，65 岁及以上老年人慢性病患病率达 62.3%，慢性病的患病率随年龄的增长逐渐提升。老年人是慢性病的主要患者，服务好老年患者是降低慢性病发病率、病死率的重要途径。首先，随着老年患者数量和占比的增加，医疗卫生机构需要在资源配置方面向老年人倾斜，在服务过程中尊重老年人的生理、心理和社会特征。其次，慢性病患者多数常年就诊、终身服药，与其他患者在就诊流程、就诊习惯和就诊需求方面表现出一定差别，这要求医疗卫生机构对服务方式和服务内容进行

---

[1] 杜鹏、李强：《1994~2004 年中国老年人的生活自理预期寿命及其变化》，《人口研究》2006 年第 5 期，第 9~16 页。

[2] 《解读〈中国防治慢性病中长期规划（2017—2025 年）〉》，http://www.nhc.gov.cn/jkj/s3586/201702/34a1fff908274ef8b776b5a3fa4d364b.shtml，最后访问日期：2025 年 5 月 4 日。

及时调整。最后，慢性病的发病和治疗与饮食习惯、生活方式、预防意识等密切相关，这对老年人日常体检、健康教育宣讲、疾病防治知识普及等医疗服务也提出了新的要求。

3. 我国的老龄人口现状和特征要求适老化改革

我国的老龄人口现状和特征要求从医疗资源配置、医疗服务内容完善、医疗服务方式优化等方面进行改革。

首先，我国的整体老龄化特征对医疗服务适老化改革提出了要求。我国老年人口基数巨大，在总人口中所占的比重不断升高，人口老龄化程度不断加深，老龄化进程也在明显加快，老龄人口的医疗服务需求快速增加。我国人口老龄化程度还存在地区、城乡和性别差异，中东部地区的人口老龄化程度高于西部地区，乡村的老年人口占比高于城市、镇，老龄人口中的女性占比逐渐高于男性，中东部、乡村、高龄女性群体的医疗需求旺盛，而以往的医疗资源配置并未向这些地区、群体倾斜，医疗服务的公平性遭受质疑。

其次，我国老年人口的健康特征对医疗服务适老化改革提出了要求。虽然我国老年人口的总体健康状况较好，但自评"不健康，但生活能自理"和"生活不能自理"的老人的绝对数量很庞大。健康自评情况在性别、城乡、地区、年龄、婚姻状态方面呈现出了差异：我国男性老人的健康自评状况好于女性老人；城市、镇老人的健康状况优于乡村老人；一般来说，东、中部地区的老年人的健康水平更高；75岁以后"生活不能自理"的女性老人占比高于男性老人；丧偶和未婚老人的健康状况堪忧。我国在分析医疗需求、提供医疗服务时尚未考虑以上群体的特殊需求，医疗服务改革尚有很大空间。

再次，我国老年人口的收入特征对医疗服务适老化改革提出了要求。整体而言，我国老年人口的收入来源情况并不乐观，老年人的医疗费用压力依然很大，如何在资源有限的前提下提高医疗服务效率、降低个人医疗支出、发挥预防的成本控制作用，是当前医疗改革的重要议题。同时，我国老年人口的收入情况在城乡、性别和年龄方面呈现出了巨大差异：乡村、镇老年人与城市老年人的收入差距很大；女性老年人和高龄老人更依赖家庭其他成员的供养、在经济上更被动。乡村、镇老年人，女性老年人和高龄老人在获取医疗服务时有较大的费用成本压力。我国目前的医疗保障和医疗救助政策并未向上述弱势群体倾斜，这些人群的就医费用压力仍未得到很好的缓解。

最后，我国老年人口的户居特征对医疗服务适老化改革提出了要求。研究表明，在独居或部分偶居家庭中，老人能够得到的日常生活照料和精神支持有限。① 在医疗方面他们也面临相同困境。整体来看，我国老年人空巢、独居、偶居和隔代抚养情况已经非常普遍，这些老年人普遍缺少成年子女的日常照料与就医帮助，其就医过程存在更多困难，更加需要社会服务和社会支持。我国老年人的户居情况在不同地区、城乡之间呈现不同特征：北方省份的独居和偶居老年家庭、外出务工人员较多省份的隔代抚养老年家庭、经济发达省份的超高龄老人和老年人照护上代老年人的家庭都值得特别关注；与城市、镇相比，我国乡村中有一个60岁及以上老人独自居住的户、只有一个60岁及以上老人与未成年人口共同居住的户、只有一对60岁及以上夫妇居住的户、只有一对60岁及以上夫妇与未成年人口共同居住的户、有三个60岁及以上老年人口的户都较多。不同户居特征的老年人在医疗信息获取、外出就医陪同、紧急情况救护等方面的需求是不同的，不同居住地点和居住环境的老年人的就医距离、就医便利性等也有很大差别，这些因素目前尚未在医疗服务过程中被加以考虑。在今后很长一段时间里，要兼顾老年人的这些户居特征差异和环境资源差距，优化医疗资源配置、改善医疗服务方式、调整医疗服务内容。

---

① 曾尔亢、王红：《面向21世纪的老年保健》，《国外医学》（社会医学分册）1998年第1期，第1~3页。

（二）我国的医疗服务供给现状要求医疗服务适老化改革

我国的医疗服务需求正在不断增长，医疗服务供给的压力依然巨大，医疗服务的质量和效率依然不高。一方面，部分地区医疗卫生机构资源紧张、医护人员工作强度极大；另一方面，部分地区医疗卫生机构效率低下、床位空置率极高。这一现状说明了优化医疗服务的必要性，也为我国的医疗服务适老化改革提供了现实基础。

1. 我国的卫生资源配置现状要求医疗服务适老化改革

从医疗卫生机构的数量、人员、设施和经费情况来看，我国的卫生资源配置具有以下局限性。第一，与世界主要发达国家相比，我国每万人口拥有的医师、口腔医师、护士和助产士、医院床位的数量都非常有限，我国当前的医疗服务供给并不能充分满足患者的需求。第二，近 20 年我国的医疗卫生机构、人员、设施数量虽在持续增长，但是城乡之间、不同地区之间的资源配置并不均衡。我国东部地区的医疗卫生机构、卫生人员和床位的数量都多于中部地区和西部地区，但从每万人口平均可分配情况来看：人口密集的东部地区的医疗卫生机构资源相对紧张；城镇化水平较低的西部地区仍然有大量的乡村医生和卫生员，医疗卫生机构的管理效率也需要进一步提高。第三，我国医院的万元以上设备和房屋建筑面积近年来增长显著，基层医疗卫生机构拥有的 100 万元及以上设备数量远低于医院和专业公共卫生机构，基层医疗卫生机构的危房占比也相对更高。第四，虽然我国卫生总费用近年来持续增长、卫生总费用占 GDP 的比重逐步提升、社会卫生支出的占比越来越大、个人和政府的卫生支出负担在逐渐减轻，但与世界主要发达国家相比，我国的卫生经费情况并不乐观。第五，从卫生总费用情况来看，不同省份的支出金额不等，各省份卫生总费用占 GDP 的比重差异较大，不同省份人均卫生总费用的差距也较大。第六，全国各地城镇居民的人均医疗保健支出均高于农村居民，绝大多数省份农村居民的医疗保健支出占消费性支出的比重高于城镇居民，农村居民的医疗费用压力依然巨大。第七，我国的医院门诊病人次均医药费和医院住院病人人均医药费都呈快速增长趋势，药费在门诊病人次均医药费和住院病人人均医药费中的占比更高，检查费的增长幅度更大。

针对以上问题，应在不断增加总供给的同时从多方面进行优化，缩小我国城乡、地区、各类机构间的医疗资源差距，使政府、个人和社会合理分担医疗费用。其一，应积极参照世界主要发达国家的各项指标，不断增加我国医疗卫生机构、人员、床位等资源供给。其二，应追求我国城乡之间的医疗资源均衡配置，提升农村居民的人均医疗保健支出水平，降低农村居民医疗保健支出占消费性支出的比例。其三，应追求我国地区之间的医疗资源均衡配置，重视东部地区人均医疗资源相对紧张的问题，提高西部地区医疗卫生机构的工作效率，加强对中西部地区乡村医生和卫生员的培训，提高西部地区的卫生总费用。其四，应追求我国各类医疗卫生机构之间的医疗资源均衡配置，按需为基层医疗卫生机构配置高价值设备，积极解决基层医疗卫生机构的危房问题。其五，不断优化我国政府、个人、社会之间的费用分担比例，逐渐提升卫生总费用中的政府支出占比，抑制居民医疗保健支出和医药费用的过快增长。

在适老化改革方面，要重视老年人口比例的增长，加强医疗卫生机构建设。可以在综合医院中成立老年病科或老年病房，也可以建设康复院、护理院、临终关怀院等专业化的老年病医院和老年病相关专科医院。同时，应统一行业标准，设置规范的老年急救病房、长期护理病房、康复病房和临终关怀病房，建立家庭医疗、社区服务、老年病科、老年病医院、老年护理院等的老年医疗服务和转诊标准。此外，要重视老年人的专业或特殊医疗需求，加强医疗卫生领域的人才培养。应尽快完善包括老年学、医学、社会行为学、伦理学和环境学等在内的老年病培训体系，面向不同学历阶段的医学生开设老年病课程，在学历教育之外展开针对全科医生、内科医生等的继续教育培训。还要努力减轻老年人，特别是中西部农村老年人的医疗负担，抑制医药费用的过快增长，在增加老年人收入的同时完善医疗保障制度，降低个人付费比例。

2. 我国医疗卫生机构的工作现状要求医疗服务适老化改革

从我国医疗卫生机构的工作数量来看，我国的医疗服务供给呈现以下特点。第一，随着收入水平的提高、医保制度的完善、医疗卫生机构服务能力的提升，我国医疗卫生机构的诊疗人次和入院人数不断增加，居民平均就诊次数和居民住院率不断上升，诊疗和住院需求都在不断扩大。第二，我国城乡居民的两周就诊率和住院率近年来都出现了明显增长，多数年份里农村居民的两周就诊率高于城市居民，近年来农村居民的住院率升高、反超城市居民。第三，公立医院医师日均担负的诊疗人次数和住院床日数都高于民营医院，公立医院医师日均担负的诊疗人次数近年来出现了上扬趋势，且公立医院医师日均担负的住院床日数并未像民营医院一样出现降低趋势，公立医院医师的工作量巨大。

从我国医疗卫生机构的工作质量来看，我国的医疗服务供给呈现以下特点。第一，我国四类医疗卫生机构的出院者占用总床日数均呈上升趋势，其中，医院的该项指标增长尤为显著。第二，除医院外的三类医疗卫生机构的病床使用率都较低，而医院的病床使用率与最佳区间也尚有一定距离，医疗卫生机构床位空置率依然较高，需进一步优化服务、提高效率。第三，虽然我国各类医疗卫生机构的病床周转次数无明显提升、病床工作日都呈总体下降趋势，但不同医疗卫生机构的病床利用情况差异巨大：医院的病床几乎全年都处于使用状态，而其他医疗卫生机构的病床一年之中有一大半时间没有病人使用。第四，我国各类医疗卫生机构的出院者平均住院日多寡不一，近年来虽然小有波动，但都未出现显著下降，需要在确保医院服务质量的前提下有效缩短出院者平均住院日。

　　针对以上现状，我国各类医疗卫生机构应不断增加服务供给以满足居民快速增长的诊疗和住院需求，在保证医疗服务质量的前提下提升工作效率，从以下几个方面迎接挑战。其一，重视农村居民急速增长的诊疗和住院需求，在增加医疗服务供给时要适当向农村地区和农村居民倾斜。其二，重视公立医院医师的巨大工作压力，正确引导民营医院优质发展，为公立医院分流。其三，加强门诊与病房之间的高效配合，确保对患者进行及时诊断、治疗，提高病床使用率和病床周转次数，减少床位空置率。其四，做好急性患者的转诊工作和轻症患者的出院工作，有效缩短患者住院时间，减少出院者平均住院日。其五，重视各类医疗卫生机构之间的病床周转次数和病床工作日差异，对各类医疗卫生机构做出分工调整，降低医院的病床工作日，鼓励闲置资源向新型机构及床位转型。

　　在适老化改革方面，各类医疗卫生机构应积极转型，提高对老年患者的医疗服务效率。应划清医疗和养老服务的界限、加强医疗卫生机构和养老机构之间的合作与衔接，鼓励闲置医疗资源转型。要对患有急重症、老年痴呆、老年综合征、合并智障、肢体残疾和功能障碍的以及需要进行长期照料、临终关怀的老年患者进行系统的评估、康复和综合干预。也要扭转涉老医疗服务重治疗、缺照料的局面，发展养护照顾型医疗机构，通过医生、康复师、药师、营养师、心理师和护士组成的团队进行多学科管理。还要加强社区卫生服务中心与医院之间的紧密合作，建立家庭照料、社区中心、社区综合医院和医院之间的完整服务体系，制定适合老人的就医和转诊流程，避免居民盲目求医造成医疗资源浪费。

第三章 积极老龄化视域下的
老年人就医困境

前文的理论梳理过程基本明确了成功老龄化、健康老龄化、积极老龄化等思想对我国老龄医疗健康事业的指导作用。前文的数据分析过程也证实了我国医疗服务适老化改革的必要性。然而，我国当前的老龄健康政策还需要综合、细致地分析，我国老年人的就医现状和就医困难也需要得到客观的描述和反映。本章一方面在健康中国战略背景下将各省份"规划纲要"作为研究对象，从政策层面分析老龄健康相关的政策要点和政策盲区；另一方面将城市门诊老年患者和农村患病空巢老人作为调研对象，发现老年人就医过程中的困难或困境。

一 "健康规划纲要"中的老龄政策分析

（一）健康中国战略背景及研究设计

1. 健康中国战略背景

随着老龄人口占比的增长，非健康老年人口的规模不断扩大，老年医疗卫生服务需求持续增长。[①] 在这一背景下，有关老年健康政策或老龄健康问题的研究不断出现。改革开放以来的老年健康政策

---

① 陈银萍：《长寿更要健康：延长健康预期寿命》，《中国人口报》2021年5月17日。

得到了有效整理①，老龄健康公平问题得到了较为充分的讨论②，积极老龄化和健康老龄化思想得到了广泛重视，健康老龄视域下的老年人照护、医养结合、精神健康等问题也备受学者们的关注③。

　　2016年10月25日，中共中央、国务院印发并实施了《“健康中国2030”规划纲要》，制定了截至2030年的全民健康计划与目标，旨在提高包括老年群体在内的全民健康水平④。在《“健康中国2030”规划纲要》的指导下，各省（自治区、直辖市）结合当地卫生健康实际情况，发布了各地区版“健康规划纲要”（以下简称“规划纲要”）。此后，有关《“健康中国2030”规划纲要》的分析文章频繁出现。一些研究从宏观视角重新梳理了社会政策的健康意蕴，呼吁以“健康中国”国家战略的提出为契机构建崭新的中国社会政策体系。⑤另一些研究则从微观视角解读了《“健康中国2030”规划纲要》，明确了全民健身运动、群众体育发展、医体融合等问题的走向⑥，

---

① 裴晨阳等：《我国老年健康服务政策的发展演变与未来建议》，《中国卫生政策研究》2020年第11期，第77~82页。张福顺、刘俊敏：《中国老龄健康政策研究：演进与主要议题》，《老龄科学研究》2021年第5期，第1~10页。何强等：《基于政策工具视角的我国老年健康服务业政策分析》，《医学与社会》2020年第6期，第47~52页。

② 景丽伟等：《我国老龄健康公平社会决定因素分析及对策》，《中国卫生政策研究》2020年第9期，第1~7页。刘玮玮、贾洪波：《制度伦理视域下老龄健康公平》，《医学与哲学》2021年第19期，第10~15页。

③ 孙鹃娟：《健康老龄化视域下的老年照护服务体系：理论探讨与制度构想》，《华中科技大学学报》（社会科学版）2021年第5期，第1~8、42页。陈社英、杨婷：《老龄及精神健康研究的社会学定性方法——对中国社会政策研究的启示》，《人口与社会》2019年第5期，第3~14、2页。

④ 《中共中央 国务院印发〈“健康中国2030”规划纲要〉》，http://www.govcn/zhengce/2016-10/25/content_5124174.html。

⑤ 岳经纶、黄博函：《健康中国战略与中国社会政策创新》，《中山大学学报》（社会科学版）2020年第1期，第179~187页。

⑥ 周碎平：《从〈“健康中国2030”规划纲要〉透析全民健身运动的走向》，《南京体育学院学报》（社会科学版）2017年第1期，第59~63、69页。高建玲：《〈“健康中国2030”规划纲要〉起草背景及其群众体育社会效应解读》，《广州体育学院学报》2019年第5期，第1~6页。戴素果：《健康中国理念下老年健康促进的体医深度融合路径》，《广州体育学院学报》2017年第3期，第13~16页。

部分文献还在《"健康中国 2030"规划纲要》框架下对某一特定
技术保障①或公民权利②进行了研究。还有研究分析了各省份"规
划纲要"的特色与亮点,对比了各省份"规划纲要"与《"健康
中国 2030"规划纲要》的异同点。③

　　以上研究强调了老龄健康政策的重要性,确立了积极老龄化、
健康老龄化等思想对我国老龄健康政策的指导作用,也开始了对
《"健康中国 2030"规划纲要》和各省份"规划纲要"的详细解读
和比较分析,这为本研究提供了充足的理论基础和丰富的观察视
角。然而,各省份"规划纲要"中的老龄健康内容尚未得到充分
的解读,现有研究也尚未在积极老龄化或健康老龄化思想指导下
发现各省份"规划纲要"的政策盲区,这给本书留下了较大的研
究空间。因此,本书以积极老龄思想等为指导,借助 NVivo 12 软
件的质性研究功能,分析各省份"规划纲要"在解决老年人健康
问题方面的政策要点和政策盲区,以求为我国今后老龄健康政策
的制定提供科学的意见和建议。

　　2. 研究设计

　　(1) 政策文件的来源与选择

　　第一,本书在选取政策文件时遵循权威性原则。本书选取的
所有政策文本均为各省委、省人民政府颁布的正式文件,所有政
策原文均可从中央政府、各省(自治区、直辖市)政府、卫健委、
人社厅等部门的官网公开查阅。第二,本书在选取政策文件时遵
循全面性原则。政策文本的收集范围包括全国 34 个省级行政区,
除 11 个无法从公开渠道获取政策文件的省(自治区、直辖市)

---

① 张秀等:《"健康中国 2030"规划框架下我国健康信息政策内容分析》,《情报
理论与实践》2020 年第 9 期,第 24~31 页。
② 熊回香等:《面向"健康中国 2030"的我国省级健康政策研究及启示——基于
"工具—大健康—健康权"的探索》,《情报理论与实践》2021 年第 6 期,第
28~36 页。
③ 吴韶嫣、李跃平:《"健康中国"建设中各省市健康政策研究》,《中国公共卫
生》2019 年第 9 期,第 1105~1109 页。

外，本书最终汇总了 2016 年 12 月 9 日~2018 年 7 月 10 日各地制定出台的"规划纲要"23 份（见表 3-1）。

表 3-1　各地在《"健康中国 2030"规划纲要》指导下制定的
"规划纲要"一览

颁布时间	文件名称	政策来源
2016 年 12 月 2 日	《"健康青海 2030"行动计划》	中共青海省委、青海省人民政府
2016 年 12 月 9 日	《"健康宁夏 2030"发展规划》	中共宁夏回族自治区委员会、宁夏回族自治区人民政府
2016 年 12 月 17 日	《健康浙江 2030 行动纲要》	中共浙江省委、浙江省人民政府
2016 年 12 月 29 日	《关于贯彻〈"健康中国 2030"规划纲要〉的实施意见》	中共河北省委、河北省人民政府
2017 年 1 月 18 日	《"健康中原 2030"规划纲要》	中共河南省委、河南省人民政府
2017 年 2 月 10 日	《"健康江苏 2030"规划纲要》	中共江苏省委、江苏省人民政府
2017 年 2 月 20 日	《"健康龙江 2030"规划》	中共黑龙江省委、黑龙江省人民政府
2017 年 2 月 28 日	《"健康四川 2030"规划纲要》	中共四川省委、四川省人民政府
2017 年 4 月 19 日	《"健康安徽 2030"规划纲要》	中共安徽省委、安徽省人民政府
2017 年 5 月 11 日	《"健康吉林 2030"规划纲要》	中国吉林省委、吉林省人民政府
2017 年 6 月 1 日	《"健康广西 2030"规划》	中共广西壮族自治区委员会、广西壮族自治区人民政府
2017 年 6 月 5 日	《"健康福建 2030"行动规划》	中共福建省委、福建省人民政府
2017 年 6 月 16 日	《"健康江西 2030"规划纲要》	中共江西省委、江西省人民政府
2017 年 6 月 21 日	《"健康山西 2030"规划纲要》	中共山西省委、山西省人民政府

颁布时间	文件名称	政策来源
2017 年 7 月 6 日	《"健康内蒙古 2030"规划纲要》	中共内蒙古自治区委员会、内蒙古自治区人民政府
2017 年 7 月 18 日	《"健康湖南 2030"规划纲要》	中共湖南省委、湖南省人民政府
2017 年 8 月 10 日	《"健康湖北 2030"行动纲要》	中共湖北省委、湖北省人民政府
2017 年 8 月 11 日	《"健康云南 2030"规划纲要》	中共云南省委、云南省人民政府
2017 年 9 月 7 日	《"健康北京 2030"规划纲要》	中共北京市委、北京市人民政府
2017 年 12 月 31 日	《"健康辽宁 2030"行动纲要》	中共辽宁省委、辽宁省人民政府
2018 年 2 月 11 日	《"健康山东 2030"规划纲要》	中共山东省委、山东省人民政府
2018 年 4 月 2 日	《"健康上海 2030"规划纲要》	中共上海市委、上海市人民政府
2018 年 7 月 10 日	《"健康兵团 2030"规划纲要》	新疆生产建设兵团党委、新疆生产建设兵团

（2）研究工具及方法

本书主要运用 NVivo 12 软件的词频分析、编码分析和聚类分析功能对 23 份"规划纲要"文本进行质性研究。其中，词频分析功能被用于初步确立本研究的分析框架，编码分析功能被用于解读政策内容，聚类分析功能被用于发现政策盲区。

本书的编码过程基于扎根理论研究方法进行。收集和导入政策文本后，按照由前到后的顺序依次将所有涉及老年群体的政策内容都纳入编码中。一级编码过程始终保持价值中立原则，以确保客观呈现政策文本状态。二级编码过程对已经存在的编码进行分析、归纳并发现它们之间的关联。三级编码过程进一步分析之前归纳的逻辑关系，形成几个核心类属，最终使核心类属囊括全部编码。每次编码形成一个参考点，当某个政策文本中同一内容可归纳至多个子节点时，则进行多次编码，形成相应次数的参考点数量。为了避免主观判断对编码环节的干扰，编码过程由两名科研人员共同完成。在背对背完成第一轮三级编码后，对两人的编码结果进行比对和修正，最终形成第二轮三级编码结果。

（3）理论基础及分析框架

本书借鉴孙鹃娟有关"健康老龄化内涵与要素的本土化探讨"①，强调健康老龄化思想的三方面指导作用。首先，健康老龄化思想重视老年人口内部的健康差异，建议从观念上纠正"老年人体弱多病、依赖他人照料"的刻板印象，提倡发挥健康老年人在社会、家庭中的人力资本作用。其次，健康老龄化思想强调环境建设对于老龄健康的重要意义，这里的环境既包括居住环境、交通环境等硬性环境，也包括文化观念、制度政策等软环境。最后，健康老龄化思想强调健康投入的效能，将公共卫生支出视为一种投资，重视预防保健、体育锻炼等的积极作用。

本研究的分析框架根据 NVivo 12 的词频分析结果初步确立。为了突出研究主题、过滤干扰信息，本研究首先通过一级编码选取了所有与老年人健康相关的政策文本，在此基础上对所有父节点下的文本进行词频分析。两类词汇被列入停用列表：第一类是政策文本中经常和"老年人"并列出现的其他重点人群，如"妇女""儿童"等；第二类是不能表达政策重点或不能指代具体政策内容的动词、虚词等，如"提高""减少""重大""力度""开展""发展"等。词频分析的结果如表 3-2 所示。

表 3-2　老年政策相关节点的词频分析结果

高频节点	出现次数	高频节点	出现次数	高频节点	出现次数
健康	1215	心理	132	困难	82
服务	951	社会	125	设施	80

---

① 孙鹃娟：《健康老龄化视域下的老年照护服务体系：理论探讨与制度构想》，《华中科技大学学报》（社会科学版）2021 年第 5 期，第 2~5 页。

高频节点	出现次数	高频节点	出现次数	高频节点	出现次数
医疗	641	公共	115	商业	80
养老	434	家庭	113	信息	79
护理	403	数据	113	产业	75
老年人	400	预防	102	工作	70
建设	246	高龄	97	中医	69
慢性病	200	技术	93	人才	68
老年	169	居家	89	公平	65
全民	157	中医药	89	资源	58
城乡	153	体育	87	移动	58
健身	152	住院	86	膳食	56
老人	151	医院	86	均等	55
社区	143	互联网	85	残疾	54
基层	132	环境	84	疾病	52

首先，表3-2中"健康""服务""医疗""养老""护理""老年人"等词语出现的频率较高。这说明在各省份"规划纲要"中，老年人的健康和养老问题得到了高度重视。这一结果也同时说明，本研究的一级编码围绕老年人健康展开是基本科学、可行的。其次，"慢性病""高龄""残疾"等特殊年龄群体或特殊病患群体出现的频率也较高，这说明各省份开始关注不同老年群体需求的差异性。再次，表3-2中"健身""心理""预防""膳食"等词语出现的频率也较高。这说明各省份"规划纲要"开始重视老年人的疾病预防工作、关注老年人的心理健康问题，也开始认同老年人体育运动的重要性。最后，"建设""基层""环境""设施"等词语，以及"数据""技术""互联网""信息""人才"等代表保障措施的词语开始频繁出现。因此，根据词频分析结果，本研究一方面重视老龄健康服务内容的多元化特征，另一方面兼顾不同老年群体以及特殊老年群体的医疗和健康差异。研究将从对象群体、服务内容、环境建设和保障措施四个基本方面展开分析。

（二）各省份"规划纲要"的老龄健康政策要点

在本研究的一级编码过程中，课题组对 23 份政策文本进行了逐字、逐句的阅读与分析，最终形成了 1166 个参考点。二级编码过程对所有的参考点进行总结归纳，进而形成了 65 个一级子节点和 20 个二级子节点。例如，将"基本医疗保险""大病保险""护理保险"归纳为"社会保险"。三级编码过程对各个二级子节点之间的联系进行思考和分析，进而归纳形成"对象群体"、"服务内容"、"环境建设"和"保障措施" 4 个父节点。这些存在着内在联系的树状节点共同诠释了各省份"规划纲要"的内容重点和层次结构。23 份政策文本均对老龄健康工作的服务内容、环境建设和保障措施进行了描述，其中，有 21 份文本对政策的对象群体进行了说明。4 个父节点的参考点数量分别为对象群体 92 个、服务内容 649 个、环境建设 218 个、保障措施 207 个。

1. 老龄健康政策实施对象的要点分析

表 3-3 显示了各省份"规划纲要"中老龄健康政策实施对象的参考点分布情况。在 21 份政策文本中，有关对象群体的参考点共有 92 个，具体子节点包括失能老人、经济困难老人、高龄老人、老年慢性病患者、失智老人以及留守（空巢）老人。这一人群划分重视不同老人的不同健康及医疗需求，遵从了健康老龄化思想中"重视老年人口内部健康差异"的建议。在以上对象群体中，失能老人（19）、经济困难老人（18）、高龄老人（18）和老年慢性病患者（18）的参考点数量较多。这说明，各个省份对这四类老人的健康问题都比较重视，原因可能包括失能老人及高龄老人普遍健康状况不佳、经济困难严重限制老人就医、老年慢性病患者数量庞大等。值得一提的是，各省份不仅从预防和治疗两方面关注到了慢性病患者，还对不同病症的老年慢性病患者进行了分类。失智老人的参考点数量为 14 个，这类老人的健康问题尚未受到普遍关注，可能是由其发现、治疗和护理困难等造成的。留守（空巢）老人的参考点数量极少，23 个省份中只有 5 个省份

关注了这一群体。

表3-3　各省份"规划纲要"中老龄健康政策实施对象的参考点分布情况

单位：处，个

父节点	一级子节点	材料来源	参考点
对象群体（92）	失能老人	19	19
	经济困难老人	18	18
	高龄老人	18	18
	老年慢性病患者	18	18
	失智老人	13	14
	留守（空巢）老人	5	5

2. 老龄健康服务内容的政策要点分析

表3-4显示了各省份"规划纲要"中老龄健康服务内容的参考点分布情况。在23份政策文本中，与服务内容相关的参考点共有649个，具体包括医疗服务、医疗保险服务、预防保健服务、医养结合服务、心理健康与关怀服务、营养改善、体育健身服务7个二级子节点。以上健康服务内容突破了以往"健康服务即医疗、医治"的认知局限，体现了"强调健康投入效能，重视预防保健和体育锻炼"的健康老龄化思想。在这些健康服务中，医疗服务（243）、医疗保险服务（105）、预防保健服务（104）和医养结合服务（95）的参考点数量都较多。医疗服务具体包括提供慢性病护理服务、提供康复期管理服务、开展安宁疗护、保障老年人用药、基层医疗卫生服务、提供住院期治疗服务、提供家庭医生医疗巡诊服务、开展老年人体检服务。医疗保险服务具体分为社会保险和商业保险。预防保健服务中不仅包括慢性病、传染病和重点地方病的预防，还包括残疾预防和意外伤害预防。医养结合服务主要从两个方面展开：一是促进医疗机构与养老机构相结合，二是提供社区（居家）养老护理服务。医疗机构与养老机构相结合具体包括在医疗机构与养老机构之间设置转诊绿色通道、为养老机构设置定点医

疗机构、养老机构与医疗机构开展康养协作、医疗机构探索养老服务等多种形式。虽然心理健康与关怀服务（38）、营养改善（33）、体育健身服务（31）三个二级子节点的参考点数量并不多，但各省份"规划纲要"均对这三项内容提出了具体工作建议。

表3-4 各省份"规划纲要"中老龄健康服务内容的参考点分布情况

单位：处，个

父节点	二级子节点	一级子节点 （按参考点数值降序排列）	材料来源	参考点
服务内容 （649）	医疗服务	提供慢性病护理服务、提供康复期管理服务、开展安宁疗护、保障老年人用药、基层医疗卫生服务、提供住院期治疗服务、提供家庭医生医疗巡诊服务、开展老年人体检服务	23	243
	医疗保险服务	社会保险、商业保险	23	105
	预防保健服务	慢性病预防、传染病预防、重点地方病预防、残疾预防、意外伤害预防	23	104
	医养结合服务	促进医疗机构与养老机构相结合、社区（居家）养老护理服务	23	95
	心理健康与关怀服务	心理疾病的有效干预、心理问题的早期发现和预防、普及心理健康知识、提供心理健康咨询服务	23	38
	营养改善	普及膳食营养知识、指导养老机构营养健康工作、开展老年人群营养干预行动、开发适合老年人的营养强化食品	23	33
	体育健身服务	开展适合老年人参与的体育健身活动、科学指导老年人健身、制订老年人体质健康干预计划、建设公益性老年人健身体育设施、打造老年人健身活动品牌、建设体育人才队伍、支持老年体育组织的建设与发展	23	31

3. 老龄健康环境建设的政策要点分析

表 3-5 显示了各省份"规划纲要"中老龄健康环境建设的参考点分布情况。在 23 份政策文本中，与环境建设相关的参考点共有 218 个，具体包括医疗卫生环境建设、营造健康生活环境、适老化环境建设三方面内容。以上环境建设内容很好地呼应了健康老龄化思想中环境建设对于老龄健康的重要意义。23 个省份的"规划纲要"都提到了"医疗卫生环境建设"（115），该子节点的参考点数量也最多，内容具体包括医疗资源均等化配置、整合型医疗卫生服务体系建设和中医医疗服务网络建设。其中，医疗资源的均等化配置既强调医疗资源在城乡、地区之间的均衡配置，也强调医疗资源在不同群体之间的均衡配置。代际间的医疗资源均等化配置措施具体可包括建立老年人康复场所、加强老年病医疗机构建设等。建设整合型医疗卫生服务体系和中医医疗服务网络在提升整体医疗服务效率、节约医疗服务成本方面能够起到巨大作用，也将为老年人就医提供更多便利选择。老龄健康环境建设的第二个重要内容是"营造健康生活环境"（97），具体内容包括城乡卫生环境建设、建设健身活动场所等。城乡卫生环境建设的具体举措包括控烟限酒、卫生治理等，建设健身活动场所的具体举措包括建设全民健身场地、建设体育生活化社区等。"适老化环境建设"的材料来源数量（4）和参考点数量（6）最少，说明仅有个别省份意识到了适老化环境建设的重要性，大多数省份并未对适老化环境建设的方向和内容做出具体指示。

表 3-5 各省份"规划纲要"中老龄健康环境建设的参考点分布情况

单位：处，个

父节点	二级子节点	一级子节点 （按参考点数值降序排列）	材料来源	参考点
环境建设 （218）	医疗卫生环境建设	医疗资源均等化配置、整合型医疗卫生服务体系建设、中医医疗服务网络建设	23	115

父节点	二级子节点	一级子节点 （按参考点数值降序排列）	材料来源	参考点
环境建设 （218）	营造健康生活环境	城乡卫生环境建设、建设健身活动场所	23	97
	适老化环境建设	推进无障碍设施建设、提高涉老机构健康服务能力、举办公益性老年大学	4	6

4. 老龄健康保障措施的政策要点分析

表 3-6 显示了各省份"规划纲要"中老龄健康保障措施的参考点分布情况。在 23 份政策文本中，与保障措施相关的参考点共有 207 个，具体包括人才培养、技术支持、老龄健康产业发展和地区间交流四方面内容。所有省份均关注老龄健康工作的人才保障问题，"人才培养"子节点的参考点有 58 个，具体培养的人才类别包括护理员、全科医生、心理咨询师、体育指导员、康复服务人员等。大部分省份都将"技术支持"（87）写进了"规划纲要"，该子节点的参考点数量最多，类别也非常丰富。20 个省份提到了"老龄健康产业发展"（43）问题，重点举措包括支持社会力量兴办医养结合机构、建设健康养老旅游基地、开发老年服务产品、培育养老服务企业、发展健康养老产业园等。上海市还创新性地提出了要加强对老龄健康相关市场的监管。一部分省份意识到"地区间交流"的重要性，该子节点的参考点数量为 19 个，具体包括国际交流、省际交流，以及内地与港澳台的交流。

表 3-6　各省份"规划纲要"中老龄健康保障措施的参考点分布情况

单位：处，个

父节点	二级子节点	一级子节点 （按参考点数值降序排列）	材料来源	参考点
保障措施 （207）	人才培养	培养老年护理人才、培养全科医生、培养心理咨询师、培养体育指导员、培养康复人才、培养乡村医生、培养老年医学专业人才、培养医务社工	23	58

父节点	二级子节点	一级子节点 （按参考点数值降序排列）	材料来源	参考点
保障措施 （207）	技术支持	大数据应用、物联网技术应用、移动互联网技术应用、人工智能技术应用、云计算应用、生物三维打印技术应用、虚拟现实技术应用	21	87
	老龄健康产业发展	支持社会力量兴办医养结合机构、建设健康养老旅游基地、开发老年服务产品、培育养老服务企业、发展健康养老产业园、建设健康养老型公寓、加强老年人健康相关的市场监管、建设健康养老型公寓	20	43
	地区间交流	国际交流、省际交流、内地与港澳台的交流	14	19

（三）各省份"规划纲要"的老龄健康政策盲区

本研究的政策盲区分析从两个侧面展开。一方面，通过 NVivo 12 的聚类分析结果对"规划纲要"文本的编码节点进行观察，从而发现政策中的薄弱环节；另一方面，将编码框架与健康老龄化思想进行比对，进而发现现有政策的盲区。本书以 Jaccard 相关系数为度量方式对 4 个父节点（对象群体、服务内容、环境建设、保障措施）下的二级子节点进行了聚类分析。当编码相似性在 0.5~1 之间时，得到了能够清晰体现政策盲区的聚类分析结果（见图 3-1）。在图 3-1 中，编码之间的相似性是通过连线的粗细来表示的，线越粗说明编码之间的相似度越高，反之则说明编码之间缺乏相似性；政策重点和政策盲区是通过线条的密集程度来表示的，线条越密集说明该领域在政策文本中越受重视，线条越稀薄说明该领域在政策文本中越被忽视。

1. 对留守（空巢）老人健康的关注度不高

如图 3-1 所示，留守（空巢）老人与其他节点的联系并不密

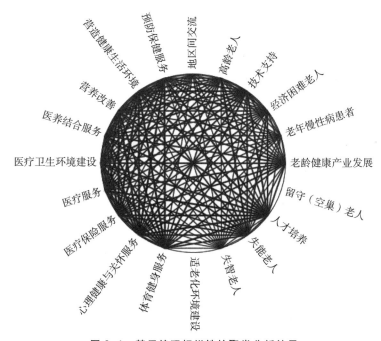

图 3-1 基于编码相似性的聚类分析结果

切，可能是目前各省份"规划纲要"的薄弱环节。在政策对象群体中，老年慢性病患者和经济困难老人受到了高度关注，高龄老人也在各省份政策文本中被普遍提及，这三种类型的老年人与其他节点的联系都较为密切，但留守（空巢）老人获得的关注度却非常低。通过前期编码结果可知，只有黑龙江、内蒙古、河南等5省份提出要加强对留守（空巢）老人的关爱，帮助他们建立健康的生活方式，其余省份的政策文本并未提及该群体。留守（空巢）老人的健康问题未得到广泛关注的原因可能是多方面的，例如留守（空巢）老人中包括一定比例的低龄健康老人、识别留守（空巢）老人群体存在难度以及留守（空巢）老人群体人数过多难以施政等。

2. 对适老化环境建设的重视程度不高

如图 3-1 所示，适老化环境建设与其他节点的联系并不密切，可能是目前施政政策中的第二个薄弱环节。在环境建设方面，医疗卫生环境建设和营造健康生活环境与其他节点的联系都较为密切，在各省份政策文本中被提及的频率较高，但适老化环境建设却未引起广泛重视。从编码结果可以看出，目前提出适老化环境建设的省份只有4个（北京、上海、广西、河南），参考点数仅有6个。北京、上海、广西3个省（直辖市）侧重推进无障碍设施建设，以保障老年人出行安全；河南省侧重引导涉老机构开设体育和健康养生课程、举办公益性大学等。除上述省份外，其余省份均未在"规划纲要"中明确提出有关适老化环境建设的建议与具体措施，这说明当前各省份对于适老化环境建设的重视程度不高。

3. 尚未强调低龄健康老年群体的优势

健康老龄化思想倡导从观念上纠正"老年人体弱多病、依赖他人照料"的刻板印象，建议发挥健康老年人在社会、家庭中的人力资本作用。然而，对23份"规划纲要"文本的观察和编码结果显示，虽然绝大多数省份将老年人整体列为特殊人群并对其进行了关注，但并未强调低龄健康老年群体的优势，这可能是目前多省"规划纲要"的政策盲区。在23份"规划纲要"中，只有四川省提出了"要创造老年人发挥个人知识、技能、经验等作用的条件，在服务社会中提高老年人生活质量、生命质量"，其余省份均未出台具体措施帮助老年人实现自身价值。固有印象和偏见是造成此政策盲区的主要原因。健康老龄化思想尚未在我国得到全面推广和普及，目前各地政策仍将老年人口视为负担、弱势群体，对低龄或健康老年人的角色定位存在一定偏差，我国老龄人力资源也未得到有效的开发和利用。

（四）健康中国战略背景下的老龄健康政策优化方向

1. 积极关注留守（空巢）老人的健康问题

空巢化仍是农村地区家庭未来一段时间的发展趋势，许多研究也显示留守（空巢）老人的生活自理能力、认知能力以及心理健康水平较低①，具有患病率高、护理需求高、健康教育需求较为迫切等特点②。对于这一群体的健康问题应从以下几个方面加以重视。第一，应加强对留守（空巢）老人的分类识别和有效管理：一方面，对留守（空巢）老人中的高龄、贫困、患病群体开展日常体检和定期走访；另一方面，对其中的低龄健康老人进行健康知识普及。同时，要着手建立留守（空巢）老人紧急救护、陪同就医和住院陪护机制。第二，要构建留守（空巢）老人的社会支持网络，向老人提供工具性支持和情感性支持，使老年人能够从家庭网络、社区网络以及社会网络中获取物质和精神支持。工具性支持主要是对老年人医疗照护需求的支持或者是物质支持，情感性支持是为满足老年人各种情感需求所提供的社交、心事倾诉、情绪宣泄等精神支持。第三，应完善面向留守（空巢）老人的医疗服务系统，提高留守（空巢）老人的医疗资源可及性。例如，引导家庭医生优先与留守（空巢）老人签约，使其享受到优质的医疗卫生服务。又如，通过开展免费体检等方式，帮助留守（空巢）老人了解自身健康状况。再如，大力发展智慧医疗，利用智能设备实时监测老年人的健康状况。

2. 因地制宜开展适老化环境建设

适老化环境建设主要包括三方面内容，分别是居住环境的适老化建设（改造）、公共场所适老化环境建设和人文环境的适老化建设。在居住环境的适老化建设（改造）方面，可以结合农村危房改造工作，对纳入特困供养、建档立卡范围的高龄、失能、残疾老年人家庭实施住房适老化改造。对空间布局、地面、扶手、厨房设备、如厕洗浴设备、紧急呼叫设备等进行适老化改造和维修，可以降低老年人发生意外的风险，提高老年人的身体健康水

---

① 田君叶等：《空巢老人对社区医疗护理需求的质性研究》，《护理管理杂志》2010 年第 6 期，第 383~385 页。

② 祝雪花等：《空巢老人健康状况及社区护理需求的调查研究》，《护理学杂志》2006 年第 15 期，第 69~70 页。

平。公共场所适老化环境建设包含诸多方面，例如社区设施、交通设施、商业设施、医疗服务设施、科技服务设施等的建设（改造）。社区设施方面，可以从老年人的需求出发，在坡道、楼梯、电梯等通行区域或休息场所增设扶手和标识信息；交通设施方面，要加强对城市道路、公共交通工具等的无障碍建设和改造；商业设施方面，要广泛使用慢速电梯、大字标签、轻量化购物车，构建无障碍购物环境；医疗服务设施方面，要尝试通过改良电梯设计、合理调整扶梯速度、放大医院内标识等方式构建无障碍就医环境；科技服务设施方面，要着重考虑老年人的特殊需求，开发适合老年人使用的智能工具，不断填补代际间的"数字鸿沟"。在人文环境的适老化建设方面，应为老年人提供良好的社会氛围，使其能够更加便利地获取医疗卫生知识、更加独立和自主地实现就医。例如，在医院环境中为老年人提供友善助医或导医服务，改善老年人的就医体验、简化老年人就医流程；通过开设老年大学等方式帮助其学习医疗卫生知识，增进沟通与交流，减少老年人生理和心理疾病的发生。

3. 发挥低龄健康老年群体的优势与能动性

第七次全国人口普查数据显示，我国 60~69 岁的低龄老年人口数量占全体老年人口数量的 55.8%。其中，拥有高中及以上文化程度的有 3669 万人。随着时间的推移，低龄老年人中受教育水平较高者所占的比例还将不断提高。低龄老年人大多健康状况良好，具有发挥余热和作用的潜力，应该在医疗和卫生工作中重视这一群体的优势与能动性。一方面，应进一步倡导健康老龄化思想，扭转当前政策内容将老年人口视为负担和弱势群体的局面，积极探索低龄老年人的人力资源功能。例如，可以鼓励低龄健康老人凭借其丰富的工作经验与相关知识，对周围老年群体开展疾病以及健康知识宣讲，倡导健康生活；鼓励低龄健康老人参与到照顾高龄、失能等老年人的工作中，这样不仅可以缓解当前我国照护人员紧缺的问题，还能让低龄老年人提前对高龄生活形成一定的认知。另一方面，要加强社会工作者和志愿者队伍建设，进而促进低龄健康老人的社会参与。利用志愿者服务提升低龄老年人的智慧生活能力，具体内容包括利用智能手机获取健康信息、利用智能手机记录健康状况、使用可穿戴设备进行健康监测、利用自助设备就医缴费等。目前，我国低龄健康老人参与志愿服务的意愿较高①，也可以通过组建低龄健康老年志愿者团队的方式实现"老老互助"。

二 城市门诊老龄患者就医困境实证研究

随着我国老年人口数量的增加，老年人的诊疗和住院服务需求也随之增加。相对于住院和急诊，老年人在日常生活中对门诊的利用更加频繁，从门诊入手研究老年人的就医需求与就医困境具有更大的现实意义。同时，对于调研人员来说，进入门诊展开观察和访谈所遇到的障碍更少，与门诊患者沟通也更具便利性。截至 2019 年底，南昌市 65 岁以上的老年人数量为 62.42 万人，占南昌市总人口的 11.15%，这一占比水平与全国水平相近，且同样呈现逐年上升的趋势。此外，南昌市的经济发展速度、人均收入水平等在全国各省会城市中处于中等水平，因此以南昌市老年人口作为研究对象具有一定的代表性。本研究选取门诊患者数量较多、门诊就医困难较大的三家南昌市知名三级甲等医院作为观察、访谈和问卷发放的场所，对城市门诊老年患者的就医困境展开调研。

（一）研究方法

首先，本研究运用参与式观察法，对南昌市 F 医院、R 医院和 Z 医院的门诊环境进行观察和记录。观察内容包括门诊大厅的区域

---

① 梁淑雯、李录堂：《低龄老年人力资源再开发方式探究——基于中国老年社会调查数据》，《理论导刊》2018 年第 2 期，第 78~84 页。

划分、导医标识张贴及提示语播放、移动及休息空间设置、窗口的数量及分类、自助服务设备的利用、导医人员的配置、门诊工作人员服务态度等。这一工作既有利于进行医疗机构之间的横向比较，也有利于对门诊医疗服务供给现状与老年人医疗需求进行对比。

其次，本研究运用访谈研究法，对老年门诊就医患者和门诊医护人员（含志愿者和医务社会工作者）进行访谈，访谈内容包括老年人的就诊体验、就诊习惯、就诊困难以及门诊医护人员的工作困难等，旨在通过访谈直观地了解老年人在就诊过程中面临的困境，从而了解门诊医疗服务现状以及老年人的医疗服务需求。

最后，本研究运用问卷检验的方法，通过问卷的方式对观察和访谈的结果进行检验。问卷的发放对象为前述三家医院的老年患者，问卷内容包括老年患者基本情况、老年患者门诊就医困难等。这一工作既可以检验观察法和访谈法的研究结论，也可以为老年人门诊医疗服务的供需对比提供实证参考，从而客观地分析老年人的门诊服务需求、明确老年人的门诊医疗困境。

本研究的观察和访谈工作开始于 2018 年 11 月 1 日，结束于 2019 年 7 月 10 日，平均每周入驻 1 天，平均在每家医院观察和访谈 20 天。问卷调查工作开始于 2019 年 4 月，结束于 2019 年 8 月，共随机发放问卷 375 份，有效回收 350 份。观察员和调研员主要为江西财经大学人文学院的教师和社会工作专业硕士研究生（MSW），他们利用每周一次的医务社会工作实践，分成 3 个小组分别对三家医院的门诊环境和老年人就诊情况进行了观察、访谈及问卷发放。

（二）三家医院门诊就医环境观察情况

本研究在调查过程中首先对南昌市 F 医院、R 医院和 Z 医院的门诊大厅的移动和休息环境情况以及服务情况进行了观察，以此了解这三家医院的门诊就医环境及可能存在的就医困境，为后面调查、了解老年人的门诊就医困境与满意度做铺垫。

1. 门诊大厅移动及休息环境情况

表 3-7 显示了三家医院门诊大厅的移动及休息环境情况。首先，三家医院都将导诊、人工、自助和休息区域进行了划分，这有利于患者根据其各自需要和偏好选择服务类型。其次，三家医院均在地面上或墙面上张贴了导医标识，这有利于患者更好更快地找到自己要去的位置，但是据观察发现，有些标识的指示功能并不明显，还有一些标识破损严重，很难看清指示内容。再次，三家医院都根据各自的门诊患者数量和门诊大厅结构设置了休息座椅，但观察结果显示，目前的休息座椅数量仍不能充分满足患者的需要。Z 医院尝试设置的 8 个按摩椅利用率并不高，并没有解决患者休息座椅不足的问题。最后，三家医院的直梯都被设置为分层停靠，这虽提高了电梯的运载效率，但也导致很多患者由于乘错电梯而往返多次。Z 医院的扶梯设置则有效缓解了医院移动人流量大的问题。

表 3-7 三家医院门诊大厅移动及休息环境情况

单位：个

	区域划分	导医标识			休息座椅数量		电梯数量	
		地标	墙标	语音提示	普通座椅	按摩椅	直梯	扶梯
F 医院	7	8	3	有	178	0	4	0
R 医院	6	7	6	有	36	0	3	0
Z 医院	5	29	2	无	51	8	4	1

2. 门诊大厅服务情况

表 3-8 显示了三家医院门诊大厅的服务情况。首先，三家医院均保留了优先窗口，主要服务孕妇、70 岁以上的患者、离休干部等人群，这在一定程度上减少了老年人门诊就医的排队等候时间。其次，三家医院都已引入自助服务设备，并且开始用自助服务设备代替人工窗口。但是目前，人工窗口的服务频次仍然很高，自助服务区对人工帮助和指导的需求也很旺盛。再次，三家医院

都对取药窗口进行了分类，这有利于提高取药效率，但是由于就诊患者众多，窗口前仍然经常排着长队。最后，三家医院都在门诊大厅设置了若干导诊人员，但导诊人员的身份差异较大：F 医院的导诊人员全部为医护人员，R 医院则开始尝试引入志愿者服务，而 Z 医院除医护人员外还有 1 名保安承担了自助服务区的导诊工作。

表 3-8　三家医院门诊大厅服务情况

	服务窗口数量（个）				自助设备数量（台）		取药窗口（个）	导诊员数量（人）		
	普通窗口	优先窗口	退费窗口	问题处理	一体机	报告机		医护人员	志愿者	保安
F 医院	0	1	1	2	51	9	11	4	0	0
R 医院	12	1	0	0	10	2	8	5	3	0
Z 医院	7	1	0	0	7	1	3	4	0	1

（三）基于访谈调研的老年患者门诊就医困境研究

本研究在对三家医院的门诊就医环境进行充分观察的基础上，对前来就诊的部分老年患者展开访谈工作，旨在通过访谈了解老年患者在门诊就医过程中面临的具体困境，访谈结果如下。

1. 未能顺利导医的标识和提示语

本研究在访谈过程中发现，老年患者倾向于求助导诊台或门诊服务中心的医务人员、普遍没有养成利用导医标识的习惯，主要有以下几种原因。首先，门诊大厅的导医标识大部分粘贴在地面上，但由于门诊大厅人多拥挤，老年患者很难注意到脚下的箭头或文字。其次，老年患者还指出，门诊大厅的地面导医标识磨损严重、字迹模糊不清，难以指明方向。再次，部分老年患者反映有很多导医标识的指示并不明确，有时同一个标识里有多个指示箭头，有时标识的字迹模糊、很难看懂，根据标识就医反而更加费时。最后，部分老年患者还反映门诊大厅的语音提示音量较小，容易出现因为没听到提示信息而错过号码、重新排队的情况。

2. 老年患者在门诊就医时的移动困难

三家医院的受访老年患者普遍表示，从挂号、就诊到划价、检查、取药，往往需要在各个楼层间往返多次，他们在移动时遇到了很多困难。首先，直梯的等候和乘坐时间过长，效率低下。老年患者在楼层间的移动往往依赖于电梯，但是电梯存在着使用率过高、等候时间过长、乘坐时过于拥挤以及电梯分层停靠困扰等问题，容易造成老年患者身体和精神的双重疲劳。其次，对于老年患者来说，扶梯存在着一定的安全隐患。虽然部分医院通过引入扶梯提高了患者的移动效率，但是老年患者认为扶梯的速度较快，有视力或肢体障碍的患者利用扶梯移动存在眩晕和跌倒的风险。最后，老年患者认为在就医候诊时很难得到良好的休息，这主要与医院休息座椅数量不充足、休息区与就诊等候区位置不统一以及因部分候诊区的叫号系统失效而仍需人工排队等因素有关，老年患者在就医等候上面临着极大的不便。

3. 老年患者在门诊就医时遇到的"人工智能"障碍

自助设备的引入给年轻患者带来了很大的便利，但也为老年患者增加了许多障碍。首先，部分医院的人工挂号、缴费服务窗口被取消，挂号和缴费都需要在微信公众号或自助服务机上进行。一部分高龄老年患者表示他们不会使用智能手机、没有微信账号，难以实现自助挂号和缴费；还有一部分来自农村的老年患者表示他们没有见过自助服务机、文化水平也比较低，因此不敢轻易尝试操作自助机。其次，部分老年患者反映自助服务区的医护人员太少、协助程度不高，不能完全解除老年患者的操作担忧。最后，老年患者在缴费过程中也经常遇到障碍。很多医院的自助设备要求患者用微信、支付宝或银行卡支付，习惯了现金支付的老年患者只能去人工窗口排队等候，这不仅浪费了老年患者的时间，还增添了老年患者的身体负担。

4. 老年患者与医护人员之间的沟通障碍

老年患者在就医时与医护人员之间存在着严重的信息不对称。

很多老年患者在访谈中表示，他们的文化水平不高、医学知识有限，在与医生沟通时存在很大的障碍。老人们往往希望通过医生了解一些有关病情、治疗方案、医疗花销、日常注意事项的信息，但超负荷的工作导致医生们无暇回答患者提出的所有问题，老年患者充分了解病情和获得心理疏导的需求很难得到满足。此外，老年患者们还提到，他们看不清也看不懂医嘱和诊断书上的术语，需要去几楼做哪些检查也并不清楚，对医疗费用构成和医保知识也并不了解，药物的使用情况也容易忘记，这使得老年患者往往需要家人陪同就诊。

（四）老年患者门诊就医困境的问卷检验

本研究在对三家医院的老年患者进行门诊就医困境观察与访谈调查后，对于他们所面临的门诊就医困境已有了较为全面的了解。但是为了增强调查结果的客观性与代表性，本研究向三家医院的部分老年患者发放了有关门诊就医困境的调查问卷，并对回收的问卷进行整理分析，以此来检验本研究的观察和访谈成果。具体分析结果如下。

1. 被调查者基本情况

参与本研究问卷调查的老人共 350 位，其中男性占总人数的51.71%，女性占总人数的48.29%。有67.43%的老人年龄在60~70 岁之间，26.86%的老人年龄在71~80 岁之间，5.71%的老人年龄在80 岁以上。调查对象的学历情况如表3-9 所示，初中学历和高中学历的老人占比最大。在子女情况方面，有2 个及以上子女的老人超过半数，只有1 个子女的老人占总数的34.86%，少数老人没有子女。

表3-9　调查对象的学历情况

单位：人，%

	人数	占比
A. 小学没毕业	58	16.57

	人数	占比
B. 小学毕业	66	18.86
C. 初中毕业	91	26.00
D. 高中毕业	75	21.43
E. 大学毕业及以上	60	17.14
合计	350	100

　　表3-10显示了调查对象目前的居住地点，来三甲医院就诊的本市城镇老人仅占总数的22.00%，非本市老人和农村老人所占比例都较高。调查对象的户居形式是多种多样的，除常见的与配偶居住、与子女居住外，独居老人和独自抚养孙辈的老人占比也不低，还有少数老人住在养老机构里。调查对象中，个人年收入在12000元以下的老人占总人数的20.86%，个人年收入在12万元以上的老人占总人数的18.86%，大多数老人的个人年收入集中在12000~60000元区间。他们的收入来源主要有退休金或养老金、子女赡养费、国家补贴（粮食直补或耕地补贴等）、五保金或低保金等，并且他们普遍购买了医疗保险。此外，调查对象上年度的医疗花销为1000~50000元不等。

表3-10　调查对象的居住地点

单位：人，%

	人数	占比
A. 本市城镇	77	22.00
B. 本市农村	54	15.43
C. 本省他市城镇	51	14.57
D. 本省他市农村	70	20.00
E. 外省城镇	52	14.86
F. 外省农村	46	13.14
合计	350	100

2. 基于问卷结果的老年人门诊就医满意度

患者的就诊满意度是检验医疗机构服务水平是否满足患者需求的重要衡量尺度，也是指导医疗机构进行医疗服务优化的重要参考。本研究通过对门诊就医老年患者的就医整体满意程度进行问卷调查发现，门诊就医老年患者在就诊过程中普遍遭遇了各种困境，因此他们对于医疗服务的满意度往往不高。具体来看，问卷调查结果显示，25.14%的老年患者对当次就医很满意；20.57%的老年患者对当次就医感到比较满意；22%的老年患者当次就医体验一般；17.71%的老年患者对当次就医不太满意；14.57%的老年患者对当次就医很不满意。总体来说，老年人门诊就医满意度不高。表3-11显示了老年人对门诊就医各个环节的满意程度。从"不太满意"和"很不满意"两个选项来看，老人们对医疗设备的配置、医疗环境舒适程度、老年人优先就诊、就诊效率的高低等方面的满意度较低，对提示标语清晰程度、院内布局合理程度和医务人员的水平等方面的满意度也不高。因此，需要医疗服务中的各主体对具体医疗服务进行有针对性的优化，不断改善老年就诊患者的就诊体验。

表3-11　老年人对门诊就医不同环节的满意程度

单位：%

	很满意	比较满意	一般	不太满意	很不满意
医疗环境舒适程度	20.29	18.29	22.00	22.00	17.43
院内布局合理程度	18.00	27.71	20.00	18.00	16.29
提示标语清晰程度	24.86	22.57	19.43	15.71	17.43
医疗设备的配置	17.71	24.57	18.00	20.29	19.43
医务人员的水平	24.57	21.14	21.43	19.71	13.14
医务人员的态度	20.57	24.57	16.57	20.86	17.43
医药费用的高低	19.43	20.29	21.71	19.71	18.86
医保报销的水平	22.86	17.14	22.29	20.29	17.43
就诊效率的高低	20.57	21.71	18.29	19.14	20.29

	很满意	比较满意	一般	不太满意	很不满意
咨询导诊服务	21.43	23.43	18.86	18.00	18.29
老年人优先就诊	23.43	20.00	17.14	20.29	19.14
老年人休息环境	19.14	18.00	26.86	18.29	17.71

3. 基于问卷结果的老年人门诊就医困境分析

本研究对老年患者在门诊就医时遭遇的具体困境进行了分类调查。

第一，从总体来看，老年患者感到不便的典型情况如表3-12所示。可以看出，除"就医秩序混乱，没人排队，效率低下"这一选项选择率稍微低一点以外，其他各种情况给老年患者门诊就医所带来的不便程度都较为相近。其中，选择人数最多的是"人多等候时间长"这一选项，有32.00%的老年患者选择了此项。此外，分别有28.86%、28.00%以及26.86%的老年患者认为"行动不便，扶手或座椅不足，无处休息"、"自助机器太多，自己不会用"及"医生护士态度差，解释不清楚"给他们的门诊就医过程带来了不便，这也证实了本研究通过参与式观察总结出的老年患者在就医移动、"人工智能"使用以及医患沟通方面存在困境的结论是正确的。与此同时，笔者还了解到已经开始有老人使用电话预约或网上预约的方式进行挂号，还有45.43%的老人开始尝试使用自助服务机的挂号、缴费、打印报告单等功能，但是仍然有54.57%的老人表示不会使用医院的自助服务机，这进一步验证了老年人在就诊过程中的确面临着较为严峻的"人工智能障碍"。

表3-12　老年患者门诊就医感到不便的环节（多选）

单位：%

	人次	占比
A. 人多等候时间长	112	32.00
B. 上下楼、找科室、找地点很困难	94	26.86

续表

	人次	占比
C. 医生护士态度差，解释不清楚	94	26.86
D. 行动不便，扶手或座椅不足，无处休息	101	28.86
E. 就医环境和路径复杂，老人弄不清楚	96	27.43
F. 就医秩序混乱，没人排队，效率低下	75	21.43
G. 自助机器太多，自己不会用	98	28.00
H. 当天取不到检查结果	103	29.43
I. 医保政策不了解	101	28.86
J. 其他因素（请说明）	2	0.57
本题有效填写人数	350	100

第二，本研究对指示标语在门诊中的作用展开了问卷调查（见表3-13）。其中，37.61%的老年患者表示门诊大厅张贴的指示标语能够帮助他们顺利就诊（A、B选项），62.38%的老年患者则反映指示标语不能帮助他们顺利就诊（C、D、E选项）。不能按照指示标语就诊的原因包括"指示标语看不清""指示标语看不懂""没有看指示标语的习惯"。这也证实了老年患者在门诊就医时，标识和提示语的确未能完全发挥导医作用。

表3-13　指示标语帮助老人就医情况

单位：人，%

	人数	占比
A. 能够根据标语顺利就诊	64	19.57
B. 基本能，但指示标语不全面	59	18.04
C. 不能，指示标语看不清	74	22.63
D. 不能，指示标语看不懂	59	18.04
E. 不能，没有看指示标语的习惯	71	21.71
本题有效填写人数	327	100

第三，本研究对老年患者在门诊就医时询问导诊台或志愿者

的情况进行了调查。其中，有 27.33% 的老年人表示，在询问导诊台或志愿者后，他们的问题得到了顺利解决；23.26% 的老年人认为，需要跟导诊台或志愿者反复确认问题才能得到解决；25.58% 的老年人认为，导诊台或志愿者的回复并不明确，他们的问题尚未得到解决；23.84% 的老年人则表示导诊台或志愿者没能回答他们的问题。结合表 3-12 中"医生护士态度差，解释不清楚"这一选项的选择结果，本研究认为老年人在门诊就医过程中的确面临着一些医患沟通障碍。

第四，本研究还对老年患者的就医陪同状况进行了调查，结果发现独自就医的老年患者仅占总调查人数的 21.14%。78.86% 的就诊老人是有人陪同的，陪同人员包括子女、配偶、其他亲属和朋友，少数老人有不止一位陪同就医人员。经了解，这些老年患者不能独立就医的原因主要包括"家人坚持陪同""家里到医院的距离远，交通不方便""行动不便，需要人照顾""医生护士的话听不懂""就医程序繁琐，不知道该问谁""担心检查后需要住院，有人陪比较方便""自助机器太多，自己不会用"等。这也反映出老年人在独立就医方面面临的许多困境与考验。

总体来说，问卷调查的结果很好地检验了我们在观察和访谈中发现的问题。笔者在观察门诊环境和访谈老年患者的过程中发现了四个亟待解决的问题：一是导医标识和提示语未能充分发挥作用；二是老年患者在门诊就医时存在移动困难；三是老年人在就医过程中遭遇了"人工智能障碍"；四是老年患者与医护人员之间存在沟通障碍。在有关老年人门诊就医困难的问卷调查中，老年患者也确实反映了移动困难、等候时间过长、扶手或座椅不足、无处休息、对自助机器的不适应以及导诊台、指示标语作用不明显、医护人员态度差、志愿者问题解决能力不强等问题。除此之外，老年患者还反映了对医保政策的不了解以及独立就医难实现等困境，对此，需要有针对性地予以解决。

三 农村老年就医困难群体实证研究

本书第二章的数据分析结果显示，与城镇相比，我国农村地区的老年人口比例更高、老龄化程度更高、增长速度更快，农村老人的健康状况堪忧。同时，第二章的数据分析结果也说明，我国农村医疗卫生机构的建设尚不完善，农村居民就医时的经济压力更大。我国的老年人口大部分聚集在农村地区，农村老人的医疗服务需求更复杂，农村卫生机构面临的老年人医疗服务压力更大，农村地区的医疗服务适老化改革更迫切。虽然江西省在面积、人口、地区生产总值等方面处于全国中等水平，但该省农村人口占总人口的比例较高[①]，农村年轻劳动力不断向外输出[②]，农村老年人口的占比持续上升，在全国具有一定的典型性。本书以江西省农村地区老年患者为访谈对象，围绕他们的就医现状和就医困难展开调研，力求建立基于属性特征的重点困难群体识别模型，为构建就医困难群体帮扶机制提出意见和建议。

(一) 研究设计

1. 研究工具及研究方法

本研究采用访谈方式进行资料收集。访谈对象为江西省南昌市3个县（区）典型村落的典型老人。为了保证访谈对象的代表性，也为了减少家庭成员对访谈结果的干扰和影响，课题组委托乡镇干部依照"60岁以上、空巢老人、患有疾病"的标准对村内老人进行了初步筛选。为了保证访谈对象选取的科学性，课题组参考性别、年龄、受教育程度、居住类型的分布情况对老人进行了二次筛选，最终确定了36人作为本次研究的访谈对象。入户访

---

① 《2020江西省统计年鉴》的数据显示，截至2019年末，江西省的农村人口为1987万人，占全省总人口的比重为42.58%，比全国占比高了3.18个百分点。
② 在2020年的第七次全国人口普查中，江西的跨省流出人口数量为633.97万人，位居全国第七（前六位分别是河南、安徽、四川、贵州、广西和湖南）。

谈分别于 2018 年、2019 年和 2020 年的寒暑假进行，平均与每个访谈对象进行约 30 分钟谈话，所有录音累计时长 1120 分钟。访谈以面对面的方式进行，由两名研究者共同完成，一名负责访谈，另一名负责录音、文字记录及拍照取证。

本研究基于扎根理论并使用 NVivo 软件进行资料分析。在完成所有访谈录音的转文字工作后，课题组将文本资料导入 NVivo 12 软件进行三级编码整理，在开放性编码的基础上归纳概括，形成主轴编码和核心编码，深入分析编码关系并最终形成能够指导实践的理论框架。分析过程主要使用了情感分析、词频分析、编码统计和交互分析等功能。

2. 访谈对象的基本情况

表 3-14 反映了 36 位受访老人的基本情况，具体包括性别、年龄、受教育程度、户居情况和患病情况。36 位受访对象中：男性老人 23 人，女性老人 13 人；60～69 岁老人 11 人，70～79 岁老人 14 人，80～89 岁老人 8 人，90 岁及以上老人 3 人。受访老人的个人月收入水平普遍较低。其中，月收入为 150 元以下的老人有 26 人，其收入主要来源于城乡居民养老保险；8 人月收入为 150～200 元，主要来源于城乡居民养老保险和高龄补贴；仅有 1 人月收入在 1000 元以上。受访对象中，受教育程度为文盲的老人共 12 人，小学未毕业的共 9 人，初中毕业的共 5 人，农村空巢老人整体受教育程度并不高。受访老人多为独居或夫妻同居，也有一些老人和父辈、孙辈同居，个别老人与生病子女共同居住。受访对象患有慢性疾病的比重较高，常见疾病如高血压、心脏病、气管炎等。多数老人同时患有多种疾病，患有退行性疾病、遭受意外伤害等情况也较为常见。

表 3-14 受访对象基本信息

编号	性别	年龄（岁）	受教育程度	户居情况	患病情况
1	女	60	小学未毕业	夫妻同居	高血压、中风

续表

编号	性别	年龄（岁）	受教育程度	户居情况	患病情况
2	男	71	小学毕业	夫妻同居	帕金森
3	女	75	小学毕业	独居	心脏病
4	女	75	文盲	夫妻同居	肠炎、高血压、糖尿病、青光眼
5	男	80	小学毕业	独居	贫血、摔伤（断脚）
6	女	90	文盲	独居	眼疾、耳背、摔伤（断手）
7	女	87	文盲	独居	耳背、高血压、心脏病、关节炎
8	男	84	小学毕业	夫妻同居	耳背、眼疾、心脏病、肺囊肿
9	男	65	初中毕业	夫妻及孙辈同居	意外伤害（断腿）、气管炎
10	男	61	初中毕业	夫妻同居	痔疮、胃病、阑尾炎、出血热、气管炎
11	男	83	文盲	夫妻同居	耳背、低血压、眩晕症（晕倒）、肠胃疾病
12	女	78	文盲	夫妻同居	心脏病
13	男	80	小学毕业	夫妻同居	心脏病、高血压、气管炎、内出血（住院）
14	男	73	小学未毕业	夫妻同居	白内障
15	男	68	小学毕业	夫妻同居	意外伤害（眼睛）
16	男	65	小学毕业	夫妻及上代老人同居	意外伤害（头和腿）、头痛后遗症
17	男	66	小学未毕业	夫妻同居	胸积水（急救住院）
18	男	90	文盲	与60岁以上子女及重孙子女居住	气管炎、肠炎、糖尿病、摔伤（断手）
19	男	68	小学未毕业	夫妻、孙辈及上代老人同居	高血压、高血脂、高血糖、胆结石
20	男	70	小学未毕业	夫妻同居	高血糖
21	女	81	初中毕业	独居	耳背、胃病
22	男	71	初中毕业	夫妻同居	气管炎、胃病

续表

编号	性别	年龄（岁）	受教育程度	户居情况	患病情况
23	男	70	初中未毕业	夫妻同居	胃病、高血脂
24	男	68	小学未毕业	独居	腰椎疾病（住院）、高血脂
25	男	67	文盲	夫妻及上代老人同居	耳背、眼疾、胃病
26	男	76	文盲	夫妻同居	腰结石、前列腺炎、皮肤痒、额头痛、白内障、耳背
27	女	91	文盲	与生病子女同居	眼疾、耳背、摔伤（断腿）
28	男	71	小学毕业	与上代老人同居	肺癌
29	女	75	小学未毕业	独居	心脏病、关节炎、肩周炎、神经痛
30	女	75	小学未毕业	与孙辈同居	高血脂、咳嗽气喘
31	女	74	文盲	独居	腿残疾
32	男	65	初中毕业	夫妻同居	头晕、睡眠不好、经常吃药
33	男	62	初中未毕业	夫妻及孙辈同居	高血糖、高血脂
34	女	79	文盲	独居	摔伤
35	女	80	小学未毕业	夫妻同居	脑血管堵塞、高血压、头晕（晕倒）
36	男	84	文盲	独居	眼疾、气管炎、腰痛、咳嗽气喘

3. 研究假设及研究思路

（1）农村老人普遍存在就医困难——基于 NVivo 的情感分析

NVivo 12 的情感分析功能能够直观地反映出访谈文本的情感倾向性，体现出访谈对象对访谈问题的整体评价。导入访谈文本并进行自动情感分析得到的结果如图 3-2 所示，包括非常正向、较为正向、较为负向和非常负向四个类别。观察图中分析结果可以发现：非常正向的编码数量仅为 4 个，在总编码数量中占比 0.59%；较为正向的编码数量为 260 个，占总编码数量的 38.46%；较为负向的编码数量为 271 个，占总编码数量的 40.09%；非常负向的编码数量为 141 个，占总编码数量的 20.86%；负向情感评价

（非常负向和较为负向）居多，占总体的 60.95%；正向情感评价
（非常正向和较为正向）占比较小，仅为 39.05%。以上结果表明，
访谈对象围绕就医问题的谈话消极信息较多，可以推测农村老人
普遍存在就医困难，有进行进一步观察和分析的必要性。

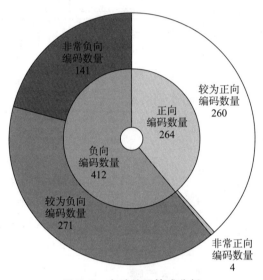

图 3-2　自动编码情感分析

（2）农村老人就医困难的分析向度——基于 NVivo 的词频分析

NVivo 12 软件的词频分析结果能够显示访谈对象对研究问题
的关注情况。词语出现的频率越高，在词云图中的字体越大，意
味着访谈对象对该词语或该问题的关注度越高。通过词云图对高
频词语进行分类和整理，可以完成对研究问题的初步假设，也可
以将其结果作为后续编码工作的基本素材。图 3-3 是对 36 位农村
老人的访谈内容进行词频分析后生成的词云图，这些高频词语可
以分为五个类别：第一类是"儿子（大儿子）、妻子（老伴/老
婆）、医生、孩子（子女）、孙子（孙女）、老头子"等身份称谓
类词语；第二类是"医院、家里、卫生所、村里、房子"等地点
场所类词语；第三类是"身体（健康/年纪）、照顾、吃药、体检
（检查）、看病、住院"等医疗行为类词语；第四类是"（高）血

压、心脏、慢性病、眼睛"等指向具体疾病的词语；第五类是
"收入、电话（手机）、报销、过年、初中（读书）"等可能鼓励
或限制老人就医的要素词语。另外，"家务、工作、种田、自理"
等词语的出现频率也较高，这些可能是受到疾病影响的典型环节。
基于以上信息，本研究将从健康状况、日常照顾、检查预防、看
病吃药、住院等环节对农村老人的就医困难进行调查。开放性编
码将在以下假设条件下进行合并或分组：①家人、亲属及医生等
社会支持系统对农村老人就医情况构成影响；②居住地点或就医
地点对农村老人就医意愿或行为构成影响或约束；③疾病特征有
可能影响老人的就医情况；④受教育程度、收入水平、医疗费用
支出、对外联络方式等可能限制了农村老人就医。

图 3-3　农村老人访谈文本词频分析

（二）农村老年患者的正向就医特征

为了客观描述农村老年患者的就医现状，本研究根据扎根理
论的思路，围绕农村老年患者的正向就医特征，对提取到的自由
节点进行了归纳。如表 3-15 所示，分析过程中共形成了 16 个开
放性编码（一级编码），在此基础上归纳形成了"正向就医环境"、
"正向就医行为"和"社会支持系统"3 个主轴编码（二级编码），

3个主轴编码共同诠释了农村老年患者的正向就医特征，即本研究的核心编码（三级编码）。首先，可以被归入主轴编码"正向就医环境"的开放性编码包括"村卫生所方便就医或买药""乡镇或村里定期组织体检""村卫生所有熟悉的医生""村卫生所可以上门服务""去县医院交通方便"。其次，"能够遵医嘱用药或自查""对医保政策比较了解""妥善保存病历和就诊卡""手机随身携带并能灵活使用""收看保健类节目""积极利用相关政策""适当进行运动"这些开放性编码共同描述了农村老年患者在就医过程中的具体表现，被归入主轴编码"正向就医行为"中。最后，"子女支持""配偶支持""邻里支持""其他亲属支持"共同构成了农村患病老人的社会支持系统。

表 3-15　农村老年患者正向就医特征编码

核心编码	主轴编码	开放性编码
农村老年患者正向就医特征	1. 正向就医环境（73）	1.1 村卫生所方便就医或买药
		1.2 乡镇或村里定期组织体检
		1.3 村卫生所有熟悉的医生
		1.4 村卫生所可以上门服务
		1.5 去县医院交通方便
	2. 正向就医行为（68）	2.1 能够遵医嘱用药或自查
		2.2 对医保政策比较了解
		2.3 妥善保存病历和就诊卡
		2.4 手机随身携带并能灵活使用
		2.5 收看保健类节目
		2.6 积极利用相关政策
		2.7 适当进行运动
	3. 社会支持系统（148）	3.1 子女支持
		3.2 配偶支持
		3.3 邻里支持
		3.4 其他亲属支持

1. 农村老年患者的正向就医环境特征

在"正向就医环境"的子节点中，"村卫生所方便就医或买药"（23）的参考点数量最多，是农村老人最常提及的正向就医环境（见表3-16）。该编码结果反映了基层医疗卫生机构在距离方面的优势，证实了村卫生所在满足农村老人医疗需求方面发挥了巨大作用，也从侧面说明了农村老年患者的基层医疗卫生机构就诊偏好。"乡镇或村里定期组织体检"的参考点数量为18个，这说明我国的老年人免费体检工作正在向农村地区逐步推进，我国农村老年人也渐渐开始有了定期体检意识。"村卫生所有熟悉的医生"（17）的参考点数量也较多。这说明，乡村熟人社会中的和谐医患关系为老年人提供了许多便利；同时也说明，稳定、熟悉的"家庭医生"式医患关系适用于农村老年人群体。访谈过程中，部分老人也会提及"村卫生所可以上门服务"（8）和"去县医院交通方便"（7）。可见，住所到医疗机构的距离影响着农村老年患者就医，灵活的上门诊疗服务和便捷的外出方式需要被重视。

表3-16 "正向就医环境"中子节点的构成及参考点数量

子节点	参考点数量	参考点举例
村卫生所方便就医或买药	23	到这村里小医院自己可以去
乡镇或村里定期组织体检	18	村里有定期的体检
村卫生所有熟悉的医生	17	平常有些小病的话会去村卫生所看病取药，医生大家都认识的
村卫生所可以上门服务	8	有时候病得躺家里动不了，卫生所就有人上门来看了
去县医院交通方便	7	出门就可以坐公交车，直接到医院的

2. 农村老年患者的正向就医行为特征

在"正向就医行为"的子节点中，"能够遵医嘱用药或自查"（25）的参考点数量最多，说明大多数农村老年患者有着良好的遵医行为（见表3-17）。一部分老人表示，自己"对医保政策比较了解"（11），能够"妥善保存病历和就诊卡"（9），"手机随身携带并能灵活使用"（8）。这些正向的行为能够为老人顺利就医或及时呼救提供一定的保障，也是老年患者维护自身权利的前提。访谈过程中，老人也会提及"收看保健类节目"（6）、"积极利用相关政策"（5）和"适当进行运动"（4）。虽然这些参考点数量不多，但可以看出，农村老年患者渐渐有了预防保健和健康维护的意识，也开始积极利用身边的相关政策和资源。

表 3-17 "正向就医行为"中子节点的构成及参考点数量

子节点	参考点数量	参考点举例
能够遵医嘱用药或自查	25	我懂一点文化，一般都知道该怎么处理，会听医生的建议
对医保政策比较了解	11	村上小医院没的报，到了大医院，县中医院能报个 50%~60%
妥善保存病历和就诊卡	9	就医卡和病历都有的，收着呢
手机随身携带并能灵活使用	8	儿子给我买了老年手机，家里有事或生病严重的时候就给他打电话
收看保健类节目	6	我就偶尔看看电视，电视上会讲
积极利用相关政策	5	现在政策也好了，每个月还给我 500 块钱，以前哪里有呢
适当进行运动	4	男的就会玩玩器械，动动筋骨

3. 农村老年患者的社会支持系统特征

在词频分析的过程中，为农村老年患者提供支持或帮助的主体类词语出现频次很高，这说明社会支持系统对农村老年患者的就医有着重要影响。但是，编码结果显示，不同主体提供的支持程度和支持内容是存在差异的。在"社会支持系统"的子节点中，"子女支持"（105）的参考点数量最多，提供的支持内容也较为全面（见表 3-18）。这说明农村老年患者对子女有较强的依赖感，同时暗示了子女居住距离远、子女外出务工、无子女等情况下老人们面临的诸多困难。"配偶支持"（30）的参考点数量也较多，支持内容包括生活照料、陪同就医、紧急救护、协助用药、住院或手术陪护。与子女支持相比，配偶支持在经济、精神慰藉和保健康复知识共享方面存在较大的局限性。受访老人还提及"邻里支持"（7）和"其他亲属支持"（6）的作用。虽然其参考点数量不多，但邻里和其他亲属在紧急救护、联络子女、陪同就医等方面的作用不容忽视，二者也在一定程度上对直系亲属的支持进行了补充。值得注意的是，来自社会组织和朋辈群体的支持并未被提及，这说明农村老年患者的社会支持系统尚有扩展和完善的空间。

表 3-18　"社会支持系统"中子节点的构成及参考点数量

子节点	参考点数量	参考点关键词
子女支持	105	经济支持（46）、经常回家探望（19）、陪同外出就医（12）、生活照料（9）、住院陪护（7）、帮助取药买药（7）、安排老人体检（2）、共享保健或康复知识（2）、紧急救护（1）
配偶支持	30	生活照料（12）、陪同就医（6）、紧急救护（4）、协助用药（4）、住院或手术陪护（4）
邻里支持	7	紧急救护（4）、联络子女（2）、陪同就医（1）
其他亲属支持	6	紧急救护（2）、陪同就医（2）、联络子女（1）、经济支持（1）

（三）农村老年患者面临的就医困难

围绕农村老年患者面临的就医困难，本研究根据扎根理论的思路，对提取到的自由节点进行归纳，形成了 16 个开放性编码（一级编码），并在此基础上发现、建立编码间的关联，进而形成了"疾病的负面影响""主要就诊、用药及护理困难""就医困难的主要原因"三个主轴编码（二级编码）。首先，"疾病的负面影响"是农村老年患者产生就医需求的直接原因，也是农村老年患者出现就医困难的重要前提。可以被归入主轴编码"疾病的负面影响"的开放性编码包括"常年用药""影响劳动生产""疾病后遗症""影响日常生活""需要定期复查、检查"。其次，"没钱看病"

"需要子女（或配偶）陪同就医""取药买药距离较远""外出就医交通不便""用药出错""身体负担很重""导致收入减少""失去自由空间"这些开放性编码共同诠释了农村老年患者的具体就医困难，被归入主轴编码"主要就诊、用药及护理困难"中。最后，"负向就诊、用药或生活习惯"、"负向就医环境"和"负向就医情绪"是造成农村老年患者就医困难的主要原因，因此将其归入主轴编码"就医困难的主要原因"中。三个主轴编码共同诠释了农村老年患者就医困难的产生前提、具体表现和产生原因，将理论体系共同指向了"农村老年患者面临的就医困难"这一核心编码（见表3-19）。

表3-19 农村老年患者面临的就医困难编码

核心编码	主轴编码	开放性编码
农村老年患者面临的就医困难	1. 疾病的负面影响（50）	1.1 常年用药
		1.2 影响劳动生产
		1.3 疾病后遗症
		1.4 影响日常生活
		1.5 需要定期复查、检查
	2. 主要就诊、用药及护理困难（61）	2.1 没钱看病
		2.2 需要子女（或配偶）陪同就医
		2.3 取药买药距离较远
		2.4 外出就医交通不便
		2.5 用药出错
		2.6 身体负担很重
		2.7 导致收入减少
		2.8 失去自由空间
	3. 就医困难的主要原因（119）	3.1 负向就诊、用药或生活习惯
		3.2 负向就医环境
		3.3 负向就医情绪

1. 疾病的负面影响

大多数农村老年患者的就医困难是以患病为前提产生的，不同的疾病会带来不同的负面影响，也会导致不同的就医困难。在对访谈资料自由编码的过程中，逐渐形成了"常年用药""影响劳动生产""疾病后遗症""影响日常生活""需要定期复查、检查"5个可以被归纳为"疾病的负面影响"的子节点（见表3-20）。首先，"常年用药"（22）的参考点数量最多，是农村老年患者最常提及的疾病负面影响。一方面，常年用药给老年患者带来了一定的经济负担；另一方面，常年用药的老年患者需要定期外出就医和遵医嘱用药，这也给他们带来了一定的压力。其次，"影响劳动生产"（10）、"疾病后遗症"（7）和"影响日常生活"（6）的参考点数量也较多。一方面，患病期间老人的劳动生产能力会下降，日常生活会受到影响；另一方面，很多疾病会留下后遗症，这些后遗症也对患病老人的劳动生产和日常生活造成了负面影响。这一结论同时说明，60岁以后依然从事劳动生产的农村老人占比较高。最后，"需要定期复查、检查"（5）也是疾病的负面影响之一。一部分定期复查、检查是为了观察老人重病治疗后（或手术后）的恢复情况，另一部分定期复查、检查是为了监控慢病患者的身体变化情况。这些复查和检查需要老人外出就医，部分复查和检查还会给老人带来经济压力，受访老人对此感到焦虑和担忧，一部分老人表示会放弃复查。以上分析结果同时检验了本研究的第三条研究假设，即疾病特征有可能影响老人的就医情况。

表3-20 "疾病的负面影响"中子节点的构成及参考点数量

子节点	参考点数量	参考点举例
常年用药	22	胃药，（治）胆囊的药，家里的药是不停的，药常年要吃的
影响劳动生产	10	但是到处都有毛病，稍微做一点点活儿就好累啊
疾病后遗症	7	不能下冷水呀，下了冷水就胃痛
影响日常生活	6	还有腰痛，坐下站起来都费劲，也走不动，就在家周围坐坐
需要定期复查、检查	5	医生叫每3个月去复查一次

2. 农村老年患者的主要就诊、用药及护理困难

农村老年患者面临的就医困难具体包括就诊困难、用药困难和护理困难。在本研究的自由编码过程中，逐渐形成了"没钱看病""需要子女（或配偶）陪同就医""取药买药距离较远""外出就医交通不便""用药出错""身体负担很重""导致收入减少""失去自由空间"8个可以被归纳为"主要就诊、用药及护理困难"的子节点（见表3-21）。"没钱看病"（16）和"需要子女（或配偶）陪同就医"（14）的参考点数量都很多，是农村老年患者外出就医面临的主要困难。这一分析结果和农村居民的低收入水平相符，和受访老人的空巢现状也基本一致，说明农村老年患者的就医行为在经济和人力两个方面严重依赖子女，他们难以独立就医。这一分析结果同时验证了本研究的第一条研究假设，即家人、亲属及医生等社会支持系统对农村老人就医情况构成影响。"取药买药距离较远"（10）和"外出就医交通不便"（9）的参考点数量也较多，这体现了农村老人因地理位置劣势面临就诊及用药困难。一方面，农村地区地广人稀，老人居所往往距离医院或药店较远，加上公共交通设施并不完备，定期外出买药对于常年用药的老人来说存在一定困难；另一方面，农村老年患者普遍受教育程度较低，对就医流程等比较陌生，缺乏独立外出就医的能力。这一分析结果同时检验了本研究的第二条研究假设，居住地点或就医地点对农村老人就医意愿或行为构成影响或约束。此外，对农村老年患者来说，子节点"用药出错"（2）也是不容忽视的困难，这与农村老人文化水平不高、记忆力和理解力衰退的现状是基本一致的。

农村老年患者的就医困难不仅体现在患者本人的就诊和用药过程中，还体现在家人对这些老人的护理过程中。"身体负担很重"、"导致收入减少"和"失去自由空间"这些护理困难的出现证实了农村老年患者的以下护理现状：第一，护理者多为患病老人的配偶，其年龄较大，护理工作对其来说强度过高；第二，患病家庭的经济状况并不乐观，护理者依然有外出劳动的需求和意

愿，老人患病的同时降低了护理者的收入；第三，在家庭出现重病患者时，护理者需要贴身护理、失去外出自由，这造成了护理者在日常生活和精神上的双重压力。

表3-21 "主要就诊、用药及护理困难"中子节点的构成及参考点数量

子节点	参考点数量	参考点举例
没钱看病	16	那个要钱的啊，没有钱。我现在经济条件都很差啊
需要子女（或配偶）陪同就医	14	一般就是自己不太去，都是女儿回来什么的或者是侄子来了带着去医院
取药买药距离较远	10	这个病，以前德安县都没有他吃的药，都要去南昌啊，省城、大城市去买这个药
外出就医交通不便	9	自己不敢去大医院，不识字，什么也不懂，坐车麻烦，又怕摔倒
用药出错	2	分得清，但是有的药一天吃一次，有的（药）一天要吃两次。会不记得自己吃没吃
身体负担很重	6	做饭是我做，但是好累
导致收入减少	3	我天天照顾老头子，又不能去养猪、养鸡什么的，我就种一点稻谷
失去自由空间	1	我不能离开啊，我就到外面去站一下，到外面跟别人聊聊天喽

3. 农村老年患者就医困难的主要原因

农村老年患者的就医困难是多样的，本研究从访谈文本中提取了"负向就诊、用药或生活习惯""负向就医环境""负向就医情绪"三个开放性编码，用来共同说明农村老年患者"就医困难的主要原因"（主轴编码）。从节点的分布情况来看，农村老年患者的"负向就诊、用药或生活习惯"中，"从不收看保健类节目"（12）的参考点数量最多，"抽烟喝酒"（6）和"对医保、五保等政策的内容和标准不了解"（5）的参考点数量也较多，"从不保管病历"（3）、"擅自减少药量"（3）、"从不参加体检"（2）也是常见的"负向就诊、用药或生活习惯"（见表3-22）。以上节点分布情况与农村老人普遍受教育程度较低、收入水平不

积极老龄化与城乡医疗服务改革

高、身边无子女照看的现状相吻合，同时也反映出农村地区卫生健康及社保知识普及不到位的问题。一部分农村老人的健康保健意识较差、健康管理能力不足，这对农村积极老龄化的实现起着阻碍作用。

表 3-22 "负向就诊、用药或生活习惯"中子节点的构成及参考点数量

子节点	参考点数量	参考点举例
从不收看保健类节目	12	问：您平时会学习了解健康知识或者是药品知识吗？ 个案 4：不晓得
抽烟喝酒	6	喜欢抽烟，一顿要喝一二两酒，有点高血压
对医保、五保等政策的内容和标准不了解	5	好像有些可以报，有些不能，我也不太清楚，不知道能不能报得了
从不保管病历	3	没有，没留，也没什么报销
擅自减少药量	3	就是自己要控制，不舍得吃那么多，不发（病）就吃少点，发得比较紧了就多吃点
从不参加体检	2	反正我是不去检，我管他什么项目

除负向就诊、用药或生活习惯外，负向就医环境也会导致农村老年患者就医困难。支持性不足是农村老年患者在就医环境方面所面临的最大问题。访谈资料中常被提及的就医环境主要指来自子女的探望（软环境）以及手机或电话的日常利用（硬环境）。"子女不经常探望"的参考点数量为 18 个，"没有手机或不能灵活使用"的参考点数量为 16 个，二者共同构成了"负向就医环境"这一开放性编码（见表 3-23）。一方面，多数受访老人的就医过程极度依赖子女陪护，子女不能经常探望的话，老人会感到"取药买药距离较远""外出就医交通不便"等；另一方面，子女不能经常探望，老人缺少医疗和保健知识来源，也较少接受子女的经济支持，比较容易出现"没钱看病""用药出错"等就医困难。同时，没有手机或不能灵活使用手机的老人联络子女的频率较低，除可能导致上述就医困难以外，出现紧急情况时

还有可能错失呼救机会。

表 3-23 "负向就医环境"中子节点的构成及参考点数量

子节点	参考点数量	参考点举例
子女不经常探望	18	一年一次，女儿不一定是过年的时候回来
没有手机或不能灵活使用	16	问：您会打电话吗？ 个案 6：不会，不会按，我只知道接电话

农村老年患者的"负向就医情绪"也非常值得关注。可以被纳入"负向就医情绪"编码的子节点包括"对政策或制度不满"（22）、"认命、无奈"（21）、"孤独无助"（7）和"排斥就医"（4）（见表 3-24）。负向就医情绪与老人的就医困难互为因果关系。首先，"对政策或制度不满"与老人的就医困难互为因果关系。一方面，出现就医困难的老人较易对政策或制度感到不满；另一方面，对政策或制度感到不满的老人往往对制度内容缺乏了解、不能充分利用医疗相关保障制度，这不利于解决老人的就医困难。其次，"认命、无奈"和"孤独无助"与老人的就医困难互为因果关系。一方面，当老人感受到较大的就医困难时，往往会产生"认命、无奈"或"孤独无助"等情绪；另一方面，当老人被"认命、无奈"或"孤独无助"等情绪影响时，会使老人感受到更大的就医困难，进而使他们经常会出现减少甚至放弃就医等行为。最后，"排斥就医"与老人的就医困难互为因果关系。一方面，因为感受到就医困难，部分老人出现了"排斥就医"的负向情绪；另一方面，受"排斥就医"这一负向情绪影响的老人们保健意识较弱、容易延误治疗，病情加重时会带来更多的就医困难。

表 3-24 "负向就医情绪"中子节点的构成及参考点数量

子节点	参考点数量	参考点举例
对政策或制度不满	22	就是经济上，这个药钱能报一点就好了，人家大病能报个几千几万，可这个就一点都没有啊

子节点	参考点数量	参考点举例
认命、无奈	21	家家都有难念的经，人家老太婆自己家也有事，她不可能来帮忙的
孤独无助	7	嗯，都出去了，全部都出去了，都剩下老人在家里了
排斥就医	4	我一个人挺好的，没有大事干吗要住院，家里挺好的

（四）农村老年就医困难群体的识别

NVivo 的交互分析功能可以使受访对象的属性与编码结果建立关联，显示不同属性下的节点情况。本研究将年龄、受教育程度、户居情况和个人月收入四个要素作为属性，分别与"疾病的负面影响""本人就诊及用药困难""护理困难""负向就诊、用药或生活习惯""负向就医环境""负向就医情绪"6 个就医困境主题进行了交互分析。这项工作可以在多个主题下观察不同属性受访老人的就医困难情况，最终建立起基于属性特征的重点困难群体识别模型。

1. 年龄属性下的重点困难群体识别

表 3-25 显示了老人年龄与 6 个困境主题的交互分析结果。其中，70～79 岁年龄段的老人在就诊、用药和护理方面遭遇了更多困难，他们表现出来的负向就医情绪也最多。90 岁及以上的老人在访谈过程中展现了更多的负向就诊、用药或生活习惯，他们也处于最严峻的负向就医环境中，这与高龄老人较低的受教育程度和收入水平都有一定的关系。60～69 岁老人受到疾病的负面影响最大，这与农村低龄老人的日常家务劳动需要和外出工作赚钱需求有关。

表 3-25 老人年龄与困境主题的交互分析结果（人均节点数）

年龄（人数）	疾病的负面影响	本人就诊及用药困难	护理困难	负向就诊、用药或生活习惯	负向就医环境	负向就医情绪	合计
60～69 岁（12）	1.42	1.25	0.08	0.92	1.00	1.50	6.17

年龄 （人数）	疾病的 负面 影响	本人就诊 及用药困难	护理 困难	负向就诊、用药 或生活习惯	负向就医 环境	负向 就医 情绪	合计
70~79 岁（15）	1.20	1.60	0.40	0.73	0.93	1.80	6.66
80~89 岁（7）	1.29	0.57	0.00	0.71	0.71	0.43	3.71
90 岁及以上（2）	0.00	0.50	0.00	2.00	1.50	1.50	5.500

2. 受教育程度属性下的重点困难群体识别

表 3-26 显示了老人受教育程度与 6 个困境主题的交互分析结果。其中，受教育程度为"小学毕业"的老人明显感受到了疾病造成的影响，在护理环节也遭遇了更多的困难，他们所处的就医环境最严峻、出现的负向就医情绪也最多。受教育程度为"初中毕业"的老人在就诊和用药方面遭遇了更多的困难，他们在就诊、用药和生活方面的负向习惯也最多。

表 3-26　老人受教育程度与困境主题的交互分析结果（人均节点数）

受教育程度 （人数）	疾病的 负面 影响	本人就诊 及用药困难	护理 困难	负向就诊、用药 或生活习惯	负向就医 环境	负向 就医 情绪	合计
文盲（11）	0.82	1.45	0.00	0.82	1.18	1.00	5.27
小学未毕业（9）	1.11	0.89	0.11	0.89	0.33	1.44	4.77
小学毕业（8）	1.63	1.13	0.75	0.88	1.63	2.25	8.27
初中未毕业（1）	1.00	0.00	0.00	0.00	0.00	0.00	1.00
初中毕业（7）	1.57	1.57	0.00	1.00	0.71	1.29	6.14

3. 户居情况属性下的重点困难群体识别

表 3-27 显示了老人户居情况与 6 个困境主题的交互分析结果。其中，"独居"和"与配偶居住"的老人在各方面遭遇的困难都比较少，表现出的负向就医情绪也不多。与孙子女、上一代老人或生病子女共同居住的老人在不同方面遭遇了较多的困难。

表 3-27　老人户居情况与困境主题的交互分析结果（人均节点数）

居住情况（人数）	疾病的负面影响	本人就诊及用药困难	护理困难	负向就诊、用药或生活习惯	负向就医环境	负向就医情绪	合计
独居（10）	0.50	0.50	0.00	0.50	0.60	0.50	2.60
与配偶居住（17）	0.59	0.47	0.12	0.59	0.65	0.29	2.71
与配偶及孙子女居住（2）	1.00	0.50	0.00	0.00	0.50	0.50	2.50
与配偶及上一代老人居住（2）	0.50	0.50	0.00	0.50	1.00	0.50	3.00
与配偶、孙子女及上一代老人居住（2）	1.00	1.00	0.00	1.00	1.00	1.00	5.00
与上一代老人居住（1）	0.00	0.00	0.00	0.00	1.00	0.00	1.00
与孙子女居住（1）	0.00	0.00	0.00	0.00	1.00	0.00	1.00
与生病子女居住（1）	0.00	1.00	0.00	1.00	1.00	0.00	3.00

4. 个人月收入属性下的重点困难群体识别

表 3-28 显示了老人个人月收入与 6 个困境主题的交互分析结果。受访的 36 位老人普遍收入不高，各个月收入水平上的老人均遭受了不同程度的就医困难。值得注意的是，收入水平较高（1000 元以上）的老人面临的就医困难相对较少。

表 3-28　老人个人月收入与困境主题的交互分析结果（人均节点数）

个人月收入（人数）	疾病的负面影响	本人就诊及用药困难	护理困难	负向就诊、用药或生活习惯	负向就医环境	负向就医情绪	合计
150 元以下（26）	1.19	1.35	0.27	0.81	0.96	1.73	6.31

个人月收入 （人数）	疾病 的负面 影响	本人就诊 及用药困难	护理 困难	负向就诊、用药 或生活习惯	负向就医 环境	负向 就医 情绪	合计
150~200 元（8）	1.00	0.63	0.00	1.00	0.88	0.75	4.26
500~700 元（1）	4.00	4.00	0.00	1.00	1.00	0.00	10.00
1000 元以上（1）	1.00	0.00	0.00	1.00	1.00	0.00	3.00

（五）建立面向农村老年就医困难群体的帮扶机制

基于以上分析可以看出，疾病给农村老年患者带来的负面影响主要包括常年用药、影响劳动生产、疾病后遗症、影响日常生活以及需要定期复查、检查。目前农村老年患者普遍存在就医困难，具体表现为没钱看病、需要子女（或配偶）陪同就医、取药买药距离较远、外出就医交通不便、用药出错等，造成这些就医困难的原因包括负向就诊、用药或生活习惯以及负向就医环境和负向就医情绪。在不同困境主题下，可以通过老人的年龄、受教育程度、户居情况及个人月收入等属性对重点困难群体进行识别。针对当前农村老年患者的就医困难，主要可以从以下三方面寻找解决对策（见图3-4）。

第一，应积极改善农村老年患者就医的硬件环境，具体可以从基层卫生机构、县级医疗机构和交通环境着手。在加强基层卫生机构建设的过程中，一方面，应加强药品管理，完善慢性疾病常用药品清单并及时更新常见疾病的药品目录；另一方面，应加强基层卫生机构的诊断治疗能力，配置更新诊疗必要的设备，从技术层面提升服务农村老人的能力。建立县级老年友好型医疗机构是解决农村老人就医问题的关键，通过优化就医体验、简化就医流程、提供友善服务，可以帮助农村老人实现自主就医、独立就医。优化交通环境是鼓励农村老人独立外出就医的最直接途径，具体可以采用增设乡村公交以及增设定期或不定期送诊车的方式因地制宜地进行。

第二，应在农村地区构建和谐的人文环境以解决老人的就医困难，具体可以探索用药提醒、紧急救护等服务机制，也可以加强预防保健知识和医疗保险知识的宣传。其中，用药提醒服务可由基层医疗机构或农村社区开展，这一服务能够解决农村老年患者取药买药距离较远、用药出错、擅自减少药量等问题，可以通过电话、短信或定期上门告知等方式进行；紧急救护服务可以由各级医疗机构、农村社区或邻里（志愿者）联动开展，最终形成"老人一键呼救—社区及时上报—医院紧急救护"的长效机制；针对部分农村老年患者"从不收看保健类节目""排斥就医"等情况，可以通过乡村医生、家庭医生的宣讲普及预防保健知识；针对部分农村老人"对医保、五保等政策的内容和标准不了解""对政策或制度不满"等情况，一方面应设置老年人报销窗口或简化不必要的报销程序，另一方面应在办理参保或续保业务时，为老年人解读报销政策，主动普及医保知识。

第三，在有效识别重点困难人群的基础上，可以通过完善社会支持系统的方式解决农村老人的就医困难。首先，应重视配偶在农村老年患者就医过程中起到的积极作用。配偶是农村老人陪同就医和住院陪护的第一选择，能在紧急情况下提供最及时有效的救护，且能在开展生活照料的同时对患病老人进行用药提醒和简易检查。此外，配偶还发挥着情感支持作用，能有效地缓解患病老人的负面情绪。其次，子女在农村老年患者的就医过程中可以发挥多种支持力量，是农村老人最可靠、有力的社会支持者。子女能够通过经济支持的方式帮助患病老人缓解就医造成的经济压力，他们也往往是陪同就医和住院陪护的主力，是老人获取保健知识的重要渠道，也是督促老人进行疾病预防和按时体检的重要存在。再次，当子女或配偶不在身边时，其他亲属可以起到一定的替代作用。他们能在老人紧急救护时协助送诊、联络家人，可以在缺少就医陪护人员时陪同就医，还能在一定程度上缓解护理者的压力。部分困难老人的亲属还能够提供一定的经济支持。

最后，邻里（志愿者）是解决老人就医困难所不可忽视的社会资源。对于没有手机或不能灵活使用手机的老人，邻里（志愿者）可以成为紧急呼救联络人，通过他们能够比较便利地联络、召集老人子女，必要时他们还能够陪同老人外出就医。同时，邻里支持能够在一定程度上改善农村老人的"认命、无奈"情绪。

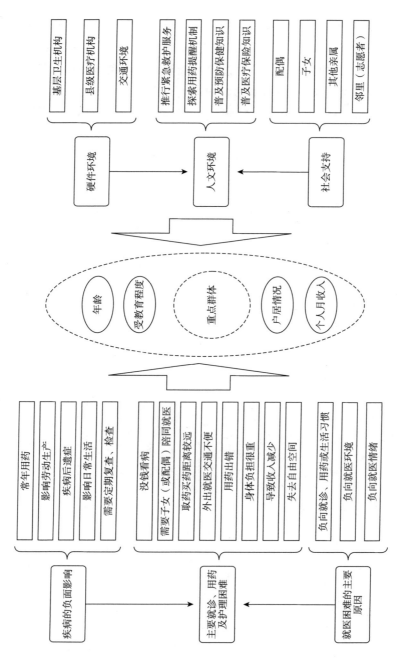

图 3 - 4 农村老年就医困难群体的帮扶机制模型

第四章 积极老龄化思想指导下的
医疗服务适老化改革

从第七次人口普查数据来看，我国的老年人口比重不断升高，老龄化速度不断加快，农村、西部、高龄、女性、无配偶等老年群体的健康状况欠佳、收入来源有限，家中无子女的老人空巢、独居、偶居现象非常普遍，老年人的医疗需求正在变得复杂而多样。成功老龄化、健康老龄化、积极老龄化等思想能够指引我们积极应对人口老龄化问题，也对医疗服务的适老化改革提出了相应要求。

然而，历年《中国卫生健康统计年鉴》数据显示，与快速增长的居民诊疗和住院服务需求相比，我国的卫生机构、人员、设施供给总量并不充足，医疗卫生机构的服务效率还有待提升，与主要发达国家人均可分配医疗资源的差距依然巨大。同时，我国的医疗资源在城乡间、地区间、不同级别和类别的医疗卫生机构之间未能均衡配置，东部地区人均医疗资源相对紧张，西部地区的服务效率有待提升，医院（特别是公立医院）医师的工作强度极高，基层医疗卫生机构的设备和房屋条件仍需改善。现有的老龄健康政策仍然存在一些盲区：尚未充分关注空巢、留守老人的健康问题，医疗领域的适老化环境建设还未受到重视，低龄健康老人的能动性和优势几乎被忽略。在对城乡老年患者的实地调研中，我们也发现了老年人在就医过程中面临的多重困境。在数字技术发展的今天，老年人在就医过程中经常遭遇"人工智能障碍"，医疗机构的导医标识和语音提示系统并不方便老年人使用，老年人在移动、候诊时感到困难和疲劳，与医护人员的沟通也并不顺畅。农村老人面临更多的就医困难，他们的医疗费用负担更重、外出就医路途更遥远、独立就医能力更差，不满、无奈、孤独等负向情绪也更多，许多老人排斥就医、拒绝体检。基于此，本研究认为，应一方面以老龄患者的需求为导向进行医疗服务改革、解决老年人就医难题，另一方面以国际经验为借鉴前瞻性地确定改革方向、发挥积极老龄思想的指导作用。

一 以老龄患者需求为导向的医疗服务改革

（一）医疗资源配置的适老化改革

老龄化背景下的医疗服务改革应从资源配置调整开始。要在增加卫生机构、人员、床位等总量供给的同时，结合我国人口和医疗现状进行多方面优化，使我国的医疗资源配置在城乡间、地区间、医疗卫生机构间实现均衡。具体来说可以从以下四个方面进行。

1. 医疗资源向老年群体倾斜

第一，医疗资源配置应从整体上向老年群体倾斜。首先，要重视老龄化带来的影响，积极应对老龄人口增长带来的医疗需求变化，加强老龄相关的医疗卫生机构建设。可以在综合医院中成立老年病科或老年病房，也可以建设康复院、护理院、临终关怀院等专业化的老年病医院和老年病相关专科医院，还可以鼓励服务效率低下的医疗卫生机构积极尝试转型，进而增加老年人医疗服务供给、提高对老年患者的医疗服务效率。其次，要重视老年人医疗需求的专业性和特殊性，加强医疗卫生领域人才培养。应尽快完善包括老年学、医学、社会行为学、伦理学和环境学等在内的老年病培训体系，面向不同学历阶段的医学生开设老年病课程，在学历教育之外开展针对全科医生、内科医生等的继续教育培训。最后，统一老年人医疗服务的行业标准和操作流程。建设高质量的老年急救病房、长期护理病房、康复病房和临终关怀病房，通过家庭医疗、社区服务、老年病科、老年病医院、老年护理院提供优质的医疗服务并形成规范的转诊流程。

第二，医疗资源配置应向老年人中的特殊群体倾斜。要注重农村老人、西部地区老人、高龄女性老人、无配偶老人的健康问题。我国老人空巢、独居、偶居现象目前已经非常普遍，既要重视这些户居类型的老年人，还要重视这些户居类型的老年人在不同地区的差异。空巢、留守老人的健康问题应该在政策层面得到更多的关注，家庭医生签约服务和智慧医疗服务等应广泛开展于这类老人的生活和就医环境。在具体工作中，应加强对空巢、留守老年人的分类识别和有效应对，对低龄健康老人进行健康知识普及，对高龄、贫困、患病老年群体进行日常体检和定期走访，要构建老年人的社会支持网络，向老人提供工具性支持和情感性支持，着手建立针对空巢、留守老人的紧急救护、陪同就医和住院陪护机制。

2. 医疗资源在城乡间均衡配置

我国农村地区的医疗卫生事业发展不充分，农村地区的医疗服务未能满足农村居民的医疗需求，农村老人相较于城镇老人也面临着更多的医疗困境。因此，要重视农村居民急速增长的诊疗和住院需求，在增加医疗服务供给时要适当向农村地区和农村居民倾斜。

第一，政府应进一步落实优惠政策，增加对农村医疗事业的投入，建立起健全的农村三级医疗卫生服务体系。要让县级医院发挥龙头作用，从整体上带动农村医疗服务水平的提高，积极给予村镇级医疗机构医疗援护和诊疗对接；要让乡镇卫生院发挥基本公共卫生服务和诊断常见病、多发病的功能，加强其与村级卫生所的交流与沟通；将村级卫生所作为基层诊疗的先头兵，提升其诊疗水平，为村民提供安全有效、价廉方便的医疗服务。

第二，要不断加强农村医务人才队伍建设，建立农村医护人员保障机制。要提高农村现有乡村医生的业务技能水平，不断为农村培养新的优秀医护人才，以保障医疗卫生机构的重心下移，从而帮助农村居民摆脱医疗困境、改善农村居民的医疗环境。

第三，需要做好分级诊疗规划，明确各级医疗机构的任务分工，提高医疗服务的供给效率。加快推动开展家庭医生签约服务，在减轻农村老人就医压力的同时，减轻各类综合医疗机构的医疗服务供给压力。有效改善农村居民就医条件，努力实现农村居民"小病不出村，常见病不出乡，大病不出县"的卫生工作目标，在保障农村基本医疗服务水平的前提下，减少跨层级、跨地域就医现象的发生。

3. 医疗资源在地区间均衡配置

我国老年人的健康状况及医疗需求存在一定程度的地区差异，但当前我国地区间的医疗资源配置尚不均衡，还不能精准满足老年人的医疗需求。在我国东部地区，老年人占总人口的比例较高，老年人对医疗服务的需求较旺盛，但东部地区一直存在人均医疗资源相对紧张的问题。在我国西部地区，老年人自评健康状况整体欠佳，但医疗机构的工作效率并不高，人才队伍的技术水平也相对有限。因此，应结合不同地区的人口结构、健康状况和医疗需求差异，推动医疗资源在不同地区间均衡配置。

第一，针对东部地区人均医疗资源相对紧张的问题，政府应积极发挥主导作用，通过科学调查明确各地区的医疗资源配置情况，合理调配医疗资源，使医疗资源配置水平与地区人口、社会、经济发展水平相协调。一方面，应充分发挥东部地区的经济和科技优势，将互联网远程医疗技术应用于日常医疗服务中，加强不同地区、不同层级医疗机构之间的协作和交流，提高医疗资源的利用效率，以缓解东部地区的人均医疗资源紧张问题，同时缓解老年患者外出就医不便的问题。另一方面，应积极推动东部地区基层医疗卫生机构的升级改造，按照各地区的医疗服务需求情况，推动基层医疗卫生机构进行设施改造、设备更新和人才引进，促进医疗资源在东部地区城乡之间均衡配置，从而提高东部地区整体的医疗服务质量。

第二，针对西部地区医疗机构工作效率不高、人才队伍技术水平有限的问题，应从管理创新和人才队伍建设两个方面进行优化和调整。在管理创新方面，医院应建立完善的管理运营体系，创新医院管理及服务制度，对以往随意的、依赖经验的传统管理方式进行改革和改进，提高医疗服务的效率。同时，应加强东中西部医疗机构在管理经验方面的交流，鼓励西部地区医疗机构积极学习东部地区的先进管理经验并引入其制度模式。在人才队伍建设方面，应通过合理的激励措施或政策，充分利用地方高质量教育资源，定期定向为农村贫困地区培养当地短缺且适用的医疗卫生技术人员。同时，要强化继续教育制度，加强对西部地区乡村医生和卫生员的医疗卫生培训，以提高现有卫生人员的技术水平。

4. 医疗资源在医疗卫生机构间均衡配置

首先，应让我国的医疗资源在各种所有制医疗卫生机构之间均衡配置，要重视目前公立医院医师的巨大工作压力，正确引导民营医院良性发展，为公立医院分流。同时，提供政策鼓励激励社会力量开办医疗机构、提供医疗服务，推动不同所有制医疗卫生机构在不同地区间均衡发展，不断增加医疗服务体系的主体多元性，以减轻公立、综合类医疗卫生机构的医疗服务供给压力。

其次，应让我国的医疗资源在各级、各类医疗卫生机构之间均衡配置。要按需增加基层医疗卫生机构的高价值设备，正视并解决基层医疗卫生机构的危房问题。要加强社区卫生中心与医院之间的紧密合作，建立连接社区卫生中心、社区综合医院和医院的完整服务体系，制定合理的就医和转诊流程，避免居民盲目求医造成的医疗资源浪费。要重视各类机构之间的病床周转次数和病床工作日差异，对各类医疗机构进行分工调整，减少医院的病床工作日，鼓励闲置资源向新型机构及床位转型。

再次，应让我国的医疗资源在门诊和病房之间均衡配置，加强门诊与病房之间的配合，确保患者及时得到诊断、治疗，提高病床使用率和病床周转次数，降低床位空置率。要做好急性患者的转诊工作和轻症患者的出院工作，有效缩短患者住院时间，减少出院者平均住院日。

最后，应让我国的老龄健康资源在医疗卫生机构和养老机构之间均衡配置。一方面，要扭转涉老医疗服务重治疗、缺照料的局面，发展养护照护型医疗机构，由医生、康复师、药师、营养师、心理师和护士组成多学科管理团队，对患急重症、老年痴呆、老年综合征、合并智障、肢体残疾和功能障碍，以及需要长期照料和临终关怀的老年患者的状况进行系统的评估、康复管理和综合干预。另一方面，要厘清医疗服务和养老服务的边界，加强医疗卫生机构和养老机构之间的合作与衔接，鼓励闲置医疗资源或养老资源转型，避免医疗资源或养老资源的浪费。

（二）医疗服务内容的适老化改革

老龄化背景下的医疗服务改革还应从服务内容方面展开。成功老龄化、健康老龄化、积极老龄化等老龄思想重视老年人在健康方面的异质性，关注老年群体在医疗和健康方面的多样需求，倡导以全生命周期视角建立综合卫生服务体系，为我国的医疗服务改革提供了新的思路。具体来说，可以从以下三个方面对医疗服务内容进行适老化改革，进而积极应对人口老龄化。

1. 重视预防与保健工作在老年医疗服务体系中的作用

随着医疗费用的快速增长和全球疾病谱的不断变化，预防与保健工作在医疗服务中的重要性进一步凸显。提高老年人的疾病预防与保健意识，不仅可以从源头上减少疾病的发生、降低疾病的严重程度，还可以从经济上减轻老年人的医疗费用负担，这与我国医疗资源分配不均衡、老年人整体收入不高、医疗费用负担较重的现状非常契合。

针对老年患者在调研中表现出的"擅自减少药量""从不收看

保健类节目""抽烟喝酒""从不参加体检"等情况，可以通过加强健康知识的宣传工作来培养老年患者的健康管理意识。许多老年人尤其是农村老年人文化水平有限、缺乏对自身健康状况和疾病预防知识的了解。应帮助这些老年人建立科学的医疗卫生知识体系，转变他们以往重诊疗、轻预防的观念，减少疾病的发生。例如，可以通过乡村医生、家庭医生的定期健康知识宣讲向老年人普及安全用药知识及健康保健知识，并加强对老年人的用药指导。也可以邀请健康与保健专家下乡，通过"零距离"互动的方式为老年人讲授不良生活习惯的危害，使其意识到健康保健的重要性。还可以通过远程视频讲座的方式向老年人宣传医疗保健知识，增强老年人自我保健和疾病防治的能力，使他们能够及时发现疾病，早诊断、早治疗，进而减轻重大疾病造成的医疗费用压力。部分老人不重视常规身体检查，虽患病但不自觉的情况经常使其错过治疗良机。可以发挥社区的引导和宣传作用来提升老年人的体检意识，同时鼓励各级医疗机构不定期为老年人开展爱心体检活动，增加老年人的体检机会。

2. 重视不同老年人在健康需求方面的异质性

成功老龄化、健康老龄化等老龄思想关注老年人在健康方面的异质性，我国的老年群体内部也呈现出越来越大的差异。然而，现有的医疗服务尚不能满足老年人日渐多样的健康需求，无法回应成功老龄化、健康老龄化等思想在医疗服务方面的新要求。在今后的工作中，可尝试参考以下标准对老年人进行分类，进而为有不同健康需求的老年人提供精准的服务。

其一，应注意区分低龄健康老人、高龄患病老人以及失能、半失能老人在医疗方面的不同需求。例如，低龄健康老人的医疗服务需求主要为疾病预防和筛查、定期体检、保健知识普及等，高龄及超高龄老人的医疗服务需求主要为上门服务、远程医疗服务等，失能、半失能老人的医疗服务需求主要为看护支持、用药管理、临终关怀等。

其二，应重视不同养老模式下老年人的就医路径差别和医疗需求差异。对于居住在养老机构的老年人，应从医养结合角度增加其就医的便利性。要加强养老机构与医疗机构的合作，鼓励有条件的养老机构引入或自建医疗机构，鼓励有条件的医疗机构为养老机构开设预约就诊绿色通道。对于居住在社区的老年人，应发挥社区卫生服务中心的作用，便利其就医。要重视家庭医生在健康维护和健康知识普及方面的作用，发挥社区卫生服务中心在治疗轻症和慢病方面的优势，建立健全医疗机构之间的转诊机制，为居住在社区的老年人提供精准的医疗服务。

其三，应重视空巢、独居、偶居和隔代抚养等户居形式下老年人的医疗需求。特殊的户居形式让这些老人在获取医疗信息、外出取药就诊、紧急情况呼救等环节难以获得年轻家人的帮助和支持，产生了依赖于社区、邻里（志愿者）等家庭外支持系统的诸多医疗需求，如用药指导、陪诊陪护、紧急救护等。应兼顾这些老年人在户居特征上的差别和环境资源上的差距，逐步改善医疗服务方式、调整医疗服务内容，满足其医疗服务需求。一方面，探索用药提醒机制，用药提醒服务可由基层医疗机构或社区通过电话、短信或定期上门告知等形式开展，以解决老年患者买药距离远、重复服药、擅自减少药量等问题；另一方面，推行紧急救护服务，紧急救护服务可由各级医疗机构、社区、邻里（志愿者）联动展开，最终形成"老人一键呼救—社区及时上报—医院紧急救护"的长效机制。

其四，应根据不同人群的健康状况，重点关注女性、农村、高龄、丧偶、未婚和离异老人的医疗需求。应仔细研读第七次全国人口普查中与老年人健康相关的数据和结论，对普查结果中"农村、西部、高龄、女性、无配偶等老年群体的健康状况欠佳"这一结论给予充分重视，并根据这些重点人群的属性特征分析其不同的医疗需求或就医困难，如女性老人的妇科医疗服务需求，农村老人对基层卫生机构的依赖及外出就医困难，高龄老人在疾病护理服务方面的需求，丧偶、未婚和离异老人无人陪同就诊的困难，等等。

3. 重视治疗环节以外的老年人需求

本研究的调查结果显示，老年人在治疗环节以外面临着诸多就医困难。这些未能被满足的需求往往会给老年人的就医过程和就医体验带来负面影响。这些需求不能得到满足，老年人就无法顺利完成就医，也无法拥有愉快的就医体验和健康的生理、心理状态，而这不利于疾病的治疗和康复，甚至会导致一些老年人排斥就医。

首先，和老年人医保政策理解相关的服务需求应该得到满足。老年人对医保政策内容的充分理解和利用，可以有效减轻其医疗费用负担、改善其就医体验，大幅提升其对政策和医疗服务的满意度。针对老年患者在调研中表现出的"对政策内容不了解""对政策效果不满"等情况，可以从以下两个方面进行改善。一方面，应在老年人办理参保或续保业务时，为老年人解读报销政策，主动向其普及医保知识，使其了解相关政策；另一方面，可以简化不必要的报销程序，缩短报销流程及等待时间，并在报销窗口旁设置老龄健康知识宣传栏，方便办理业务的老年人了解相关政策。有条件的地区或医疗机构还可以设置"为老窗口"，为老年人提供更人性化的服务，进而提升老年人对政策的满意度。

其次，和老年人数字融入困境相关的服务需求也应该得到满足。加强老年人在预防和治疗环节的数字融入，可以有效增加老年人的医疗保健信息来源，减少就诊过程中的"智能障碍"，提升各年龄群体接受医疗服务时的公平性。例如，针对老年患者在调研中表现出来的"没有手机或不能灵活使用"等问题，可以通过线下健康知识宣讲、开办手机教学班等方式，帮助其平等获得健康知识、完成就医。针对"没有手机"的老年人，可以通过线下健康知识宣讲的方式向他们普及健康知识或医保政策，通过保留人工窗口的方式为他们完成挂号、交费、取药等，开通"代办"

等功能为其探索新的求助渠道。针对"有手机但是不能灵活使用"的老年人，可以定期为其开办智能设备教学班，招募大学生志愿者或社会爱心人士等前往支教，以帮助其通过手机获取健康信息、完成就诊流程、加强医患交流。

最后，和老年人负向情绪相关的服务需求也应该被重视。负向情绪不利于老年人的生理和心理健康、影响老年人的就医行为，从侧面反映出当前医疗服务的不足。针对老年患者在调研中表现出来的"认命、无奈""孤独无助""排斥就医"等负向情绪，可以从以下几个方面采取措施、加以改善。其一，在日常生活中，应通过健康宣讲等形式对疾病的预防、治疗、护理、康复等知识进行普及，使老年患者对疾病形成正确的认识，减少、消除其对疾病的恐惧。其二，在城乡社区环境中，应建立健全社会支持体系，构建老年人陪诊陪护机制，帮助老年人克服外出就医困难，使其树立信心、生活质量得到改善。其三，在诊疗过程中，应鼓励医护人员与老年患者建立良好的医患关系、耐心解答患者的疑问，取得其信任，减轻其生病或就诊时的孤独和无助感。其四，在老年患者入院时，护士应态度和蔼、语速缓慢地向老年患者介绍医院周围环境、作息时间、主治医生、同病房病友等，并为老年患者提供舒适、安静的住院环境，以缓解老年患者的紧张焦虑心理。

（三）医疗环境的适老化改革

从目前的政策内容来看，医疗环境的适老化改革还未得到应有的重视；从老年人的就医现状来看，城乡老龄患者各自在医疗环境中遭遇着困境，也说明了我国医疗环境适老化改革的必要性。具体来说，可以从硬件和人文两个方面对医疗环境展开优化，以积极地应对我国的人口老龄化。

1. 改善老年患者就医的硬件环境

针对目前老年患者反映的导医标识和语音提示缺陷问题，应在改造过程中进行更细致的人性化思考。例如，要顾及老年人的视力缺陷，留意老年人的视线盲区，实现地面标识和墙面标识的互补，让导医标识能在第一时间引起老年人的注意。对于已经破损的地面标识和墙面标识，要及时进行清除和修复处理，以免误导患者。又如，应兼顾老年人的生理特点，对导医标识进行科学合理的设计。导医标识和其中文字的大小要兼顾老年人的视力特征，可以根据标识的重要程度用字体进行区分，也可以根据导医类别用颜色进行区分，还可以根据实用程度使用图形或文字。标识应粘贴或摆放在适当的高度，让使用轮椅的老年人也能看到。再如，要兼顾老年人的听力障碍或视力障碍，把导医标识和语音提示结合起来使用，让听力不好的老年人能够利用文字或图片标识获取信息，让视力不好的老年人可以通过语音提示获取信息。此外，还要适当提高就诊等候区的叫号音量，使老人在人多嘈杂的门诊大厅能够听清语音提示。

针对老年患者在移动或休息时遇到的困难，应通过对门诊空间的改造和优化来解决。第一，尝试改良电梯设计，方便老年患者搭乘。虽然几乎所有的医院都设置了直梯分层停靠来提升电梯的使用效率，但老人经常会因为错误搭乘而耽误就诊时间。医院可以通过直梯附近的导医标识和语音提示对老年患者进行提醒，也可以在直梯附近安排志愿者来对老年患者进行讲解和提示。此外，设置了扶梯的医院要合理调整扶梯速度，避免速度过快给老人带来不便。可以由志愿者为无人陪同的肢体障碍老年患者提供帮助，使他们实现就诊过程中的移动。第二，尝试在各楼层增加划价窗口，避免患者在楼层间往返。很多老年患者表示，就诊过程中要在各个诊区和一楼缴费大厅之间多次往返，要花很多时间在等候电梯和窗口排队上。优化工作中，各医院不仅可以尝试在各楼层增设划价窗口，有条件的医院还可以积极尝试诊间支付业务，以减少窗口的排队人数。第三，尝试规划就诊座椅的数量和位置。在适当增加座椅数量的同时，医院应当合理规划休息座椅的位置。要让休息区和就诊等候区统一起来，同时有效地利用语音叫号系统，这样既可以减少老年患者候诊时的站立时间，也可以缓解老年患者等候时的焦虑情绪。

针对农村老人普遍反映的就医取药距离较远、外出就诊交通不便等问题，可以从基层卫生机构和外出环境两方面着手改善。在对基层卫生机构的优化过程中，应一方面完善慢性病常用药品清单，另一方面增加必要的诊疗设备并从技术层面提升服务能力，方便老年人近距离就医取药。在对外出环境的优化过程中，可以从老年人的特殊需求出发进行无障碍设施改造，通过设置坡道、扶手、休息场所、标识等方便老年人外出，也进一步改善农村社区环境。还可以采用增设乡村公交、定期或不定期送诊等方式鼓励老人独立外出就医，因地制宜改善交通环境。

2. 营造老龄友好的人文就医环境

一方面，营造老龄友好的人文就医环境，有利于减少老年患者与医护人员之间的沟通障碍。应充分保护老年患者平等利用医疗服务的权利，为老年人友善助医或导医，简化其就医流程，改善其就医体验，鼓励其独立自主就医。医务人员和志愿者等要尝试以人性化的方式向老年人宣传就诊流程。例如，导诊台的导医人员可以利用卡片、便签等道具为老人介绍挂号、检查、缴费流程，让老人了解院内窗口和诊区的分布情况，消除老年人在空间和地点方面的困扰。医生在诊疗时也应兼顾老年人文化水平不高、医学知识有限、视力听力下降等特征，简要介绍病情、治疗方案、医疗花销及日常注意事项。这样可以减少老年患者的恐惧感，增加老年患者对于医护人员的信任。门诊服务中心的护士和志愿者们应用简洁易懂的语言引导老人完成划价、检查、取药等流程，为老人解释检查结果和医嘱，帮助老人理解医药费用的构成和医保知识。取药窗口可以尝试更人性化的改进措施，在老人药品上进行书写和记录，以确保老年人离开医院后能够掌握药物的用法和用量。

另一方面，营造老龄友好的人文就医环境，有利于消除老年人就医时的人工智能障碍。智能设备的引入是优化医疗服务、提高医疗效率的重要路径，但这也给老年患者带来了诸多就医障碍。应在数字生活背景下建设老龄友好的人文就医环境，使老年患者平等地享有医疗服务，进而推进我国的积极老龄化进程。其一，医疗机构应尊重老年人利用现金或人工窗口的偏好，兼顾老年群体的需求，保留适当数量的人工服务窗口为老年患者挂号、缴费、打印检验报告等。其二，可以在智能设备旁配备志愿者等导医人员，帮助老年患者了解设备的功能，为老年患者演示操作方法，使老年患者熟悉设备的使用流程。其三，要兼顾老年人的特征对智能设备的界面和功能进行优化，鼓励企业开发适合老年人使用的人工智能设备。例如，智能设备的界面应该简洁、易懂、字号适中，方便老年人识别和操作。又如，智能设备应该有效的将视觉和听觉效果相结合，以语音提示辅助手动操作，方便有视觉障碍的老年人使用。再如，从流程设置上允许家人、亲友、家庭签约医生等代替老年人预约挂号，让确有困难的老人能够得到帮助。

（四）费用分担机制的适老化改革

本研究的数据分析和实地调研结果显示了老年人在医疗费用方面的压力。我国老年人的整体收入情况并不乐观，城乡老年人的收入差距还很大，部分女性老人、高龄老人仍然主要依赖家庭成员的供养，接受访谈的农村老年患者也明确表示了医疗支出会带来经济压力。因此，在今后的改革过程中，应在抑制居民医疗保健支出和医药费用过快增长的同时，减轻老年人的个人医疗费用负担，建立合理的政府、个人、社会间费用分摊机制。

1. 提高老年人经济收入水平

经济收入水平的提高可以减轻医疗费用给老年人带来的压力、提升老年人及时就医的意愿、增强老年人寻求优质医疗服务的能力，为其获得良好治疗等创造机会，进而达到改善其健康状况的目的。因此，建议从以下两个方面提高老年人，特别是农村老年人的经济收入水平，进而降低居民医疗保健支出占年消费性支出的比例、逐渐提升人均医疗保健支出水平。

　　一方面，应从社会保障制度设计和制度保障水平等方面努力提高老年人的经济收入。第一，可以进一步提高老年群体的养老金水平，逐渐缩小城乡老年人的养老金水平差距，缓解老年人就医时的经济压力，提高其抵御疾病风险的能力。第二，在将一般生活困难老人纳入低保范围、做到应保尽保的同时，重点关注高龄、长期患病、丧失自理能力的老人。第三，应建立临时救助机制，帮助那些遭遇突发事件或重大疾病而难以承受经济负担的老年人渡过难关。同时，有条件的地区可以适当增加 80 岁以上老人的高龄补贴，对于农村三无、低保、五保老人以及生活完全不能自理的老人，可以在现有标准的基础上适度提高补贴水平。

　　另一方面，应从城乡社区的功能层面努力增加老年人的经济收入。城乡社区应承担起政策落实者的责任，在人群筛选、资格评定、补贴落实、咨询答疑、监督管理、建言献策等环节发挥作用，保障辖区内有需求的老年人获得其"应得可得"的权益。城乡社区也可以有效整合社区内资源、多方链接社会资源，建立社区内的社会慈善团体、医疗互助会等社会组织来帮助困难老人减轻因经济收入不足而产生的医疗费用压力。城乡社区还可以发挥其组织者、协调者的作用，针对尚有余力、有能力的老年人，鼓励其继续参与劳作或工作。例如，通过拓展农副产品的销售渠道、链接合适的工作机会等来提高农村老人的经济收入。

　　2. 医疗保障制度的适老化改革

　　在增加老年人收入的同时，也要努力通过医疗保障制度的适老化改革，逐渐提升卫生总费用中的政府支出占比、降低个人的付费比例，减轻老年人，特别是农村和中西部地区老年人的医疗费用压力。

　　第一，应进一步提高医疗保障制度的保障水平，通过医疗保障制度的转移支付功能，逐步减轻老年人的医疗费用压力。其一，政府应在不断完善立法的过程中保障全体居民，特别是老年人平等享有医疗服务的权利，合理界定医疗保障制度的保障范围，明确参保人的义务、责任及其所享受的权利和待遇。其二，应追求参保环节的社会公平，确保老年人，特别是低收入老年人参与基本医疗保险，做到应保尽保。其三，可以通过扩大药品清单、增加定点医疗机构、扩大报销范围等方式对基本医疗保险制度进行整体改进，也可以通过降低起付线、提高支付比例、提高封顶线、提高门诊报销比例等方式对老年人的医疗保障水平进行进一步调整。其四，要重视医疗救助和补充医疗保险的作用：一方面通过医疗救助制度对经济困难老年人的参保费用、个人负担部分医疗费用等进行减免，减轻经济困难老年人及其家庭的医药费负担；另一方面充分发挥商业健康保险的补充作用，鼓励相对富裕的群体投保商业健康保险，进而建立起多层次的全民医疗保障体系。

第二，要重点优化农村医疗保障制度，提高农村居民的医疗保障水平，增强农村医保制度报销的便利性，减轻农村老年人的医疗费用压力。其一，要依据不同医疗保险制度参保群体中的老年人比例及老年人收入情况进行相应的财政支持或转移支付，不断加人对农村和中西部地区的投入，以保障不同医疗保险制度下老年人的医疗待遇公平。其二，要通过城乡居民医疗保险制度在城乡之间、不同年龄群体之间进行风险分散和再分配，进一步减轻农村老人的参保费用负担，降低农村老人的自费比例，提高制度对农村老人的保障水平。其三，要关注农村特殊群体和重要测量指标，使制度给付更加合理、精准。可以参考老人上一年度医疗支出、本人年均收入、家庭成员外出务工的人数等重要指标对医保制度给付水平进行适度调整。其四，应充分考虑农村老人外出就医时面临的多重困难和费用负担：一方面增加基层定点医疗机构以确保老人在就近就医时能进行费用报销，另一方面提高给付标准、增加给付项目以减轻老人外出就医时产生的食宿费、陪诊人员误工费等负担。

（五） 低龄健康老人的角色转换

我国患病老人的就医问题和高龄老人的健康问题正逐渐受到重视，但目前的老龄健康政策很少提及低龄健康老人在健康维护和健康增进过程中的积极作用，成功老龄化、健康老龄化、积极老龄化等思想尚未得到充分实践，低龄健康老人的作用和优势有待发挥。在具体工作中，应扭转老年人单纯接受医疗服务的被动地位，充分发挥低龄健康老人在宣传、互助、自我成长等方面的能动性。

1. 引导低龄健康老人实现自我成长

第一，应在政策内容中进一步倡导积极的老龄思想，积极探索低龄健康老人的社会功能，扭转当前将老年人口视为负担和弱势群体的局面。随着年龄的增长，老年人的身体机能会不可避免地衰退，原有的社会角色可能会丧失。但是，不可否认的是，老年人尤其是低龄老年人还具备许多经验优势、技能优势以及资源优势等，还有余力参与社会生活。积极老龄化思想要求老年人根据自己的能力、需要和喜好，通过各种方式参与到家庭、社区和社会发展中去，利用自己积累的知识、技能和经验继续为家庭、社区和社会作出贡献。因此，一方面，应在政策内容中对不同特征的老年人进行分类，有效挖掘低龄健康老人的社会功能，对低龄健康老人提出健康维护和健康提升的行动要求；另一方面，应注重不同年龄群体之间的互动，政策内容应积极引导低龄健康老人发挥余热、为高龄患病老人和其他年轻人群做出可能的贡献。

第二，应在具体实践中积极探索，鼓励低龄健康老人自我成长或自我实现。例如，可以通过志愿者服务等提升低龄老人的智慧生活能力，具体内容包括利用智能手机获取健康信息、利用智能手机记录健康状况、使用可穿戴设备进行健康监测、利用自助设备就医缴费等。又如，可以通过社区活动等普及医疗常识和健康知识，使低龄健康老人能够积极维护自身健康、有效应对今后可能到来的疾病。再如，可以通过对医疗卫生机构的适老化改造等鼓励老年人独立就医，减少老年人在就医环境中的不安和对家庭、子女的依赖。另外，要尊重老年人继续参与社会劳动的意愿，让低龄的、健康的老年人能够走出家门、融入社会，按照自己的愿望，凭借自己的知识、经验和能力服务社会，同时获得相应的报酬。

2. 鼓励低龄健康老人参与社区互助活动

积极老龄化思想对"积极"做出了新的定义，"积极"并不单纯指参与劳动的能力，也包括不断参与社会政治、经济、文化等事务的能力。积极老龄化思想认为，老年人是社会宝贵的资源，老年人社会参与是积极老龄化过程中的重要一环。退休后的低龄老人时间较为充裕、阅历较为丰富，其参与志愿服务的意愿也较强①，可以鼓励低龄健康老人参与到社区互助活动中来，实现"老老互助"和不同年龄群体之间的互助。可以通过老年大学、社区课堂等方式对低龄健康老人进行智能设施使用、医疗卫生知识学习、医保政策和报销流程宣讲等方面的培训与教育，增强其知识与技能，鼓励他们担任老年卫生宣传员、长者义工、低龄老年护工等，从而更专业地参与到社区助老、医疗机构助医的过程中去。

例如，可以将有意愿、有能力的低龄老年人组织起来，成立社区互助小组、增强低龄健康老人之间的互动。这样做，可以减少低龄老人由于退休、身体机能下降等原因所导致的社会关系缩减、社交机会减少、角色丧失和边缘化等问题，减轻低龄健康老人的失落感与孤独感，使他们在互助过程中重新找到自身价值。又如，可以鼓励低龄健康老人参与到照顾高龄、失能等老年人的社区工作中。这样做不仅可以缓解当前我国照护人员紧缺的问题、提升高龄老年人的健康水平，还能让低龄老年人提前对高龄生活形成一定的认知。再如，可以鼓励低龄健康老人凭借其丰富的工作经验与相关知识，对其周围年轻群体进行疾病及健康知识宣讲，

---

① 梁淑雯、李录堂：《低龄老年人力资源再开发方式探究——基于中国老年社会调查数据》，《理论导刊》2018年第2期，第78~84页。

倡导健康生活，增进社区内部的沟通与交流，减少社区居民生理和心理疾病的发生概率。

3. 鼓励低龄健康老人参与导诊陪诊

本研究的调研结果显示，我国高龄老人的受教育程度有限，对医学知识的掌握程度和对就医流程的了解程度也不高，城市老年患者在门诊会遭遇诸多困境，农村老年患者也明确表达了对陪诊或陪护的强烈需求。然而，随着我国人口结构的变化和经济社会的进一步发展，老年人子女数量逐渐减少，城市工作节奏越来越快，农村年轻劳动力不断外流，家人陪同老年人就诊就医的困难越来越大，培养陪诊陪护人员成为当下较为迫切的改革内容。低龄健康老人在担任导诊、陪诊人员方面具有先天的优势：一方面，他们对健康、疾病、身体衰退和保健知识的理解优于年轻人，也更有提前熟悉就医环境和就医流程的意愿；另一方面，他们从年龄特征和成长经历上更接近高龄患病老人，沟通成本低、沟通效果好。具体来说，可以从以下几个方面鼓励低龄健康老人参与导诊或陪诊。

其一，可以引导低龄健康老人担任医疗机构的导诊员或志愿者。目前，医疗机构内的导诊人员数量并不充足，老年患者往往难以获得充分的关注。低龄健康老人的参与既可以有效帮助老年患者顺利完成就医全流程，又可以实现医患之间的顺畅沟通，还可以在导诊过程或志愿活动中增进对医疗知识的了解从而更好地维护自身健康。其二，可以鼓励低龄健康老人组织或参与城乡社区的互助活动，陪同辖区内的高龄患病老人前往医疗机构就医。社区既可以采用专人专职的方式让低龄健康老人长期参与陪诊服务，也可以采用志愿活动、轮岗等方式让低龄健康老人定期或不定期参与陪诊服务。其三，可以引导低龄健康老人担任职业陪诊员，在市场机制下提供有偿陪诊服务。将陪诊员发展成为一项职业，不仅可以有效减轻家庭成员负担、壮大医疗服务队伍、协助老人顺利就医，也可以为低龄健康老人提供更多的工作岗位，提升其收入水平，帮助其更好地参与社会生活。

二　积极老龄化视域下的日本经验

（一）日本医疗体制的基本情况

日本自 20 世纪 60 年代开始逐步进入老龄化社会，是当今世界上老龄化问题最严重的国家之一，也是率先应对人口老龄化问题、积极解决医疗难题的国家之一。面对人口老龄化加剧、老年人医疗需求快速增长、医疗费用居高不下、国家财政负担不断加重等问题，日本政府和学界进行了多年探索，通过改革医疗体制、制定和实施相关法律、完善医疗保障制度、规范医师准入标准等举措，使日本的医疗服务多年连续保持世界领先水平。同为深受儒家思想影响的亚洲国家，中日两国在家庭关系、敬老思想、尊卑观念等多个方面有着相似之处，当前我国在经济发展阶段、社会成熟程度、人口结构变化等方面所表现出的特征也与日本进入老龄化社会初期时较为相似。因此，日本医疗体制的改革经验和完善举措对我国当前的医疗服务适老化改革有重要的指导作用。我国可在借鉴日本经验的过程中，基于本国国情不断反思，寻求医疗体制的优化和发展。本小节对日本医疗体制的介绍和分析从医疗服务体系和医疗保障制度两个方面展开。

1. 日本医疗服务体系的基本特征①

第一，相对均衡的医疗资源配置。

首先，充足的医疗机构总量为医疗资源的均衡配置创造了前提条件。1960 年设立的医疗金融公库在很长一段时间里积极为医疗机构进行低利率融资，医院等医疗机构的数量在此金融政策的支持下实现了快速增长。1954~1993 年，日本的医院数量增长了 3 倍，医疗服务的供给能力得到了大幅提升。

---

① 王峥：《日本医疗体制变革的历史回顾》，《南京医科大学学报》（社会科学版）2020 年第 4 期，第 313~316 页。

其次，日本各类医疗机构之间的资源配置较为均衡。一是从所有制形式上来说，日本的国立、公立、私立三种医疗机构长期并存并实现了相对均衡的发展。国家设立的综合性医疗与研究机构、各地方政府设立的公立医院、社区中的私人医院（大多数是专科诊所）遍布全国各地，这为日本居民就医提供了多样的选择。二是从规模上来看，日本的综合性大医院和小型私人专科诊所长期并存并形成了良性互补关系。综合性大医院的特点是规模庞大、科室众多，既是提供紧急救护和治疗重症、疑难病症的主体，也是开展医学教育和研究的主要场所。小型私人专科诊所的特点是分布广泛、选址便民、服务质量优越、医生术业有专攻，是日本百姓的就医首选。

最后，日本各地区之间的资源配置较为均衡。分层级的医疗管理与服务体系使日本各地区的医疗服务资源配置更加合理。一是日本设置了一次医疗圈、二次医疗圈和三次医疗圈，并对这三级医疗圈进行了合理分工。一次医疗圈以市町村为单位，为居民提供门诊服务；二次医疗圈按照人口密度、交通状况、社会经济发展状况、患者流入流出量等要素设立，可以开展更复杂的诊断、治疗和住院服务（主要提供住院服务）；三次医疗圈以都道府县为单位，主要提供高精尖住院服务，基本无门诊（转诊除外）。二是日本各都道府县会根据合理的计算标准对各地区实行床位管控，以此纠正床位数量在地区间的不均衡发展，这使日本的医疗资源配置避免了过密或过疏的问题。

第二，相对优质的医疗服务供给。

首先，日本政府通过对医疗机构数量和医疗服务价格的控制，确保了全民覆盖、低价高质的医疗服务。从医疗机构数量方面来看，随着1948年《医疗法》的制定，由地方政府、日本红十字会、厚生农业协同组合联合会、济生会等设立的公立医院均可以得到中央政府的国库补助，民间开设、运营的医疗机构也更容易筹措到资金，日本的医疗机构数量实现了快速增长。1985年以后，日本持续通过制定都道府县医疗计划来引导医疗机构的地区布局，从而避免了医疗机构数量的过快增长和地理分布上的过密与过疏问题。从医疗服务价格方面来看，1927 年出台的诊疗报酬政策和后来出台的《医疗保险机构以及医生疗养担当规则》等共同控制了医疗服务的价格，各医疗机构必须根据"诊疗报酬点数表"以"计点付酬"的方式对患者（被保险者）进行诊疗，才能够从医疗保险机构获得医疗保险范围内的诊疗报酬。《医疗法》也明令禁止以营利为目的开设医院和诊所，医疗供给方的非营利性质从根本上保障了低价的医疗服务①。

其次，多元医疗主体的均衡发展为居民提供了多样的就医选择。日本在其独特的医疗体制变革过程中，发展出了医师协会、开业医、私立医院、老人院、公立医院、连锁经营医院、大学附属医院等多种主体。不同类别的医疗机构在治疗领域方面各有所长、专科化程度较高、各有优势。在不同机构就职的医生虽因职位、服务内容的不同存在收入和地位上的差异，但总体来说医生之间身份差距较小、专业技术水平相近、收入差距并不巨大。因此，日本的医疗主体呈现多元并存的特征并能够获得均衡的发展，从而为居民就医提供了更多的选择。

再次，日本很早就将对国民的医疗服务范围从疾病治疗扩大到了健康管理。早在 1978 年，日本厚生劳动省便推出了"国民健康增进计划"（又译为"国民健康运动规划"），开始从国家层面对国民健康加以管理，一方面通过健康体检加强疾病预防，另一方面注重培养国民的运动习惯。2000 年以后，日本又颁布了"健康日本 21 世纪"计划，旨在通过营养与饮食、身体活动与运动、休闲与心理健康、控制吸烟、控制饮酒、牙齿保健、糖尿病预防、循环系统疾病预防、癌症预防九个方面努力延长国民的健康寿命

———————

① 李三秀：《日本医疗保障制度体系及其经验借鉴》，《财政科学》2017 年第 6 期，第 17 页。

并维持和提高国民的生活质量。目前，日本几乎每个城市都有自己的健康管理中心、定期为居民提供健康体检服务，最大限度地预防疾病的发生、增强国民的健康管理意识。

最后，日本的医院看护制度为患者提供了专业的护理服务，最大限度减轻了患者家属的护理负担。住院患者家属的陪护在日本是不必要也不被允许的，患者打针吃药和饮食起居都由护士负责。在这种环境下，医护人员可以安静、专心地对患者展开医治和护理，患者在治疗过程中也能得到科学、优质和个性化的服务，医院对入院治疗的每个患者尽全部责任。因此，日本的医患关系相对和谐，患者对医护人员非常信赖，医疗纠纷也相对较少。

第三，相对成熟的医务社会工作。

日本的医务社会工作发展始于 20 世纪 20 年代。私立医院最先雇用了接受过正规教育的社会工作者，并开始在医院开展医务社会工作。1947 年日本政府颁布的《保健所法》制定了"保健所内应设置专任医务社会工作者"的条款。按照《保健所法》的要求，其他医疗保健机构如医院、国立疗养院等也相继为医务社会工作者设置了岗位。随着医务社会工作在医疗保健机构的普及，住院援助类医务社会工作（如对贫困者或结核病患者的住院援助）、咨询援助类医务社会工作（如患者有关医疗费用的咨询）等也逐渐得到了社会的认可。在 1958 年日本厚生省制定的《保健所医疗社会事业业务指南》中，关于保健所医务社会工作的具体内容有了更加详细的规定。1989 年，该指南被重新命名为《医务社会工作者业务指南》，并新增了对医院、诊疗所、老人保健机构、精神障碍者社会复归机构、精神保健福利中心等医疗相关机构的医务社会工作内容要求。[1] 2008 年，日本修正了《社会福祉士及介护福祉士法》，提高了对社会福祉士的实操和技能要求，重新审视了实

---

[1] 芦鸿雁：《日本医务社会工作的特征及其对我国的启示》，《医学与社会》2009 年第 8 期，第 2 页。

习、演习在人才培养过程中的作用。从此，高质量的专业人才培养过程有了更加完备的法律保障，日本医务社会工作的实习教育也在医疗社会事业协会的主导下得到了进一步加强。①

　　日本的医务社会工作经历了近百年的发展，已经形成了相对成熟的体系。目前日本的医务社会工作主要包括直接性援助、间接性援助和社区活动三方面内容。其中，直接性援助是指为患者及其家属提供经济、心理、信息搜集等方面的援助；间接性援助是指帮助患者及其家属加深对其他工作人员的理解、获取有价值的相关资料、参与建立互助性组织等；社区活动包括参与居家养老体系以及社区养老体系的建设、提供院后服务、援助复学和复职等。② 随着日本医疗体制的变化，医务社会工作的内容越来越复杂、工作领域越来越广，从病人就诊、入院到居家生活的重新构建，医务社会工作者都会参与其中并提供相应的援助，这对日本医疗服务质量与水平的提升起着至关重要的作用。

　　2. 日本老年人医疗保障制度的改革脉络③

　　日本公共医疗保险目前分为三种类型：按职业不同而设立的职业型医疗保险（健康保险组合、健康保险协会掌管的健康保险等）；按属地不同设立的地域医疗保险（国民健康保险）；为75岁以上的老年人建立的后期高龄者医疗保险制度（长寿医疗制度）。参保费用由各级政府、企业和个人按比例缴纳，参保人就医时支付10%~30%的医疗费用，其余部分由医保基金支付。具体来说，日本老年人相关的医疗保障制度经历了以下四个历史发展阶段。

　　（1）上行期间的老年人医疗保障制度发展

　　在老年人医疗保障制度发展的第一阶段，日本实现了"国民

① 徐荣：《日本医务社会工作实习教育对我国的启示》，《社会福利》（理论版）2018年第2期，第15~22页。
② 芦鸿雁：《日本医务社会工作的特征及其对我国的启示》，《医学与社会》2009年第8期，第2页。
③ 王峥：《日本老龄化背景下医疗保险制度变迁及启示》，《江西农业大学学报》（社会科学版）2012年第4期，第131~135页。

皆保险"，老年人的医保给付水平不断提高。1961年，日本的医疗保险制度以强制参加的形式覆盖了所有国民，形成了通常所说的"国民皆保险"。至此，日本的老年人也同其他国民一样，开始享受医疗保险，这些老年人主要被国民健康保险覆盖。在日本经济接下来近15年的高速增长过程中，政府不断增加财政支出，医疗保险的给付比例也不断提高。1963~1967年，日本医疗保险的给付比例连续4年不断提高，从1963年的30%给付增加至1967年的70%给付。一些地方自治区域甚至自发地开始实施老年人免费医疗的保险制度。1973年，政府规定70岁以上的老人可以享受免费医疗，老年人医疗费用中原30%的个人负担部分由政府财政进行补贴。同年，70岁以下公民的医疗个人负担水平也被控制在30%以下，并且由医疗保险对所发生的高额医疗费用进行给付。由于1973年日本福祉领域进行了多项制度改革，人们享受的社会福利越来越多，这一年也被称为"福祉元年"。

（2）回调阶段的老年人医疗保障制度优化

在老年人医疗保障制度发展的第二阶段，日本通过新制度的建立和制度间的转移支付，分散了老年人医疗费用给国民健康保险带来的压力。这一阶段受经济危机和老龄化加速的影响，日本的医疗保险制度出现了严重的财政问题。在此后很长的一段时间里，日本政府开始对医疗保险，特别是对与老年人相关的医疗保险制度进行了修正和改良。首先，通过创建"老人保健制度"减轻了国民健康保险的基金支出压力。日本老年人报销时所获得的医疗保险给付金过去主要由国民健康保险参保人缴纳的保险费（占总额的70%）和政府财政支出（占总额的30%）承担。1983年，日本通过创建"老人保健制度"，将由国民健康保险参保人缴费承担的老年人医疗费用（占总额70%的部分）进行了分散处理，改为由国民健康保险和其他医疗保险的参保人共同缴费承担，以此减轻国民健康保险参保人的缴费压力、增加国民健康保险的基金收入。老年人医疗费用给付金的另外30%仍然由政府财政承担，各级政府的负担比例为中央财政 20%、县（省）级财政 5%、市町村 5%。其次，为了配合"老人保健制度"的实施、实现国民健康保险制度的收支平衡，日本自 1984 年起实施了"退职者医疗制度"，该制度以 1983 年以前退休、70 岁以下的国民为对象。这些国民退休后重新加入国民健康保险时，除个人需按规定比例或金额缴纳国民健康保险的保险费外，其过去所属的医疗保险也要按照一定比例将部分保费转入国民健康保险中，以保证国民健康保险制度的正常运作。最后，老年人（70 岁以上）免费医疗带来的后果也引起了日本政府的重视。1984 年起，实行了长达 10 年的老年人免费医疗制度被取消，老年人在享受医疗服务的同时，必须支付个人负担部分的医疗费用。老年人免费医疗制度的取消和对诊疗费用的监管大大减缓了日本国民医疗费用的持续增长势头，日本国民医疗费用的增长率从 1975 年的 20.4% 降低至 1985 年的 6.1%，进而降至 1995 年的 4.5%。

（3）老龄社会下的老年人医疗保障制度改革

在老年人医疗保障制度发展的第三阶段，日本不断调整老年人相关的制度设计和制度内容，以减少医疗保险基金的赤字。进入 20 世纪 80 年代以后，日本人口的老龄化速度进一步加快，医疗保险对老年人医疗费用的给付不断增加。1994 年，日本 65 岁以上老人占总人口数的比例超过了 14%，日本正式进入老龄社会。尽管日本政府之前出台了很多改良政策来遏制医疗费用的增加，国民医疗费用还是以每年 1 兆日元的速度持续增长。进入 90 年代，日本经济的泡沫破裂，日本政府的财政支出能力进一步下降，不得不对医疗保险制度进行一次又一次改革。首先，日本尝试将老年人的护理需求及其所发生的费用从医疗保险制度中分离出来，进而减轻医疗保险基金的沉重支出负担。1994 年，日本首次提出了设置介护（护理）保险制度的构想；1997 年，《介护保险法》制定完成；2000 年，介护保险制度开始实施。其次，为了减少医疗保险基金的赤字，日本还从给付水平、给付对象和给付内容上对医疗保险制度进行了调整。20世纪90年代中后期，日本老龄化进一步加剧，面对巨大的医疗保险支出压力，日本政府意图通过提高老年人个人负担比例、降低给付水平、减少给付对象、削减给付内容等办法来减少医疗保险的给付金额，从而减轻医疗保险基金的支出压力。1994年开始，住院期间的"食事疗养费"改由个人负担；2000年开始，日本将老年人医疗费用的个人负担部分由定额制改为总费用的10%；2002年开始，一定收入以上的老年人的医疗费用个人负担部分被提升至20%；70岁以上老年人在住院和就医时的个人医疗费用最高负担额度逐渐被提高；老人保健制度的给付对象年龄逐步从70岁提高到了75岁。最后，为了减少大病和重症导致的医疗费用支出，在早期完成对老年人疾病的干预和治疗，日本加强了国民的疾病预防保健工作。2000年公布的"21世纪国民健康运动"和2003年开始实施的《健康增进法》目的都在于提高国民身体素质、预防疾病、控制医疗费用。疾病预防保健工作的加强改变了日本国民的不良生活习惯、减少了生活习惯病的发生，在抑制医疗费用上涨的同时也在一定程度上减轻了日本医疗保险基金的沉重负担。

（4）超老龄社会背景下老年人医疗保障制度探索

在老年人医疗保障制度发展的第四个阶段，日本一方面继续实施和推进介护保险制度，将生活护理内容从医疗服务中分离出去，避免医疗资源浪费，减轻医保基金负担；另一方面实施了后期高龄者医疗保险制度，将老年人医疗费用进行合理分摊，防止整个医疗保险体系被拖垮。2005年，日本老年人口占总人口的比例达到了20.2%，日本正式进入超老龄社会。面对老年人医疗费用的不断增加，以及由其造成的保险基金赤字和财政困难，日本于2006年提出了创建"后期高龄者医疗制度"（长寿医疗制度）的构想。"后期高龄者医疗制度"于2008年4月1日开始实施，创建于20世纪80年代的"老人保健制度"和"退职者医疗制度"同年被废除。"后期高龄者医疗制度"由各都道府县以及市町村组成的广域联合独立运营，广域联合主要负责被保险者的资格管理、保险费和保险金的水平制定等，市町村具体负责保险证的发放和保险费的征收。改革后，老年人被分为前期高龄者和后期高龄者。前期高龄者是指年龄在 65～74 岁之间的老年人，其退休离职后仍继续在原来的医疗保险制度中参保并享受给付；后期高龄者是指年龄在 75 岁及以上的老人和 65 岁及以上的残障人士，他们将从原医疗保险制度中独立出来，被纳入"后期高龄者医疗制度"中。"后期高龄者医疗制度"的基金收入构成为：政府负担 50%、其他各医疗保险基金支援 40%、后期高龄参保者缴费 10%。[①] 新制度下，前期高龄者就医时的个人负担部分根据年龄不同而有所差异：65～69 岁的老年人个人负担医疗费用的 30%，70～74 岁的老年人个人负担医疗费用的 20%。后期高龄者就医时通常个人负担医疗费用的 10%，但同时遵循"低收入者少支付、高收入者多支付"的原则。例如，自 2018 年起，个人年收入超过 383 万日元或家庭年收入超过 520 万日元者，就医时个人需负担医疗费用的 30%；自 2022 年起，个人年收入为 200 万～383 万日元者或家庭年收入为 320 万～520 万日元者，就医时个人需负担医疗费用的 20%。

（二）日本医疗体制改革的经验

第一，在医疗服务方面充分尊重老年人的独立性和自主性。

我国老年人独立就医的硬件和人文环境尚不健全，老年人难以追求就医时的独立与自主。在医疗机构就医时，很多老年人难以与医护人员进行充分、顺畅的沟通，容易陷入数字融入困境，住院期间也非常依赖家人的陪护。对于农村老人来说，基层医疗卫生机构的技术水平有限、医保定点机构不多，外出就医时路途遥远、交通不便、食宿成本高，他们很难根据病情自主选择医疗机构，无人陪同时也很难独立外出就医。而日本遵循成功、健康、

---

① 陈多等：《日本应对老龄化的经验及对中国的启示》，《中国卫生资源》2018 年第 6 期，第 540～546 页。

积极的老龄化思想，在医疗体系的改革与实践中完成了多方面的优化和调整，充分尊重了老年人的独立性和自主性，为我国提供了良好的借鉴。

首先，公平、可及的医疗资源配置为老年人自主就医提供了前提。

其一，科学的三级医疗圈床位管控制度避免了医疗机构的过密或过疏配置，绝大多数老年人可以自主搭乘便利的公共交通工具前往附近的医疗机构就医。日本的医疗改革成功地回避了欧美社会的几大医疗弊端：诊所、医院、养护之家未被完全割裂，医师协会、开业医、私立医院、老人院、公立医院、连锁经营医院、大学附属医院等多方主体在博弈过程中基本实现了利益平衡。日本兼顾了不同规模、不同所有制医疗机构的均衡发展，政府制定的激励政策鼓励并引导了民间资本对医疗事业的投资，从而缩小了各类所有制医疗机构在资金和设施方面的差距。国立、公立、私立三种医疗机构并存的医疗体制以及分层级的医疗管理与服务体系，使日本的医疗机构分布和各地区之间的医疗资源配置相对均衡。因为医院总量充足、私人诊所遍布全国各地，所以老年人在自家附近就可以获得便捷、优质的医疗服务。①

其二，严格的医师准入制度提高了日本医务人员的整体技术水平，私人医院、小诊所与综合医院的医生在技术水平、职业地位和经济收入方面差距较小，医生普遍能够获得老年患者的信任。在日本，医院的院长既是医生也是经营者，中小型医院和诊所比大学附属医院的医治领域更宽，开业医在自己专业领域之外也发挥着全科医生的作用，医疗机构和医疗从业者并未像欧美一样呈现高精度的专业化分类。同时，私立医院医生的收入和地位并未远超公立医院的医生，专科医生的收入和地位也并未远超全科医

① 王峥：《日本医疗体制变革的历史回顾》，《南京医科大学学报》（社会科学版）2020年第4期，第313~316页。

生，医生内部并未形成像欧美那样的巨大身份差距。因此，老年患者能够在不考虑医生技术水平的前提下，根据住址和交通情况等自主选择就医地点并获得高质量的医疗服务。

其三，健全的医疗保险制度覆盖了全日本的城乡老年人，这些老年人可以在相对统一的制度给付标准下自主选择医疗机构就医。在现行医疗保险制度标准下，65~69岁老年人、70~74岁老年人、75岁及以上后期高龄者分别需负担医疗费用的30%、20%和10%。后期高龄者的个人负担部分可遵循"低收入者少支付、高收入者多支付"的原则浮动。可见，日本老年人的制度给付标准会根据年龄和收入情况的不同而出现差异，但并不会根据就医机构的级别、规模或所属行政区域等进行调整。因此，日本老年患者能够在不考虑医疗费用水平和医保报销比例的前提下，根据自身的病情和个人偏好等自主选择就医地点并获得高质量的医疗服务。

我国医疗资源在城乡间、地区间的配置尚不均衡，各级各类医疗机构在人才队伍、技术水平、设施设备、服务质量和服务效率方面存在着较大差距，还不能充分、精准地满足老年人的医疗需求。在这一问题的解决上，日本注重多元医疗主体的利益均衡，结合不同地区的人口结构、健康状况和医疗需求差异，使医疗资源在不同地区间实现了较为均衡的配置，为我国提供了可借鉴的经验。

其次，老龄友好的医疗服务机制为老年人独立就医创造了环境。

其一，日本在门诊、住院、入户上门等多个环节为老年人提供了便利的医疗服务，使老年人能够享受到种类多样、人性化的医疗服务。①日本重视以老年人需求为导向提供医疗健康服务，服务内容丰富，服务场所灵活。医疗机构会根据老年人的生理、心理与社会需求，为老年人提供多层次、个性化的医疗保健服务，以应对老年人在健康和疾病方面的异质性问题，提高老年人的生活质量。②日本老年人在病床等医疗资源的选择上拥有更多的选择权。在日本，地方政府以当地的人口结构和医疗需求为基础，构建了符合该地特点的医疗供应体系，并将病床按照功能划分为高度急性期病床、急性期病床、恢复期病床和慢性期病床。老年人可以根据自身的服务需求选择上述病床类别。① ③健全的医院看护制度使老年人在独立就医时也能享受到优质、便捷的服务。在日本，家属陪护患者住院是不被允许的，住院患者由专门的护士负责饮食起居和打针吃药。这一制度既为患者家属减轻了陪护负担，又为医护人员创造了可以专注治疗的安静空间，还给老年患者提供了独立就医、入院治疗的友好选择。④日本有较完善的社区综合护理体系，市町村会先通过调查对社区内老年人的实际服务需求进行分析，然后通过资助社区支援项目、整合医疗与护理资源、完善养老配套设施等，在日常生活场所为老人提供居住、医疗、护理、疾病预防、生活支援等服务，以满足社区内老年人多样化的服务需求、解决社区问题为出发点，构建自助、互助、共助、公助相结合的社区综合护理体系。②

其二，发展良好的医务社会工作有效地解决了老年人就医过程中的各种难题。日本在公立医院、私立医院中都引入医务社会工作，并对医务社会工作的工作内容做了详细规定。2002 年日本厚生省公布的《医务社会工作者业务指南研讨会报告书》确定了"经济援助、疗养中的心理和社会性问题、受诊受疗服务、出院服务、社会回归服务、社区活动"六个方面的医务社会工作内容，也给出了"从个案服务相关业务的具体展开、尊重患者的主体性、保护隐私、与其他保健医疗人员合作、受诊受疗服务和遵从医生的指示、问题的预估和计划性介入、记录档案并进行分析和评估"

---

① 任雅婷等：《日本医疗照护合作：运行机制、模式特点及启示》，《天津行政学院学报》2021 年第 4 期，第 87~95 页。

② 田香兰：《日本社区综合护理体系研究》，《社会保障研究》2016 年第 6 期，第 71~75 页。

七种医务社会工作方法。^① 内容详尽、方法科学的医务社会工作帮助老年人扫除了独立就医过程中遇到的许多障碍，是日本政府积极应对老龄化和少子化的一项重要措施。

最后，循序渐进的国民健康增进计划培养了老年人的疾病自主预防和保健意识。

日本是最早提出和推进健康战略的国家之一，从 1978 年推出国民健康增进计划至今，已经先后四次实施。1978 年实施的首次国民健康增进计划（1978~1987 年）重点在于提高人们的健康意识、普及健康知识、完善市町村保健中心配置、积极培育保健师和营养师等人力资源、确保促进国民健康运动的各种条件。1988 年开始实施的第二次国民健康增进计划（1988~1999 年）重点在于促使人们养成运动健身的习惯、充实和完善健康体检保健辅导体制。2000~2010 年实施的第三次国民健康增进计划（别名"健康日本 21"计划）将减少慢性疾病发生、降低壮年期死亡率、延长健康寿命和提高生活质量作为基本目标。2013~2022 年实施的第四次国民健康增进计划（别名第二阶段"健康日本 21"计划）旨在延长健康寿命、缩小健康差距，主要包括预防生活习惯病的发生和恶化、维持和提高参与社会生活所必需的机能、营造健康促进的社会氛围、改善生活习惯和加强社会支持等内容。在这些努力下，日本社会逐渐实现了健康管理理念的跃迁，开始从以往以"健康体检"为主的疾病预防模式向以"提升健康素养"为主的健康教育模式转变。^② 一方面，日本的健康管理模式日渐成熟，健康管理内容不断完善，健康管理的专家团队和师资力量越来越充足；另一方面，日本的老年人逐渐有了良好的健康管理和疾病预防意识，能够积极地吸收健康保健知识，有非常良好的卫

① 徐荣：《日本医务社会工作实习教育对我国的启示》，《社会福利》（理论版）2018 年第 2 期，第 15~22 页。
② 张鑫华、王国祥：《从"健康日本 21"计划实施看日本社会国民健康的管理与服务》，《成都体育学院学报》2014 年第 9 期，第 19~23 页。

生习惯和体检意识，注重膳食营养和日常锻炼，患有慢性病的老年人也能够按时用药和接受检查。

日本的国民健康增进计划从预防保健入手，充分考虑了"疾病经济负荷""健康改善的可能性、有效性""提供健康服务所能达到的健康改善程度与需要社会资源比价"三方面因素。同时，现行的国民健康增进计划也制定了便于执行和评估的具体目标，即营养与饮食、身体活动与运动、休闲与心理健康、控制吸烟、控制饮酒、牙齿保健、糖尿病预防、循环系统疾病预防、癌症预防等9大类领域70个目标值，内容涵盖个体及遗传因素、行为生活方式、卫生保健服务、社会环境因素和自然环境等多种健康影响因素。[1] 日本老年人在疾病预防、营养饮食、运动休息、精神健康等方面都得到了相应指导，吸烟和饮酒习惯得到了一定控制，糖尿病、癌症、循环系统疾病等的预防工作得到了加强，老年人健康寿命维持和老年人生活质量提高都取得了显著成效。

随着老龄期的不断延长，我国老年人的患病概率正在增加、医疗需求正在增长，医疗支出带来越来越大的压力。同时，我国老年人在健康水平和健康需求方面的异质性逐渐凸显，治疗环节以外的服务需求和就医困难也越来越多。有限的医疗服务供给、较低的老年人收入水平等都成为老年人追求健康道路上的阻碍。在这些问题上，日本推行的国民健康增进计划很好地回应了成功、健康、积极等老龄化思想在医疗服务方面的新要求，日本老年人逐渐形成的疾病自主预防和保健意识也为提高健康水平、节约医疗资源做出了巨大贡献，这可以为我国提供良好的参考。

第二，在医疗保障方面充分考虑基金收支和老年人需求变化。[2]

我国老年人的整体收入情况并不乐观，城乡老年人的收入差

① 陈佩、李晓晨：《中日韩国家健康计划比较分析及对健康中国建设的启示》，《体育教育学刊》2022年第3期，第81~88页。
② 王峥：《日本老龄化背景下医疗保险制度变迁及启示》，《江西农业大学学报》（社会科学版）2012年第4期，第131~135页。

距还很大，女性老人、高龄老人仍然依赖家庭成员的供养，农村老年患者在医疗费用方面承受着较大压力，这些现状要求我国通过社会保障制度改革，特别是医疗保障制度改革减轻老年人就医时的经济负担。同时，我国的老龄人口比例快速增加，新技术、高精尖设备的使用以及通货膨胀带来的影响也导致了医疗费用的快速增长，这些变化难免破坏基金收支平衡，给财政造成巨大压力。日本很早就开始关注老年人在经济收入和医疗支出方面的特殊性，在长达半个世纪的时间里，高龄者医疗保险制度经历了从无到有、从不完善到完善、再到不断修正的过程。在处理人口老龄化导致的医疗费用激增、医疗保险基金压力巨大这一问题时，日本率先在医疗保障制度的缴费和给付标准上进行了多次调整，也及时将护理服务从医疗保障内容中分离出去，这些改革经验和教训可以为我国的医疗保障制度适老化改革提供良好借鉴。

首先，应为制度改革提供相对完善的立法保障。自明治维新起，日本非常注重学习西方先进的制度和文化，并积极借用西方的先进思想指导近代日本的经济社会建设。其中，"依法治国"理念对日本的影响尤为深远，这种理念也体现在医疗保障制度的建立与改革过程中。日本政府实施每项医疗保障制度之前都会出台相应的法律，依据法律制定制度内容；在制度实施之后，政府会广泛收集各方意见，根据国情和制度反馈情况定期①对制度内容进行修改，最终通过法律修正案、在全国实施新的制度标准。

日本多个老年人相关的医疗保障制度都是在立法前提下制定并实施的，有着坚实的法律基础。其一，日本《国民健康保险法》的颁布为医疗保险制度对老年人的全覆盖提供了前提。20世纪50年代，日本提出了"国民皆保险"的政策目标，但并未实现，医疗保险还同时存在财政赤字、个人负担比例较高等问题。1961年，

---

① 例如，《医疗保险法》中的医疗支付标准几乎每2年修订一次，《介护保险法》几乎每3年修订一次。

《国民健康保险法》颁布，规定"日本每一位公民都要根据自己的居住地或所属行业参加一种医疗保险"。自此，医疗保险制度才事实上覆盖了日本全体国民。其二，在日本经济快速增长时期，《老人福利法》的出台使日本老年人的医疗保障水平不断提升。日本政府在20世纪60年代初期颁布了《老人福利法》，并在1973年依据该法设立了老年医疗免费制度。自此，70岁以上老人及65岁以上瘫痪老人的医疗费用开始由国家财政、地方财政和医疗保险按照不同比例分担，日本老年人的医疗负担得以减轻、日本老年人的医疗权益得到了保障。其三，当日本人口老龄化进程不断加快时，《老人保健法》、《介护保险法》和《高龄老年人医疗确保法》的出台为医疗保障制度改革提供了充足依据。《老人保健法》的颁布为"老人保健制度"的实施提供了法律保障，由国民健康保险和其他医疗保险的参保人共同缴费来承担老年人的医疗费用，增加了国民健康保险的基金收入，减轻了国民健康保险参保人的缴费压力。《介护保险法》的颁布为日本介护保险制度的实施提供了法律保障，将生活护理服务从医疗服务中分离出去，既减轻了医疗保险的基金支出压力，也有效节约了医疗资源。《高龄老年人医疗确保法》的颁布保障了"后期高龄者医疗制度"的实施，将后期高龄老年人从过去的医疗保险制度中剥离出来，并对65~75岁的非残疾老人的医保筹资比例进行了调整，平衡了不同类别保险的基金支出压力，确保了各医疗保险制度的可持续发展。

日本通过强制性立法界定了保健、医疗、介护等服务的内容和范畴，确保了不同经济周期、不同人口背景下各项老年相关制度在全国范围内的顺利实施。严谨的立法过程也使诸多老龄问题得到了充分的讨论，避免了制度实施后的朝令夕改。同时，立法过程中体现的公平合理性原则有效地保障了老年人的生存、健康和医疗权利，这为后期老龄问题的解决提供了空间、扫清了障碍。

其次，制度的改良与完善要和经济增长水平、人口结构变化同步。保险制度要求基金在收支上总体保持平衡，当基金收入有限、支出不断增加时，多数政府便不得不增加财政对基金的支援。因此，必须参考经济增长水平和人口结构的变化趋势，对参保者医疗费用的给付标准进行严格把控，避免给未来财政造成沉重的压力。早在1970年，日本经济就已开始进入低速增长阶段，其老年人口比例也已达到了7%，日本开始进入老龄化社会。但是，当时日本政府并未意识到经济低速增长和人口老龄化将带来的影响。日本医疗保险制度改革的一大败笔是，1973年取消了老年人医疗费用中个人负担的部分，将医疗保险对老年人医疗费用的给付率直接提高到了100%。虽然短时间内老年人对医疗保险的满意度和利用率都有了很大的提高，但个人负担部分的取消使得老年人对医疗保险的利用毫无节制，医疗费用在短时间内迅速增加。老年人医疗费用的增加给医疗保险制度带来了巨大压力，国民健康保险出现严重的基金赤字，政府财政支出亦不堪重负，老年人免费医疗制度难以适应新的社会经济发展及人口形势变化。虽然日本政府10年后意识到了这一制度设计上的弊病，并于1984年进行了修正，但老年人医疗费用中个人负担部分的取消给日本医疗保险基金带来的支出压力远远不止10年之久。在接下来的几十年里，日本经济增长缓慢、老龄化进程加快、老年医疗需求有增无减，日本不得不对政策进行一次又一次的修正和改良。针对这些经验教训，在制定参保者特别是老年人医疗费用给付水平的时候，我国必须在对政府财政能力充分了解的基础上进行合理的人口统计推算，以确保医疗保险基金的收入和支出平衡。医疗保险给付水平的提高必须是合理的、渐进的、有依据的，避免政策朝令夕改。

再次，应警惕制度设计欠合理导致的参保者之间的利益对立。其一，制度参保对象的不同会带来制度间财政状况和缴费、给付水平的差异，进而可能造成不同制度参保者之间的不公平待遇。在后期高龄者医疗保险制度实施之前，日本的医疗保险制度在设计上和当前我国的医疗保险制度极为相似。日本职业型医疗保险的参保者以65岁以下的企业劳动者为主，其平均收入水平较高，患病概率较小。与之相对的，地域医疗保险（即国民健康保险）的参保者以农林渔业的从业者、私营业者、无业人员、退休人员为主，其中，老年人口所占比例远远高于职业型医疗保险制度，其参保者的平均收入水平较低，患病概率大。日本在医疗保险制度实施之初忽略了职业型医疗保险制度和地域医疗保险制度之间的巨大差异。因此，在人口老龄化过程中，国民健康保险的医疗费支出快速地增加，导致基金赤字问题越来越严重。为解决这一问题，日本不仅增加了政府财政支援，而且采取了从职业型医疗保险基金中转移部分支援国民健康保险的方法。我国城乡居民基本医疗保险以私营业者、无业者和农业从业者为对象，参保者收入水平偏低，患病概率偏高。由于老年人口集中，人口老龄化导致的老年人医疗费用增加今后势必给这一制度带来沉重的支付压力。鉴于中日两国制度设计和人口结构的相似性，适当参考日本的改革经验和吸取其教训是必要的。国家应根据各个保险制度参保者属性及基金状况等的不同，对城乡居民基本医疗保险给予倾斜政策，进行财政上的补贴。其二，制度内部征收和给付的不公平也会导致参保者之间的利益对立。日本国民健康保险制度中，老年人口所占的比例不断增加，老年人医疗费用给付率也高达90%～100%。这使得国民健康保险制度中65岁以下参保人的压力不断增加，中青年参保者和老年参保者之间出现了利益对立，年轻人参保的积极性不断下降。"后期高龄者医疗制度"的实施并未从根本上解决代际间的利益对立，中青年参保者的缴费压力和老年人医疗费用增加的问题仍然存在。该制度自实施以来，在75岁界定标准和将老年人独立出来的合理性问题上受到了很多质疑和批判，废除"后期高龄者医疗制度"的呼声不断增加。在中国，由于城乡居民基本医疗保险制度仍然采取自由参保的方式，代际间的公平性显得更为重要。一旦制度设计上出现不合理导致参保者之间的利益对立，制度参保情况将出现严重的"逆向选择"。

最后，创建护理保险是减轻医疗费用压力的重要途径。随着人均寿命的增加、医疗技术的进步和疾病结构的变化，并不需要治疗但未能完全康复或生活不能自理的老年人不断增加。由于家庭结构等的变化，这些老年人的饮食起居往往无人照料，康复运动亦无法开展，在医保制度全民覆盖的前提下，他们更倾向于选择在医院里度过晚年。虽然自19世纪80年代末期开始，日本一直提倡老年人生活自立，并对居家养老模式进行摸索和推广，但由护理问题造成的"全社会老人住院"现象依然使老年人的医疗费用不断增加，国民健康保险的基金赤字问题越来越严重，这也造成了医疗资源的极大浪费。1994年，日本首次提出了设置介护保险制度的构想，即将老年人的护理需求及所发生的相关费用从医疗保险制度中分离出来，进而减轻医疗保险沉重的财政负担。《介护保险法》于1997年制定，介护保险制度从2000年开始实施。介护保险制度为强制参保制度，参保人为年龄在40岁及以上的全体国民。其中，65岁及以上的老年人为第1号被保险者，40~64岁的中老年人为第2号被保险者。制度的给付对象为40~64岁患病且需要护理的人，以及65岁及以上需要经常护理或日常生活上需要帮助的人。通过建立介护保险制度，日本将生活护理服务从医疗服务中分离了出去。这样的制度调整一方面明确了医疗保险的给付内容，减轻了医疗保险基金的支出负担，避免了医疗资源的浪费；另一方面能够通过介护保险制度对专业护理人员进行合理分配，有效地利用了社会资源，使日本老年人能够获得更加专业的生活护理服务，从而提升老年生活质量。

我国的老龄化进程正在不断加快，长寿人口不断增加，家庭小型化和女性进入社会等原因所引起的家庭结构的变化，使老人难以获得家人照料。当老人不能自理又无力承担养老设施的高额费用时，有可能倾向于在医院里度过晚年，这造成了医疗资源的巨大浪费和老年人医疗费用的急速上升。面对这样的困难，和日本一样设立护理保险有可能是一个比较可行的解决办法。当然，怎样设立合理和有效的护理保险也是一个有待探讨的课题。日本介护保险制度自 2000 年正式实施以来已经历了多次修订。例如，2005 年的改革引入了"介护预防"的概念，强调了预防的作用；2008 年的改革调整了介护服务的主管部门和管理结构，加大了对经营部门的监管力度①；2011 年的改革强调社区综合介护体系的构建，也强调介护人才的教育和培养；2014 年的改革推出了居家介护服务的概念，提升了高收入服务对象的费用承担比例；2017 年的改革进一步将高收入人群的自付比例提高至 30%。这些制度修订经验也值得我国在制度创建之初就加以借鉴。②

---

① 周绿林等：《日本介护保险制度改革及借鉴》，《中国卫生经济》2013 年第 12 期，第 112~116 页。

② 张乐川、钟仁耀：《日本介护保险制度变革的理念、路径与效果分析》，《社会保障研究》2019 年第 5 期，第 52~62 页。付琳、刘晓梅：《日本医疗、介护一体化改革经验及启示》，《社会保障研究》2023 年第 1 期，第 9 页。

第五章 总结、反思与展望

一 总结

在相当长时间里，老龄人口被视作单纯的弱势群体或社会负担，老年人的价值没有得到充分重视，老年人的功能没有得到有效发挥。随着老年人口比例的增加和社会价值观念的转变，人们对老年群体有了新的认知，应对人口老龄化现象的态度也逐渐从消极转向积极。目前，老龄化问题已经影响至社会生活的各个方面，其中之一便是老年人医疗需求的增加和多样化。世界各国都在积极关注老龄健康和老年人医疗问题，欧盟和日本先后提出了"积极老龄化""健康老龄化""健康寿命"等概念。我国在20世纪90年代就开始将健康老龄化纳入国家整体战略布局，随着人口老龄化程度的加深，老年人群体日益庞大，老年人的医疗需求不断增加且变得更为复杂，更为积极的老龄思想被逐渐融入国家战略。党的十九届五中全会提出要"全面推进健康中国建设，实施积极应对人口老龄化国家战略"，这是践行党的初心使命、坚持以人民为中心的发展思想的重要体现。国务院印发的《国家人口发展规划（2016—2030年）》也呼吁在政策层面将个人积极老龄化与国家积极老龄化相结合。这是积极老龄化思想的理论创新和中国化过程，标志着我国正努力探索符合本国国情的老龄人口发展之路。同时，积极的老龄思想影响了越来越多的老年人，老年患者开始追求就医过程中的自主和自立，这对我国的医疗环境和医疗服务改革提出了新的要求。我国需要在积极老龄化视域下重新审视医疗服务现状，为老年人提供更好的医疗保障，鼓励老年人的社会参与行为，为老年人口创造能够独立、自主、有序就医的良好环境。

国内外学者对医疗服务、积极老龄思想、适老化改革等问题已经展开了一定的研究，既有文献为本研究打下了坚实的理论和实践基础。首先，国内外学者围绕医疗服务展开了非常丰富的研究，主要研究问题包括医疗服务满意度的影响因素、医疗服务需求的衡量标准和影响因素、医疗服务的供给现状和优化方向等。国内学者还将研究对象聚焦到老年群体，研究重点涉及医疗服务体系构建、医疗服务需求、医疗服务利用、医疗支出影响因素等问题。其次，国内外学者对积极老龄化思想进行了一定的理论思考和实践经验总结。国外有关积极老龄化思想的研究相对丰富，部分学者研究了所在地区积极老龄化的适用度和对其的接纳程度，部分学者重点设计、制定和测量了积极老龄化的相关指标，也有部分学者尝试总结了积极老龄化计划或工作的成效，并就积极老龄化的本土化和进一步优化给出了相应的建议。国内有关积极老龄化的研究虽然不甚丰富，但学者们已经就积极老龄化达成了以下几方面共识：第一，应重视老年人自身的能力与价值；第二，积极老龄化的关键在于参与；第三，积极老龄化的基础是保障。最后，国内与国外学者在适老化改革和改造方面的研究仍有一定差距。国外学者已经开始关注在医疗服务领域开展适老化改革的必要性，并重点关注了科学技术在医疗服务领域的适老化应用。国内学者虽然积极借鉴了日本等国的适老化改革和改造经验，但有关适老化改革和改造的研究目前仍然停留在公共环境、居家环境、养老服务产品等方面，并未向医疗服务领域延伸。

既有研究取得长足进步的同时也为本研究留下了一定的空间。首先，既有的国内文献虽然将医疗服务的研究对象聚焦到老年群体，但并未在积极老龄化视域下突出医疗服务适老化改革的紧迫感。其次，国内学者虽然已经清楚地认识到了适老化改革对于提升老年人生活质量的重要性，但是目前的研究重心更多停留在公共环境、居家环境和养老服务产品等方面，明确研究医疗服务适老化改革的文献并不多，这与国外的研究进展产生了不小的差距。最后，国内外既有研究对医疗服务需求、医疗服务利用、医疗支出进行了大量的观察和分析，但并未对医疗服务的提供内容、提供方式、机制优化提出具体的适老化改革意见。

基于以上前提，本书按照提出问题、分析问题、解决问题的逻辑顺序，紧跟党的治国战略、呼应国际研究热点，以加强积极老龄化建设和推进《"健康中国2030"规划纲要》为目标，关注了老年人群的医疗服务优化问题。第一，通过对国内外研究现状的回顾和梳理，验证了本选题的科学性。第二，通过对成功老龄化、健康老龄化、积极老龄化等思想理论体系的分析和整理，明确了老龄化背景下的医疗服务改革方向。第三，通过分析人口普查数据观察我国老年人的人口、健康、收入及户居现状，通过《中国卫生健康统计年鉴》数据分析我国的卫生资源配置情况和医疗服务利用情况，进而验证我国城乡医疗服务适老化改革的必要性。第四，通过对各省份"健康规划纲要"政策文本的分析，明确了我国当前老龄健康政策的要点和盲区。第五，以江西省为调研地，选取城市门诊老年患者和农村空巢老人为具体研究对象，在积极老龄化视域下进行关于老年人医疗服务需求的实证研究。第六，结合实证研究中发现的老年群体的就医困难，在积极老龄化思想的指导下分别从医疗资源、医疗服务内容、医疗环境、费用分担机制、老年人角色定位等方面对我国的城乡医疗服务改革提出了意见和建议，并通过总结日本经验为我国的医疗服务适老化改革寻求借鉴。本书的主要结论如下。

（一）应重视积极老龄思想对医疗服务适老化改革的指导作用

为应对人口老龄化带来的问题，自20世纪40年代以来，最先经历人口老龄化的西方发达国家，如美国、英国等提出了一系列老龄化思想来应对人口老龄化引发的各种问题，随后其他国家也纷纷掀起了老龄化思想研究的热潮。同时，这些老龄化思想也给相关的医疗服务改革提供了指导。从成功老龄化到健康老龄化再到积极老龄化，它们是人类在不同时期对人口老龄化问题的不同程度的理论应对，从而推动有益于老年人的政策的实施，来确保老年人能够拥有幸福的晚年生活。

成功老龄化理论使老龄化研究从"衰退"转向"成功"，既促进了老年学领域的研究范式转变，也对医疗服务的进一步改革和优化提出了要求。其一，成功老龄化理论重视老年人的可塑性，强调发挥其在医疗保健过程中的主观能动性，倡导老年人通过积极行为和态度改善身心健康状况，成为医疗保健服务的积极参与者、共同决策者和重要的合作伙伴。其二，成功老龄化理论强调老年群体内部的异质性，承认不同年龄、性别、地区、医疗资源、社会环境下老年人健康需求的多样性，倡导针对不同群体的特点和需求制定差异化的卫生政策、提供差异化的医疗服务。其三，成功老龄化理论关注外部因素对老年人健康的影响，重视医疗资源、社会经济状况、有害污染环境、不健康生活方式、健康促进政策、社会网络支持等给老年人身心健康带来的影响。

发展的健康老龄化理论遵循"以人为本"的理念，从老年人需求出发，在维护老年人健康、延长老年人寿命、提高老年人生活质量方面发挥了重要作用，也为医疗服务的改革和完善提供了理论支持和指导。其一，健康老龄化理论尊重老年人健康状况的个体差异，证实了人口学因素和社会经济因素对老年人健康的重要影响，倡导针对不同老年人的不同需求制定个性化的健康管理方案或医疗服务方案，以确保老年人能够获得切实有效的医疗卫生服务。其二，健康老龄化理论认为，要以动态视角分析老年人整个生命周期的健康促进、疾病预防、治疗护理、康复训练、临终关怀等多方面需求，不断优化医疗资源配置，在医疗机构和人才队伍建设方面做出一系列调整，建立符合老年人多样健康需求的综合卫生服务体系。其三，健康老龄化理论强调环境因素对老年人健康的影响，主张从硬件设施建设、就医流程改善等方面营造老年友好的就医环境，倡导在家庭、社区甚至更广泛的社会领域中营造有利于老年人身心健康的、减少或避免对老年人造成伤害的居住环境，并在全社会营造老年友好的人文环境。其四，健康老龄化理论重视老年人在医疗健康方面的多重贡献，鼓励老年人终身学习和持续发展，提高自身健康管理能力，在家庭照顾、传统文化传承、社区建设等领域发挥作用。

积极老龄化理论中的"健康"支柱对老年人的医疗和照护需求进行了积极回应，其很多主张和观点都给眼下和未来的医疗服务改革带来了很好的启示。其一，积极老龄化理论强调了老年人在医疗服务过程中的平等就医权、自主权、知情同意权、保密权、隐私权等权利，认为当老年人患病、生活不能自理或临终时，应维护其尊严、尊重其意愿、满足其需求。其二，积极老龄化理论认为老年人有义务利用教育和培训机会或以其他方式保持积极状态，鼓励老年人发挥能动性和主动性、积极面对生活，要求老年人不断提升健康素养和健康管理能力并主动选择健康的生活方式。其三，积极老龄化理论要求创造老龄友好的医疗共治环境，重视老年人在医疗服务过程中的参与者身份，倡导提升老年人在就医过程中的独立性和自主性，鼓励老年人加强与同辈或与年轻人的交流和互助。其四，积极老龄化理论主张促进代内和代际的健康公平，既要求医疗资源在城乡、不同地区、不同病种的老年群体之间合理配置，也要求兼顾当代人、下一代以及未来世代人的福利与健康。

以上老龄思想既为全球积极应对人口老龄化提供了新的思路，也对各国的医疗服务发展提出了新的要求，同时为我国的医疗环境和医疗服务适老化改革指明了道路。

（二）我国的医疗服务适老化改革必要且紧迫

首先，我国老龄人口所占比例快速增加，老年人的健康、收入、户居情况等并不乐观，老年人的医疗需求正在变得复杂而多样。从第七次全国人口普查数据来看，我国的老年人口比例不断升高、老龄化速度不断加快，自评"不健康，但生活能自理"和"生活不能自理"的老人的绝对数量很庞大，老年人的整体医疗需求和护理需求正在快速增长。同时，普查数据也显示，我国老年人整体的收入来源情况并不乐观，农村、西部、高龄、女性、无配偶等老年群体的收入来源非常有限，医疗费用支出给老年人带来的经济负担依然较重。另外，我国空巢、独居、偶居和隔代抚养的老年人家庭已经非常普遍，这些老年人缺少成年子女的日常照料与就医帮助，在医疗保健知识获取、紧急救护等方面存在更多的障碍，在独立外出就医过程中可能遭遇更多的困境。值得注意的是，与城市老年人相比，乡村老年人的健康状况更堪忧、收入来源更有限，医疗费用对其造成的经济压力更大，乡村中没有成年子女同住的老年人家庭也较多，在今后很长一段时间里，农村地区仍将是老龄健康工作的重点。

其次，我国老年人能够享有的医疗资源和医疗服务并不充足，其所处的医疗环境也并不理想。从《中国卫生健康统计年鉴》数据来看，与快速增长的居民诊疗和住院服务需求相比，我国医疗卫生机构的数量以及相关人员、设施的供给总量并不充足，医疗卫生机构的服务效率还有待提升，与主要发达国家人均可分配医疗资源的差距依然巨大。同时，我国的医疗资源在城乡间、地区间、不同级别和类别的医疗卫生机构之间未能均衡配置，东部地区人均医疗资源相对紧张，西部地区的服务效率有待提升，医院（特别是公立医院）医师的工作强度极高，基层医疗卫生机构的设备和房屋情况仍需改善。

最后，我国老年人在就医方面存在诸多困难，进而产生了许多负面情绪，老年人复杂而多样的医疗需求并未得到满足。在对城乡老年患者的实地调研中，我们发现了老年人就医过程中所面临的多重困境。在数字技术发展的今天，老年人在就医过程中经常遭遇"人工智能障碍"，医疗机构的导医标识和语音提示系统并不方便老年人使用，老年人在移动、候诊时常感到困难和疲劳，与医护人员的沟通也并不顺畅。农村老人面临更多的就医困难，他们的医疗费用负担更重、外出就医路途更遥远、独立就医能力更差，且不满、无奈、孤独等负向情绪更多，更有许多老人排斥就医、拒绝体检。目前正在实施的老龄健康政策也尚存一些盲区：尚未充分关注空巢、留守老人的健康问题，医疗领域的适老化环境建设还未受到重视，低龄健康老人的能动性和优势几乎被忽略。

综上，日渐增加且复杂多样的医疗需求、有限的收入和医疗保障水平、不充足的医疗服务供给等使我国的老年人面临诸多医疗困境，老年人在医疗过程中的自立、参与、互助和尊严也并未受到重视，我国的医疗服务适老化改革必要且紧迫。

（三）应在不同医疗机构进行有差别的适老化改造

首先，要承认城乡间医疗卫生资源的巨大差异，有差别地进行城乡医疗机构的适老化改造。在城市地区，应重视老年患者就医时的硬件环境改善，积极解决他们在移动或休息时遇到的困难，及时对导医标识和语音提示进行优化，对分层停靠电梯、扶梯速度、各楼层划价窗口、就诊座椅分布等细节进行改良和完善。城市地区的医疗机构也应努力营造老龄友好的人文就医环境，充分保护老年患者平等利用医疗服务的权利，为老年人友善助医或导医，简化其就医流程，改善其就医体验，鼓励其独立和自主就医。应重点关注老年人在医疗环境下的数字融入问题，尊重老年人利用现金或人工窗口的偏好，兼顾老年人的特征对智能设备的界面和功能进行优化。在农村地区，应通过提升基础设施水平、加强人才队伍建设、优化各级任务分工等路径实现医疗服务的有效供给，通过改良社会保障制度设计等增加老年人的经济收入、减轻老年人的医疗费用压力，积极解决农村老人就医时普遍存在的就医取药距离较远、外出就诊交通不便、对政策内容不了解、健康管理意识不强等问题，并重点关注女性、农村、高龄、丧偶、未婚和离异老人的医疗需求。

其次，要重视我国老年人口健康状况及医疗需求方面的地区差异，努力使我国不同地区的医疗机构均衡发展，进而精准满足老年人的医疗需求。在我国的东部地区，老年人占总人口的比例较高，老年人对医疗服务的需求较旺盛，但东部地区一直存在人均医疗资源相对紧张的问题。在我国的西部地区，老年人自评健康状况整体欠佳，但医疗机构的工作效率并不高，人才队伍的技术水平也相对有限。因此，应结合不同地区的人口结构、健康状况和医疗需求差异，使医疗资源在不同地区间均衡配置。针对东部地区人均医疗资源相对紧张的问题，政府应积极发挥主导作用，通过科学测量明确各地区的医疗资源配置情况，合理调配医疗资源，使医疗资源配置水平与地区人口、社会、经济发展水平相协调。针对西部地区医疗机构工作效率不高、人才队伍技术水平有限的问题，应从管理创新和人才队伍建设两个方面进行优化和调整。

最后，要重视医疗服务和养老服务、生活护理服务的区别，让我国的老龄健康资源在医疗机构和养老机构之间均衡配置。一方面，要扭转涉老医疗服务重治疗、缺照料的局面，发展养护照护型医疗机构，由医生、康复师、药师、营养师、心理师和护士组成多学科管理团队，对患急重症、老年痴呆、老年综合征、合并智障、肢体残疾和功能障碍，以及需要长期照料和临终关怀的老年患者的状况进行系统的评估、康复管理和综合干预。另一方面，要厘清医疗服务和养老服务的边界，加强医疗卫生机构和养老机构之间的合作与衔接，鼓励闲置医疗资源或养老资源转型，避免医疗资源或养老资源的浪费。

（四）应重视低龄健康老人的人力资本作用

老年人不是单纯的社会负担，他们是社会发展过程中宝贵的人力资源。应从思想上消除对老年人的偏见，加强各行各业对老年人的尊重和接纳，构建起关爱老年人的社会环境。还应进一步倡导积极的老龄思想，积极探索低龄老人和健康老人的社会功能，扭转当前将老年人口视为负担和弱势群体的局面，最终实现成功、健康、积极的老龄化。积极老龄化思想要求老年人根据自己的能力、需要和喜好，通过各种方式参与到家庭、社区和社会发展中去，利用自己积累的知识、技能和经验继续为家庭、社区和社会作出贡献。在我国城乡医疗服务的改革过程中，同样应该将老龄风险积极转化为"长寿红利"，通过发挥低龄健康老人的人力资本作用来对冲人口老龄化带来的不利影响。具体可以从以下几个方面为老年人参与社会生活创造条件。

首先，应重视老年人尤其是低龄健康老人的经验优势、技能优势以及资源优势等，鼓励其在追求健康生活的过程中自我成长和自我实现。在政策内容中，应对不同特征的老年人进行分类，有效挖掘低龄健康老人的社会功能，对低龄健康老人提出健康维护和健康提升的行动要求。在具体实践中，既可以通过志愿者服务等提升低龄老人的智慧生活能力，又可以通过社区的健康知识普及活动帮助低龄健康老人积极维护自身健康，也可以通过对医疗卫生机构的适老化改造等鼓励老年人独立就医，还可以让有社会劳动意愿的低龄健康老人走出家门、服务社会并获得相应的报酬。

其次，应注重不同年龄群体之间的互动，积极引导低龄健康老人为高龄、患病老人以及其他年轻人群做出贡献。例如，退休后的低龄老人时间较为充裕、阅历较为丰富，参与志愿服务的意愿也较高，可以鼓励低龄健康老人参与到社区的"老老互助"和不同年龄群体之间的互助活动中来。具体来说，可以将有意愿、有能力的低龄老年人组织起来，成立社区互助小组，加强低龄健康老人之间的互动，也可以鼓励低龄健康老人参与到照顾高龄、失能等老年人的社区工作中，还可以鼓励低龄健康老人凭借其丰富的工作经验与相关知识面向周围年轻群体进行疾病及健康知识宣讲。又如，低龄健康老人在担任导诊、陪诊人员方面具有先天的优势，可以尝试发挥他们在该方面的人力资本作用。一方面，他们对健康、疾病、身体衰退和保健知识的理解优于年轻人，也更有提前熟悉就医环境和就医流程的意愿。另一方面，他们的年龄特征和成长经历更接近高龄或患病老人，沟通成本低、沟通效果好。因此，可以引导低龄健康老人担任医疗机构的导诊员或志愿者，也可以鼓励低龄健康老人组织或参与城乡社区互助活动，还可以引导低龄健康老人担任职业陪诊员并开展有偿陪诊服务。

（五）应在适老化改革过程中积极借鉴他国的实践经验

同为深受儒家思想影响的亚洲国家，中日两国在家庭关系、敬老思想、尊卑观念等多个方面有着相似之处，当前我国在经济发展阶段、社会成熟程度、人口结构变化等方面所表现出的特征也与日本进入老龄化社会初期时的较为相似。因此，日本医疗体制的改革经验和完善举措对我国当前的医疗服务适老化改革有较好的指导作用。

一方面，日本遵循着成功、健康、积极的老龄化思想，在医疗服务体系的改革与实践中完成了多方面的优化和调整，充分尊重了老年人的独立性和自主性，为我国提供了良好的借鉴。其一，日本的医疗机构总量充足，不同规模和所有制的医疗机构在地区间的配置相对均衡，所属于不同医疗机构的医生在业务水平、职业地位和经济收入上的差距也较小，充足、便利、可及、值得信赖的医疗机构提供了多样选择，这是老年人自主就医的前提。其二，日本在门诊、住院、入户上门等多个环节为老年人提供了种类多样、人性化的便利服务，发展良好的医务社会工作有效地解决了老年人就医过程中的各种难题，老龄友好的医疗服务体系为老年人独立就医创造了良好条件。其三，日本政府提倡的"从出生到死亡"的全生命周期理念和包括预防、康复、慢病、重症、保健等内容的全方位健康理念培养了老年人的疾病自主预防和保健意识，使老年人能够更主动地吸收健康保健知识、保持良好卫生习惯、注重膳食营养和日常锻炼，也使慢病老年患者能够更积极地按时用药和接受检查，完成了从积极老龄思想到实际健康行动的转变。

另一方面，日本在医疗保障制度方面充分考虑了制度收支和老年人的医疗需求变化，率先从制度设计和保障水平方面进行了改革，积极解决医疗费用激增、医疗保险基金压力巨大等问题，这些做法也为我国提供了宝贵的经验。其一，日本多个与老年人相关的医疗保障制度都是在立法前提下制定并实施的，国家立法的强制性特点确保了各项制度的顺利实施，立法过程中体现的公平合理性原则也有效地保障了老年人的生存、健康和医疗权利。其二，当人口老龄化导致基金收入有限、支出不断增加时，日本结合经济发展水平和人口结构的变化情况对制度的保障水平进行了调整，对医疗费用的给付进行了严格把控，尽最大努力避免给未来财政造成沉重的压力。日本在老年人个人负担比例、医疗保险覆盖内容等方面的调整实践告诉我们，医疗保险给付水平的提高必须是合理的、渐进的、有依据的，应重视社会政策的刚性特征，避免冒进带来的政策朝令夕改。其三，当不同医疗保险制度之间出现巨大的参保者属性差别和基金收支差异时，日本不断改良制度设计，努力避免参保者之间出现待遇不公或利益对立。其具体实践包括将职业型医疗保险基金中的一部分用于支援国民健康保险，以及通过实施"后期高龄者医疗制度"减轻国民健康保险的基金支出压力。其四，当老年人护理需求增加造成医疗资源浪费和医疗费用急速增长时，日本通过建立介护保险制度将生活护理服务从医疗服务中分离了出去。这样的制度调整，一方面明确了医疗保险的给付内容，减轻了医疗保险基金的支出负担，避免了医疗资源的浪费；另一方面通过介护保险制度对专业护理人员进行合理分配，有效地利用了社会资源，使老年人能够得到更加专业的生活护理服务，提升了老年生活质量。

二 反思

（一） 老龄问题研究是辛苦但有意义的工作

在本研究正式开展以前，课题组并没有想到方言问题会给研究的推进带来如此巨大的障碍。江西省东临浙江、福建，南连广东，西毗湖南，北接湖北、安徽，当地方言不仅鲜明区别于普通话，而且种类众多，相邻市县方言不通的情况十分常见。由于老年人使用方言情况较多，本研究在调研之前不得不花费大量的时间去招募、统筹方言相通的研究生和本科生前往各个县、村和医疗机构，调研之后又不得不花费大量的精力去安排方言相通的学生将调研资料（特别是访谈后的音频资料）整理成文字，这花费了大量的时间和精力。同时，因为方言问题，课题组负责人和部分课题组成员没能在调研现场获取全部语言信息，也没能在调研之后听懂第一手的音频资料，在音频转化成文字的过程中或许存在问题发现不充分的情况。

随着研究的逐步推进，课题组成员们也不禁感慨我国城乡差别之巨大，感叹农村调研过程中的诸多困难。交通不便既是农村老人外出就医的巨大障碍，也是课题组走近农村老人、展开访谈所面临的重要困难。本研究的几处农村调研目的地路途遥远、地广人稀，调查对象居住非常分散。调研人员远离县城、深入乡镇或村子时，很少能利用公共交通，住宿问题也不易解决。相同数量的访问工作，在农村通常需要花费相当于城市调研的几倍甚至十几倍时间才能完成。农村老人访谈的时间选择也是一大困难。为了不影响师生正常的授课和学习，农村调研任务通常会选择在寒暑假进行。然而，考虑到农业生产和农民工返乡的季节性，我们不得不避开暑假农忙和寒假春节的时段，在所剩无几的时间里竭尽全力完成调研。

但是，老龄问题研究是一项非常有意义的工作。深入医疗机构或农村地区与就诊老人、就医困难群体进行对话是难得的工作体验，这使我们对中国社会和百姓就医问题有了更全面的认识，让中青年研究人员对老龄生活有了更多的观察和思考，也让我们的心灵得到了极大的净化。许多老年人正面临窘困的医疗境遇，我们的研究工作为他们提供了总结困难和反映问题的路径，也为他们提供了倾诉心事和排解不良情绪的机会，这是十分有意义的。当然，在多年的研究过程中，我们也看到了中国医疗体系和老年人生活的巨大变化。城市医疗机构的环境不断改善，新院区建设陆续进行，人性化设置随处可见，通往各大医院的公共交通越来越便捷。城乡医疗保障制度覆盖面不断扩大，乡村振兴工作不断推进，农村经济困难群体的就医问题正在一步步解决，这带给我们难以言表的喜悦。

（二）研究的局限性

首先，在所选调研地区的代表性方面，本研究具有一定的局限性。江西省在面积、生产总值和人口数量等方面均处于全国中等水平，作为调研地区具有一定的代表性。同时，江西省农村人口占比较高、人口流出量较大、老龄化速度较快，农村空巢现象逐年增加，作为调研地区也具有一定的典型性。近5年来，江西省村卫生室、乡村医生和卫生员的数量迅速减少，每千人医疗卫生机构床位数和卫生技术人员数量均低于全国平均水平，这意味着江西省的医疗服务供给面临着更多的压力。总的来说，本研究选择江西省作为代表地区进行调研有一定的科学性。但是，相比发达的东部省份或地区，江西省老年人的子女数量较多、照料人手较充足，老年人的健康和收入水平在全国并不算低，空巢和高龄老人占比在全国也并不是最高的，并不是全国老年人就医问题最严峻的省份。因此，选择江西省作为调研地区的合理性和妥当性可能会受到些许质疑。

其次，在问卷样本的规模和访谈对象的代表性方面，本研究具有一定的局限性。本研究的问卷调查地点仅包括江西省南昌市的三家医院，采用了简单随机抽样的方法选取样本，发放问卷数量 375 份，成功回收的有效问卷仅有 350 份，较少的样本数量可能影响问卷分析结果的准确性和可靠性。另外，由于科研平台和科研经费的限制，本研究的问卷并不能覆盖江西全省乃至全国各级医疗机构，南昌市三家医院的问卷调研结果仅用来对访谈结果进行验证，能否代表全国的普遍情况也是有进一步讨论的空间的。在访谈对象的代表性方面，本研究也具有一定的局限性。本研究在农村的访谈对象选取工作是在乡镇干部的协助下完成的，选取标准包括"60 岁以上""患有疾病""空巢老人"等。为了保证访谈对象选取的科学性，课题组参考性别、年龄、受教育程度、居住类型的分布情况对老人进行了二次筛选并最终确定了 36 位访谈对象。然而，各个自然村的地理位置有时相隔较远，在实际调研时，乡镇干部往往会带领调研成员前往位置相对集中的村落进行访谈，访谈对象很可能不是整个行政村范围内最具代表性的患病老人。同时，虽然访谈对象的选取有关键词做限定，但难免受到乡镇干部个人主观判断的影响。此外，在访谈工作中，调研人员还遇到过老人外出导致访谈失败的情况，也遇到过因访谈对象表达能力有限改由乡镇干部代为回答的情况。上述情况都有可能影响访谈对象的代表性及其真实意愿表达。

最后，本研究历时多年才得以完成，在数据的时效性方面也具有一定的局限性。从课题组开始最初的政策文件梳理、门诊环境观察、老年人问卷及访谈调查，到后期基于全国人口普查数据等对老龄人口及医疗服务进行数据分析，其间有 4 年多的时间跨度。部分早期调研结果（如发放标准、补贴标准等）也许并不能精准反映当前的情况，一些医疗机构也早已进行了改良和改进，呈现在书中的数据和文字在时效性方面或许存在着一定的不足。同时，本研究的观察、问卷、访谈和年鉴数据等在时间上未能严格控制在同一截面，这使研究结论的准确性受到了一定的影响。在课题负责人进行本研究的几年时间里，课题组成员及其所指导的研究生、本科生做出了大量的贡献。但是由于研究周期较长，其间有些课题组成员工作调动去了外省，有些研究生、本科生毕业换了城市，统计到一半的数据、撰写到一半的报告都需要前后交接，这花费了课题组大量的时间和精力。研究开展之初，第七次全国人口普查尚未开始，课题组使用第六次全国人口普查的数据大致分析了我国老年人口的数量、健康状况、收入水平、受教育程度等，这为本研究的开展提供了很好的依据，也明确证实了我国医疗服务适老化改革的必要性。然而，第六次全国人口普查已过去多年，这部分数据结果用于最终成果呈现未免太过陈旧了。从等待第七次全国人口普查数据公布到完成新的数据分析，一系列工作花去了近1年的时间，第三章的重新撰写等工作也因此被阶段性搁置了。虽然课题组最终克服了上述种种困难、完成了计划的研究内容，但喜悦的同时我们也不禁感慨，如果访谈和问卷调研的时间再集中一些、团队成员再稳定一些、普查数据资料再及时一些，本研究或许能更快更好地取得成果。

三　未来的研究议题

（一）医务社会工作专业人才的培养

本研究发现，老年人在健康保健知识普及、政策信息传达、负面情绪安抚、医患矛盾解决、信息素养提升、医疗权利保护等多个方面都存在着尚未被满足的医疗需求。在积极应对人口老龄化的过程中，日本的医务社会工作在患者就诊、入院、居家生活的重新构建等各个环节发挥着作用，通过直接性援助、间接性援助或社区活动等方式为老年人解决就医困难、扫除就医障碍。这种通过发展医务社会工作解决老年人就医难题的经验做法为我国提供了很好的借鉴。然而，我国目前医务社会工作者数量并不充足，专业人才的培养道路仍需持续探索。

首先，我国医务社会工作专业的师资配备和课程设置需要加强。医务社会工作者是交叉型和复合型人才，既需要具备社会工作方面的专业知识，又要对医学知识有充足的了解，这对高校社会工作专业的师资配备和课程设置都提出了较高的要求。医务社会工作专业的教学过程需要统筹规划学生的理论学时、实践学时和科研创新空间，既需要人文社科专业教师和医学专业教师的良好分工与配合，又需要学校、医疗机构、社工机构、政府职能部门之间的联动与协作。在培养专业学生、储备医务社会工作人才的同时，还要加强对我国医务社会工作者的继续教育。① 我国的医务社会工作起步较晚，目前在岗的医务社会工作者大多是从党政、护理或其他部门转岗来的，并未接受过专业的教育和培训，为他们提供在职系统培训也是社会工作专业教学的一项重要任务。

其次，我国医务社会工作专业教学的实习体系需要优化。可以借鉴日本等国的医务社会工作专业教学经验，构建我国医务社会工作实习体系。第一，要完善实习教育体系，明确学校、机构、学生等主体的相互关系和责任，使学生了解实习内容和实习目标，为学生提供明确、系统的实习计划和评估细则。第二，要完善实习管理体系，明确医务社会工作人才的培养目标，加强医务社会工作实习基地的建设和管理，建立包括机构探访、实习申请、实习前指导、项目训练、实习风险控制等多方面内容的实习机制。第三，要完善实习规划体系，实行程序化的实习管理，根据不同的领域、场景、职种和服务对象制定实习要求和实习目标，以满足学生不同的实习需求。第四，要完善实习督导体系，强化督导队伍建设，增加督导与学生之间的交流互动，给予学生必要和充足的帮助与支持，并将学校督导、机构督导等也纳入评估范围。②

最后，社会对医务社会工作者的认知程度需要提升。虽然医

---

① 刘泉、贺彩霞:《本土化的医务社会工作人才培养模式探索》,《中国社会工作》2018 年第 34 期, 第 20~27 页。
② 徐荣:《日本医务社会工作实习教育对我国的启示》,《社会福利》(理论版) 2018 年第 2 期, 第 15~22 页。

务社会工作的发展已在政策层面得到了一定的重视，但在实际的医疗服务过程中，医务工作者和患者对医务社会工作者的角色、作用和功能仍未形成清晰的认知，医务社会工作者时常陷入尴尬境地。一部分医疗机构让新设立的社会工作部门分担日常行政工作，一部分医疗机构将引入的医务社会工作者作为志愿者、义工、护士助理来调配，还有一部分医疗机构至今未听说过医务社会工作者这一名词。一方面，应在全社会范围内加强对医务社会工作内容的宣传和推广，使医务社会工作者充分发挥专业优势、逐渐获得医疗机构和公众的认可和信任。另一方面，政府应不断完善医务社会工作者的人才培养和人才引进政策，健全职业资格认证体系，建立合理的薪酬机制，增加医务社会工作者的认同感和归属感。

（二）医疗环境下的老年人数字融入

本研究的调查结果显示，老年人在智能设备使用方面仍有较大困难，老年人在就医过程中经常遭遇"人工智能障碍"，医疗环境下的老年人数字融入问题有待进一步解决。从理论意义上来说，基于代际公平视角观察和应对数字医疗技术给老年群体带来的社会影响，能够对医学社会学理论体系进行补充和完善。同时，在医疗领域进一步讨论数字融入及其与社会公平、医疗权利、积极老龄化之间的关系，也能够拓展数字融入的概念内涵，丰富与数字融入相关的理论。从实践意义上来说，研究医疗环境下的老年人数字融入问题，既有利于解决老年人运用智能技术的难题、实现智能技术与老龄化社会的协调发展，也有利于积极回应老年人的医疗服务需求，从医疗领域出发为老年友好型社会建设做出贡献。

目前，老年人的数字融入问题已从政策层面受到了广泛的关注。国务院办公厅于2020年11月印发了《关于切实解决老年人运用智能技术困难的实施方案》，多个省份相继为老年人开展了智能技术培训。国家卫生健康委办公厅也先后于2020年和2021年发布了《关于开展建设老年友善医疗机构工作的通知》和《关于实施进一步便利老年人就医举措的通知》，并重点提及了"解决智能技术方面困难""保留线下服务""宣传智能技术"等。数字经济逐渐融入社会生活各领域，老年人在医疗服务领域的数字融入困境亟待解决。

虽然老年人就医过程中的数字融入困境在政策方面受到了重视，但目前我国围绕该问题的学术观察和讨论并不充足。从2022年以前的国家社科基金立项情况来看，数字技术给老年人生活带来的影响已经引起了学界的高度重视，但已立项课题还未从具体服务领域展开，也未关注到医疗领域中的老年人数字融入问题。从国内外的文献来看，国外的相关研究较早提及了老年人的数字融入问题，老年人医疗服务过程中的多重限制逐渐被提及，近期的个别研究开始关注数字医疗技术运用给老年人就医过程造成的阻碍，医疗服务的适老化改革开始向数字融入问题延伸和扩展。现有国内外文献留下的研究空间主要包括：第一，学界对数字融入能力尚未进行统一的界定，数字融入能力对老年人就医过程的影响机制也尚不明确；第二，虽然现有文献提及了数字技术运用过程中人性化要素的意义和老年人的权利保护问题，但"老年人权利保护"和"老年人信息素养提升"之间的界线尚不清晰，数字技术背景下的医疗服务适老化改革方向和内容尚不明确。

基于此，未来医疗环境下的老年人数字融入问题研究可以包括但不限于以下几个方面：我国数字医疗技术的应用现状梳理、老年人数字融入能力对就医过程的影响分析、医疗服务中的老年人数字融入困境观察等。同时，在解决老年人数字融入问题的过程中，应一方面保护老年人平等获得医疗服务的权利，另一方面提升老年人就医过程中的相关信息素养。

（三）老年友好型社区建设

本研究发现，老年人的就医困境已经不仅局限于医疗机构中和就诊环境下，医疗服务可及性受到多方面因素的影响，住宅设计、日常出行、邻里支持、社区服务、娱乐休闲等生活环境也对老年人就医行为和老年人健康水平产生重要影响。建设老年友好型社区是积极应对人口老龄化带来的挑战、保障老年权益以及促进社会和谐的重要举措。因此，老龄友好的生活环境建设，特别是老年友好型社区建设将成为未来重要的研究议题。

　　发达国家关于老年友好型社区的研究起步较早，一方面积累了相对成熟的实践经验，另一方面形成了该领域的最新理念和指导思想。世界卫生组织在 2007 年发布的《全球老年友好城市指南》中使用了"老年友好社区"这一概念，提出建设老年友好型城市和社区应考虑包括"室外空间和建筑、交通、住房、社会参与、尊重与包容、社区参与和就业、信息交流、社区支持与健康服务"在内的八个方面内容。随后，各国研究者开始广泛关注该领域问题，各国也纷纷开始制定相关政策和实施各项举措。部分学者倡导老年友好型社区建设中的多部门参与[1]，部分学者提出要关注尊重和社会包容、社会参与、交流和信息、公众参与和就业[2]，部分学者还强调了老年友好型社区建设中老年人的全过程参与[3]。我国在该领域的相关研究和实践起步较晚，但在借鉴发达国家经验方面，很多学者在较早阶段已有文献产出。一些国内学者总结了国外老年友好型社区研究的大体趋势[4]，也有学者从参与主体、运行机制、营造策略等方面总结了国外老年友好型社区建设

---

[1]　A. Greenfield Emily et. al. "Age-friendly Community Initiatives: Conceptual Issues and Key Questions." *The Gerontologist* 55 (2015): 191-198.

[2]　Lui Chi-Wai et. al. "What Makes a Community Age-friendly: A Review of International Literature." *Australasian Journal on Ageing* 28 (2009): 116-121.

[3]　L. Keyes and A. Benavides. "Local Government Adoption Of Age Friendly Policies: An Integrated Model of Responsiveness, MultiLevel Governance And Public Entrepreneurship Theories." *Public Administration Quarterly* 41 (2017): 149-150.

[4]　李小云：《国外老年友好社区研究进展述评》，《城市发展研究》2019 年第 7 期，第 14~19 页。

的实践经验①。随着我国老龄化和社区建设进程的加快，我国学者开始从户外空间环境②、数字化生活背景③、主体服务能力提升④等视角为老年友好型社区的构建提出改造策略和优化意见。

2020年以来，老年友好型社区建设逐渐成为中国各级政府的重要工作。2020年12月，国家卫健委（全国老龄办）印发了《关于开展示范性全国老年友好型社区创建工作的通知》，指明老年友好型社区创建的工作任务，并将创建工作划分为示范创建、示范推进、总结深化、全面评估四个阶段。2021年1月，国家卫健委（全国老龄办）印发了《关于开展2021年全国示范性老年友好型社区创建工作的通知》以落实第一阶段示范创建工作，并决定"在全国评选出1000个示范性老年友好型社区"。随后，《全国示范性老年友好型社区评分细则（试行）》公布，从改善老年人的居住环境、方便老年人的日常出行、提升为老服务的质量、扩大老年人的社会参与、丰富老年人的精神文化生活、提高为老服务的科技化水平六个方面对老年友好型社区的创建工作提出了要求。各地的老年友好型社区创建和推选工作相继展开，2021年和2022年分别有992个和999个城乡社区被评为全国示范性老年友好型社区。几乎与此同时，国内学者在老年友好型社区的评价方面也取得了长足进步。评价体系的具体指标主要包括邻里环境、环境性能、住房、道路与交通、社会参与、社会包容等⑤，评价的具体方

---

① 胡晓婧、黄建中：《老年友好的健康社区营造：国际经验与启示》，《上海城市规划》2021年第1期，第1~7页。
② 李小云等：《欠发达地区城市社区老年友好户外空间环境优化策略研究——以江西省为例》，《中外建筑》2019年第9期，第109~111页。
③ 赵晓旭、傅昌銮：《数字化背景下老年友好社区构建策略——基于杭州市K街道N社区的调查》，《理论与改革》2020年第3期，第131~146页。
④ 张佳安：《社区能力建设视角下老年友好社区建设的路径》，《西北师大学报》（社会科学版）2021年第6期，第107~119页。
⑤ 于一凡等：《老年友好社区的评价体系研究》，《上海城市规划》2020年第6期，第1~6页。

法主要有要素赋权法、专家打分法①、满意度及需求调查法等②。

　　以上政策的出台加快了中国老年友好型社区的创建进程，也对老年友好型社会建设起到了积极作用。学界的研究工作从不同视角或影响要素出发对老年友好型社区的建设展开了详细观察，也为老年友好型社区的建设提供了较为科学的评价体系。然而，各地老年友好型社区的建设基础和建设现状并未得到科学的评估，各地区在创建过程中发现的困难和不足也尚未得到细致的分析和总结，政策标准的科学性和建设目标的可行性有待检验。同时，现有文献并未对中国的城乡社区展开分类观察和研究，中国老年人生存的城乡环境差距并未得到应有的重视。基于此，未来我国老年友好型社区建设方面的研究可以包括老年友好型社区建设现状的科学量化、老年友好型社区建设工作的难点观察、建设现状和政策标准之间的差距比对、老年友好型社区建设相关政策的盲点分析等。

---

①　戈艳霞、孙兆阳：《中国农村老龄友好社区建设评估与优化研究——一项基于世界卫生组织老龄友好指标体系的考量》，《南京理工大学学报》（社会科学版）2021 年第 5 期，第 54~61 页。
②　马贵侠、于竞宇：《满意度与需求交互视角下城市社区适老化实证研究——以合肥市为例》，《老龄科学研究》2021 年第 7 期，第 12~26、55 页。

附录一　农村空巢老人医疗服务
需求入户访谈纲要

一、访谈对象确认（在后面打√确认）

1. 农村户籍且在农村地区居住（　　）

2. 年龄在 60 岁以上的老人（　　）

3. 满足本课题定义的空巢条件（　　）

4. 同意参与本研究并接受访谈和录音（　　）

二、调查人观察（调查人酌情填写）

1. 出行交通情况：

2. 老人精神状态：

3. 老人生活环境：

三、访谈对象基本信息（11、12 根据 8 和 9 酌情填写）

1. 性别_____

2. 年龄_____

3. 受教育程度_____

4. 个人年收入_____

5. 居住地点_____

6. 耕地面积_____

7. 居住面积_____

8. 婚姻状况（已婚、未婚、丧偶）

9. 空巢原因（无子女、子女异地居住、子女长时间在外地打工、子女先逝）

10. 家庭特征（一人独居、老两口生活、与未成年孙子女生

活、两代人均为 60 岁以上）

11. 子女人数_____

12. 子女现状（工作、生活地点和回家频率等）_____

四、引导老人对身体状况和医疗需求进行自述，后期整理录音资料

五、老人健康状况确认（可在自述过程中填写，相应选项上打√）

1. 自理能力（完全能自理、部分不能自理、大部分不能自理、完全不能自理）

2. 残疾情况（肢体、视力、听力、言语、智力、精神、其他）（重度残疾、轻度残疾）

3. 慢性病患病情况（关节炎、高血压、类风湿、慢性支气管炎、颈椎或腰椎病、心脏病、糖尿病、其他_____）

4. 门诊情况（经常需要门诊取药或检查、偶尔需要门诊取药或检查、很少门诊治疗）

5. 住院情况（经常住院治疗、偶尔住院治疗、很少住院）

6. 老人医疗需求调查确认

就医情况	轻症的诊断或门诊注射、取药，一般去什么医院就诊？
	有固定相熟的医生吗？
	就医卡和就诊病历有好好保存吗？
	对常用医疗机构的医疗服务满意吗？
	过去一年的医疗支出大概有多少？（住院、检查、买药等）
	重大疾病需要诊断时，您会去什么医院就诊？
	会因为哪些原因放弃就医？（医院太远、没有人陪、没有足够的钱）
	享受医保报销情况如何？（有无报销、报销水平是否满意）
预防体检	所在地区是否安排过老年人的体检活动？
	有定期体检的习惯吗？
	有定点体检的医疗机构吗？
	如果有体检经验，请问进行了哪些方面的检查？

续表

保健知识普及	平时通过什么途径了解健康知识？（家人、电视节目、志愿者活动、社区或村委会宣传等）
	对关节炎、高血压、类风湿、慢性支气管炎、颈椎或腰椎病、心脏病等慢性病的了解多吗？
	有商家通过健康讲座、健康培训进行保健品促销，您听说过吗？
紧急救护	您认为老人发生哪种情况需要紧急救护的可能性比较大？（胸痛、心脏病、高血压危象、脑卒中、气喘、冠心病、晕厥、癫痫、触电、血管损伤、骨折、化学物质中毒、烧伤）
	身边有紧急呼救装置吗？（按铃、电话、监控设施等）
康复训练	您进行过康复训练、医学理疗或是功能锻炼吗？
	在什么医疗机构获得此方面的服务？
用药指导	用药时做到谨遵医嘱了吗？
	以下环节您平时都会注意吗？（药品保存、副作用观察、服药禁忌）
	您需要他人协助服药或服药后照顾吗？
有无日常身体检测	体温测量
	脉搏测量
	呼吸观察（呼吸异常情况）
	血压观察
日常自理能力	吃饭、穿衣、室内走动、洗脸、刷牙、洗头、剪指甲、上厕所、上下床、洗澡
操持家务能力	扫地、购物、做饭、洗衣、管理财务、步行 3~4 公里、自己上下楼
其他医疗需求	住院陪护、陪同就医、上门诊断、家庭病床、电话问诊、精神慰藉、临终照顾
护理需求确认	翻身、按摩、打针、喂药、擦身、喂饭

附录二 老年人门诊医疗服务 需求调查问卷

尊敬的患者，您好！

为了更好地了解老年人在三甲医院门诊就医的情况、发现老年人就医困难、分析老年人医疗服务需求，江西财经大学"积极老龄化背景下的医疗服务适老化研究"课题组将对您的基本情况和本次就医情况进行调研。就医情况仅用于报告撰写，姓名、身份信息等会严格保密，请您放心并如实回答。

一、基本情况

1. 您的性别？［单选题］
   □男 　　　　　　　□女

2. 您的年龄？［单选题］
   □60~70 岁 　　　□71~80 岁 　　　□80 岁以上

3. 您的文化水平？［单选题］
   □小学没毕业 　　□小学毕业 　　　□初中毕业
   □高中毕业 　　　□大学毕业及以上

4. 您子女的个数？［单选题］
   □0 个 　　　　　□1 个 　　　　　□2 个及以上

5. 您现居住地？［单选题］
   □本市城镇 　　　□本市农村 　　　□本省他市城镇
   □本省他市农村 　□外省城镇 　　　□外省农村

6. 您现在的居住状况？［单选题］
   □独居

□独自带着孙子女居住（隔代抚养）

□和配偶两人居住

□和配偶及孙子女一起居住（隔代抚养）

□和子女（及孙子女）一起居住

□养老机构居住

□其他（请说明）_____

7. 您目前的主要收入来源？［多选题］

□退休金或养老金

□子女的赡养费

□国家补贴（粮食直补、耕地补贴等）

□五保或低保

□其他（请说明）_____

8. 您的个人年收入状况（上题各选项的合计数）？［单选题］

□12000 元以下

□12000（含）~36000 元

□36000（含）~60000 元

□60000（含）~120000 元

□120000 元及以上

9. 您参加了哪种类型的医疗保险？［多选题，最多限选 2 项］

□城镇职工基本医疗保险（含省、市、区级医保卡）

□城乡居民基本医疗保险（含新型农村合作医疗保险）

□商业医疗保险

□没有参加任何医疗保险

10. 您最近一年的看病花销是多少？（除去医保报销后的个人
负担）［单选题］

□1000 元以下

□1000~5000 元

□5000~20000 元

□20000~50000 元

□50000 元以上

二、本次就医情况

11. 此次就医选择这家医院的理由是？［多选题］

　　□离家近，习惯来这里就医

　　□医疗水平高，来这儿就医比较放心

　　□听从社区医生（或乡镇医生）建议，转诊到这里就医

　　□其他（请说明）_____

12. 此次的就诊目的是？［单选题］

　　□首诊看病

　　□首诊后取报告

　　□治疗后复查

　　□例行取药

　　□例行体检

　　□其他（请说明）_____

13. 是否有人陪同就医？［单选题］

　　□独自就医（直接跳到第 15 题）

　　□老伴陪同

　　□子女陪同

　　□其他亲属或朋友陪同

14. 您认为不能独立就医的主要原因是？［多选题］

　　□家里到医院的距离远，交通不方便

　　□行动不便，需要人照顾

　　□医生护士的话听不懂

　　□就医程序繁琐，不知道该问谁

　　□担心检查后需要住院，有人陪比较方便

　　□自助机器太多，自己不会用

　　□其他因素（请说明）_____

15. 您的挂号方式？［单选题］

　　□医院现场排队挂号

　　　　□医院老年绿色通道挂号

　　　　□电话预约

　　　　□网上预约

　　　　□不清楚，家人（朋友）帮忙挂的号

16. 是否会使用医院自助服务机（挂号、缴费、取报告等）？
　　［单选题］

　　　　□是　　　　　　　　□否

17. 您对门诊流程了解吗？［单选题］

　　　　□不太了解，希望有明确的指示标语（直接跳到第 18 题）

　　　　□不太了解，需要询问导诊台或志愿者（直接跳到第 19
　　　　题）

　　　　□我对门诊流程很了解（直接跳到第 20 题）

18. 医院张贴的指示标语能否帮助您顺利就诊？［单选题］

　　　　□能够根据标语顺利就诊

　　　　□基本能，但指示标语不全面

　　　　□不能，指示标语看不清

　　　　□不能，指示标语看不懂

　　　　□不能，没有看指示标语的习惯

19. 询问导诊台或志愿者后，您的问题是否得到解决？［单选题］

　　　　□顺利得到解决

　　　　□反复确认后得到解决

　　　　□回答不明确，尚未得到解决

20. 您在此次就医过程中等候时间最长的是？［多选题，最多
　　选 3 项］

　　　　□排队挂号　　　　□等待医生叫号　　　　□排队检查

　　　　□等待检查报告　　□排队缴费　　　　　　□排队取药

　　　　□其他（请说明）＿＿＿＿＿

21. 此次就医感觉不便的环节是？［多选题］

　　　　□人多等候时间长

□上下楼、找科室、找地点很困难

□医生护士态度差，解释不清楚

□行动不便，扶手或座椅不足，无处休息

□就医环境和路径复杂，老人弄不清楚

□就医秩序混乱，没人排队，效率低下

□自助机器太多，自己不会用

□当天取不到检查结果

□医保政策不了解

□其他因素（请说明）＿＿＿＿＿＿＿

22. 此次就医是否满意？［单选题］

□很满意　　　　□比较满意　　　　□一般

□不太满意　　　□很不满意

23. 具体满意度评估（请在相应的选项下打"√"）

项目名称	很满意	比较满意	一般	不太满意	很不满意
医院环境舒适程度					
院内布局合理程度					
提示标语清晰程度					
医疗设备的配置					
医务人员的水平					
医务人员的态度					
医药费用的高低					
医保报销的水平					
就诊效率的高低					
咨询导诊服务					
老年人优先就诊					
老年人休息环境					

后　记

本研究能够顺利进行，离不开师长、领导、同行和学生们的大力支持。在此要衷心感谢我的博士后合作导师王乔教授，在我遭遇困难和心存困惑时给了我及时、有力的支持，在潜心调研和专注撰写阶段也为我创造了自由且安静的研究环境。工作忙碌的日子里，导师依然会兼顾我们的日程、腾出时间给予指导，和谐的师生关系是科学研究的重要生产力。

在此也要感谢我的时任领导尹忠海教授和现任领导蒋国河教授，是他们鼓励我申请进入博士后流动站并发挥自己的专长开展老年人医疗需求研究，也是他们支持我将研究成果整理成书并出版。在他们的领导下，我的科研信心得以建立、科研视野更加开阔、科研工作的思路更加清晰。在站期间，廖文梅、刘旭辉、徐建斌、聂淼等同仁无私地与我共享知识和经验，科研道路上的相互鼓励、相互提携和相互慰藉让我感受到了极大的温暖。另外，徐梦云、丁心悦、应欢欢、龚陆阳、唐媛、许超、聂萌、舒明娇等同学高效地协助了本研究的调研和资料整理工作，请允许我在这里向他们道一声谢。

最后，还要感谢我的家人和朋友。他们乐观上进的精神一直鼓舞和激励着我，使我多次在逆境中继续前行。他们也帮我分担了很多生活琐事，使我能够将更多的时间和精力用于科研工作。在本书撰写和校对期间，我经历了怀孕和生产，感谢女儿的出生，感谢她带给我的快乐和动力。

　　本研究鸣谢江西财经大学"双一流"学科建设专项资金和创新团队"乡村振兴与社会政策创新研究"等的大力支持。

王　峥

2024 年 10 月 30 日于南昌

图书在版编目（CIP）数据

积极老龄化与城乡医疗服务改革 / 王峥著 . --北京：
社会科学文献出版社，2025.5. --（社会政策丛书）.
ISBN 978-7-5228-4974-4

Ⅰ. C924.24；R199.2

中国国家版本馆 CIP 数据核字第 2025LK9363 号

社会政策丛书
积极老龄化与城乡医疗服务改革

著　　者 / 王　峥

出 版 人 / 冀祥德
组稿编辑 / 谢蕊芬
责任编辑 / 李　薇
责任印制 / 岳　阳

出　　　版 / 社会科学文献出版社·群学分社（010）59367002
　　　　　　地址：北京市北三环中路甲 29 号院华龙大厦　邮编：100029
　　　　　　网址：www.ssap.com.cn
发　　　行 / 社会科学文献出版社（010）59367028
印　　　装 / 三河市龙林印务有限公司

规　　　格 / 开　本：787mm×1092mm　1/16
　　　　　　印　张：15.75　字　数：211 千字
版　　　次 / 2025 年 5 月第 1 版　2025 年 5 月第 1 次印刷
书　　　号 / ISBN 978-7-5228-4974-4
定　　　价 / 98.00 元

读者服务电话：4008918866